NO CORAÇÃO DA VIDA

Sabedoria e compaixão para o cotidiano

JETSUNMA TENZIN PALMO

No coração da vida
Sabedoria e compaixão para o cotidiano

Jetsunma Tenzin Palmo

Tradução de:
Jeanne Pilli e Lúcia Brito

© 2011 Jetsunma Tenzin Palmo

© 2014 Editora Lúcida Letra

Título original: *Into the Heart of Life*
Edição: Vítor Barreto
Revisão: Vinícius Melo, Thaís Lopes, Fabio Rocha, Ieda Estergilda
Projeto Gráfico: Vítor Barreto
Capa: Foto cortesia de DGL (Dongyu Gatsal Ling Nunnery)

Impresso no Brasil. *Printed in Brazil*
ISBN (papel) 978-85-66864-10-6
ISBN (e-book) 978-85-66864-11-3

1ª tiragem - 04/2014, 7ª tiragem - 03/2021

Dados Internacionais de Catalogação na Publicação (CIP)

P179n Palmo, Jetsunma Tenzin.

No coração da vida : sabedoria e compaixão para o cotidiano / Jetsunma Tenzin Palmo; tradução de: Jeanne Pilli e Lúcia Brito. – Teresópolis, RJ : Lúcida Letra, 2014.
224 p. ; 21 cm.

ISBN 978-85-66864-10-6

1. Budismo - Filosofia. 2. Felicidade. 3. Darma (Budismo). 4. Meditação.
I. Pilli, Jeanne. II. Brito, Lúcia. III. Título.

CDU 294.3
CDD 294.34

Índice para catálogo sistemático:
1. Budismo   294.3

(Bibliotecária responsável: Sabrina Leal Araujo – CRB 10/1507)

Dedicação

Com devoção a Khamtrul Dongyu Nyima
e Khamtrul Shedrup Nyima,
que são o Coração de minha vida.

Sumário

Apresentação	9
Introdução à edição brasileira	11
Prefácio	17
1. Impermanência	19
2. Carma, ou causa e efeito	37
3. Como criar felicidade	57
4. As oito preocupações mundanas	75
5. Renúncia	91
Meditação	97
6. As seis perfeições	111
Dana paramita, ou generosidade	112
Shila paramita, ou ética	115
Kshanti paramita, ou paciência	121
Virya paramita, ou esforço	127

Dhyana paramita, ou meditação 130

Prajna Paramita, ou sabedoria 141

7. Lojong e bodhichitta 159

Oito versos do treinamento da mente 163

8. Fé e devoção 191

9. Como praticar o bom coração 207

Agradecimentos 215

O projeto do Mosteiro Dongyu Gatsal Ling 217

Apresentação

Jetsunma Tenzin Palmo é uma consumada praticante espiritual e professora, capaz de tocar o coração de muitos com seu ensinamento e presença. Embora *No coração da vida* seja apenas um pequeno conjunto dos muitos ensinamentos que ela deu ao longo dos anos, ele contém os princípios básicos sobre como colocar o Buddhadharma em prática.

Às vezes, a filosofia budista é complexa e difícil de ser compreendida, e especialmente difícil de ser implementada na vida cotidiana, sem que haja um entendimento claro. Jetsunma torna a filosofia budista muito fácil de se compreender e de ser posta em prática. Por exemplo, ela explica a impermanência como sendo "não apenas de interesse filosófico. É muito pessoal. Somente quando aceitarmos e entendermos profundamente em nosso próprio ser que as coisas mudam de momento a momento, e nunca param um instante sequer, só então conseguiremos soltar." Em linguagem simples, Jetsunma faz todo mundo entender tanto a impermanência quanto a renúncia.

Ao longo de diferentes capítulos, ela se utiliza de exemplos práticos e de suas experiências para ilustrar a praticidade do Buddhadharma e a necessidade de praticar o Darma com entendimento genuíno. Fico verdadeiramente maravilhado com a sua capacidade de expressar teorias filosóficas complicadas com palavras simples. Trata-se de uma capacidade que muitos não conseguem igualar, inclusive eu.

O livro está bem estruturado para iniciantes genuinamente interessados em serem felizes, assim como para praticantes avançados que precisam relembrar o caminho para a felicidade.

Quero parabenizar Jetsunma, por ser capaz de compartilhar seu entendimento do Darma na vida cotidiana, e estou certo de que este livro beneficiará muitas pessoas. Este é um livro destinado a todos que precisam e desejam conhecer o caminho para a felicidade genuína.

GYALWANG DRUKPA,

15 de janeiro de 2011.

Introdução à edição brasileira

Passados mais de 2500 anos, os ensinamentos do Buda permanecem atuais e perfeitamente aplicáveis a todos os aspectos da vida cotidiana. *No coração da vida*, este extraordinário livro de Jetsunma Tenzin Palmo, apresenta conceitos essenciais da sofisticada doutrina budista em linguagem simples e contemporânea, mostrando como tais princípios podem ser inseridos no dia a dia de qualquer pessoa.

Jetsunma Tenzin Palmo é uma grande praticante do budismo tibetano e uma mestra especialmente habilidosa. O talento singular como professora provém da união de sua origem e educação ocidentais com um posterior treinamento budista altamente tradicional durante décadas na Índia. Em sua jornada espiritual, religiosa e filosófica, Jetsunma Tenzin Palmo realizou um retiro de meditação de doze anos em uma pequena caverna no topo de uma montanha nevada nos Himalaias, seguindo a tradição dos grandes iogues da linhagem Drukpa.

Jetsunma Tenzin Palmo nasceu em 30 de junho na Inglaterra, recebendo o nome de Diane Perry. Foi educada em Londres e se tornou budista na adolescência. Aos 19 anos encontrou seu primeiro professor de meditação — o célebre e controverso Chogyam Trungpa Rinpoche. Jetsunma conta que, quando se conheceram, Chogyam Trungpa flertou com ela, dizendo que nunca havia se encantado com ninguém até conhecê-la. Mesmo assim, a jovem percebeu que havia algo de muito especial em Trungpa Rin-

No coração da vida

poche, diferente de outros mestres tibetanos. Rinpoche contou-lhe que no Tibete ele era reconhecido como um grande guru, porém, no Ocidente, não era muito conhecido. "Ainda que eu seja um mestre de meditação, para tal preciso pelo menos de um aluno", comentou Chogyam Trungpa, perguntando "Você quer ser minha primeira aluna de meditação?" Jetsunma respondeu "Por que não?" Trungpa previu que não seria professor da jovem por muito tempo e que ela encontraria seu verdadeiro mestre, uma conexão de outras vidas, na Índia.

Em 1964, aos 20 anos de idade, Diane decidiu ir para a Índia. Lá realmente encontrou seu guru, o oitavo Gyalwa Dokhampa, Khamtrul Rinpoche, e foi uma das primeiras ocidentais a ser ordenada monja no budismo tibetano e a primeira monja ocidental da linhagem Drukpa.

Tenzin Palmo permaneceu com Khamtrul Rinpoche em sua comunidade no norte da Índia por seis anos, recebendo ensinamentos e trabalhando como assistente direta e secretária do mestre. A seguir Khamtrul Rinpoche a orientou a ir para um alto vale nos Himalaias a fim de realizar uma prática mais intensa em retiro estrito. Lá ela permaneceu em um pequeno eremitério com outras monjas em retiro por vários anos. Buscando maior isolamento para penetrar mais fundo em seu universo interior, Tenzin Palmo encontrou uma gruta no topo de uma das montanhas nevadas que circundavam o vale. Nesta caverna, permaneceu por mais doze anos em retiro solitário, no estilo dos grandes iogues do Tibete, como Milarepa.

Em seu retiro na caverna, a monja fazia quatro seções de meditação, de quatro horas cada uma, todos os dias. Despertava às 3 da madrugada para a primeira seção de meditação, até as 7 horas. A segunda sessão era das 8 horas ao meio-dia. Das 14 às 18 horas a monja meditava pela terceira vez no dia, e das 19 às 23 horas fazia a última sessão. Das 23 às 3 horas, Tenzin Palmo "descansava" sentada na postura de prática espiritual, na mesma caixa de meditação onde treinava durante o dia. Assim passaram-se doze anos de familiarização com a natureza da mente e com a verdade por trás da versão pessoal sobre a realidade e o universo circundante.

Jetsunma partilha que, quando saiu do retiro na caverna, algumas pessoas indagaram "Você não acha que a solidão era uma fuga?" "Fuga de quê? Lá estava eu, sem rádio, sem jornais, sem ninguém para conversar.

Introdução à edição brasileira

Para onde poderia escapar? Quando as coisas surgiam, eu não podia nem mesmo telefonar para um amigo. Fiquei cara a cara com quem eu era e com quem não era. Não havia como escapar", diz ela.

Em fevereiro de 2008, Sua Santidade, o Gyalwang Drukpa, autoridade máxima da linhagem Drukpa, entronizou Tenzin Palmo e lhe concedeu o raro título de Jetsunma, que significa "Venerável Mestra", em reconhecimento de suas realizações espirituais como monja e de seus esforços para melhorar o treinamento e o status das praticantes femininas do budismo tibetano. Tenzin Palmo é a primeira ocidental reconhecida como Jetsunma na tradição budista tibetana.

Durante a cerimônia de entronização de Tenzin Palmo, S.S. o Gyalwang Drukpa declarou: "Tenzin Palmo foi discípula, estudou e treinou com grande seriedade com um dos maiores mestres da linhagem Drukpa, o grande Khamtrul Rinpoche. Ela não só realizou os vários elementos do caminho budista como um todo, mas também adquiriu profunda experiência e realização nas práticas da linhagem Drukpa. Veio de mim o desejo de reconhecer e promover Tenzin Palmo. Não foi indicação ou encorajamento de ninguém. Porém, isto não é para ela ou para o seu benefício, uma vez que eu sei que ela não precisa de nada destas coisas sem sentido. Elas verdadeiramente não têm qualquer sentido maior ou mais profundo. São somente rótulos, identidades ilusórias. Acredito que a promoção, a partir de um ponto de vista do praticante espiritual, é algo sem qualquer sentido. Porém, penso que é algo muito necessário nestes tempos confusos, especialmente em uma época em que as mulheres praticantes espirituais de todo mundo, mas especialmente do budismo tibetano, precisam de alguém para olhar, admirar e se inspirar. As mulheres que buscam o caminho espiritual precisam ter confiança de que podem fazer e realizar algo como Tenzin Palmo fez e realizou. E a Venerável Tenzin Palmo tem sido um bom exemplo, de fato, um extraordinário exemplo disso."

O mestre raiz de Jetsunma Tenzin Palmo, Khamtrul Rinpoche, falecido em 1980, pediu-lhe diversas vezes para que criasse um convento onde as monjas da linhagem Drukpa pudessem estudar e treinar meditação. Ciente da importância disto, e repleta de devoção por seu mestre, a mon-

No CORAÇÃO DA VIDA

ja começou a partilhar este desejo genuíno pelo mundo em 1993, durante viagens para conceder ensinamentos e conduzir retiros espirituais em diversos países. Em janeiro de 2000 as primeiras monjas chegaram ao Mosteiro de Dongyu Gatsal Ling, em Himachal Pradesh, no noroeste da Índia. A iniciativa recebeu as bênçãos de Sua Santidade o Dalai Lama, que também é mestre de Jetsunma. (*Leia mais sobre o Dongyu Gatsal Ling ao final deste livro.*)

Jetsunma Tenzin Palmo traz frescor ao budismo com sua capacidade de dar uma voz contemporânea aos ensinamentos, mas mantém-se totalmente fiel à essência. Em suas palavras:

"O budismo sobrevive há mais de 2.500 anos. É como um lindo e precioso vaso. O Darma do Buda é como um elixir que podemos colocar dentro de diferentes vasos — de ouro, prata, cobre, vidro e assim por diante. Esse elixir toma o formato do recipiente em que é depositado. O problema é que, ao encontrarmos estes vasos preciosos, ficamos maravilhados com eles e frequentemente esquecemos de seu conteúdo.

"Hoje em dia temos diferentes tipos de budismo — tailandês, birmanês, chinês, japonês, tibetano e assim por diante. É interessante observar que mesmo entre praticantes encontramos alguns tentando proteger seus vasos, não se dando conta de que o que realmente precisa ser protegido é o elixir, a essência que o vaso contém. Meu mestre, Sua Eminência Khamtrul Rinpoche, uma vez me disse: 'Você deve se lembrar de que o que vemos hoje na tradição budista tibetana é metade cultura e metade Darma. Você pode vir a descartar a cultura, mas tome muito cuidado para não descartar o precioso e genuíno Darma.'"

A voz contemporânea de Jetsunma Tenzin Palmo também se manifesta em suas atividades contra a discriminação das mulheres dentro das tradições budistas, em favor da igualdade de estudo e treinamento para as monjas e pelo restabelecimento da ordenação feminina plena dentro do budismo tibetano.

Conheci Jetsunma Tenzin Palmo no aeroporto de Nova Délhi, capital da Índia, no início de abril de 2009, quando nos dirigíamos para o primeiro concílio anual da linhagem Drukpa, instituído por nosso líder, Sua Santidade o Gyalwang Drukpa, meu mestre raiz de ordenação como

INTRODUÇÃO À EDIÇÃO BRASILEIRA

lama. Já tinha visto vídeos de Jetsunma e lido alguns de seus ensinamentos, mas fiquei sem palavras e muito emocionado em sua presença. A primeira coisa que ela me disse foi: "De onde você vem? Para onde vai? Como posso lhe ajudar?", concluindo com: "Venha comigo e não desgrude de mim até chegar a seu destino."

Desde esse encontro, meu coração e minha mente nunca mais desgrudaram desse extraordinário ser humano, que hoje considero um de meus principais guias espirituais. É com grande alegria que vejo sua obra ser publicada no Brasil pela primeira vez. Não tenho dúvida de que será de grande benefício e proporcionará *insights* profundos a praticantes budistas, novos e experientes, bem como a não budistas interessados no cultivo da felicidade. Para encerrar, recorro a palavras de Jetsunma Tenzin Palmo que considero um dos pontos fundamentais deste livro:

"A verdadeira felicidade vem do coração. Vem de uma mente que se tornou mais estável, mais clara, mais presente no momento; uma mente aberta e que se preocupa com a felicidade dos outros seres. É uma mente que tem segurança interna, que sabe que pode lidar com o que quer que aconteça. É uma mente que não agarra mais as coisas com tanta força; é uma mente que segura as coisas de leve. Esse tipo de mente é uma mente feliz."

Lama Jigme Lhawang
Recife, abril de 2014

Comunidade Drukpa Brasil
www.drukpabrasil.org

Prefácio

Quando retornei para a Índia, em meados de 1990, após uma longa permanência na Itália, os lamas superiores do mosteiro de Tashi Jong pediram-me que abrisse um convento. Perguntei à Sua Santidade o Dalai Lama o que ele achava e ele sugeriu, com muito otimismo, que eu dedicasse dois anos a isso, antes de voltar para o retiro. Assim decidi assumir a tarefa e, enquanto escrevo esse texto em 2010, o convento floresce com mais de 70 monjas, embora os prédios ainda não estejam todos prontos.

De início, foi muito difícil saber como começar a angariar interesse e fundos para um convento. Não sou um Rinpoche encarnado, nem sequer sou tibetana. Além disso, tenho um corpo feminino, dentro de uma tradição patriarcal. Visto que não posso conceder iniciações ou bênçãos, o que eu poderia oferecer de útil? Comecei a dar palestras sobre o Darma, compartilhando a experiência da prática espiritual com plateias compostas predominantemente por pessoas leigas com família, emprego e uma vida social normal. É muito diferente dos tempos em que o Darma era transmitido principalmente em encontros monásticos.

Ao viajar pelo mundo, minha preocupação sempre foi como o Darma pode ajudar as pessoas na vida cotidiana. Como o Darma pode ser usado para iluminar a nossa vida e dar sentido à nossa existência? Pessoalmente, sinto que o mundo nunca necessitou tanto dos ensinamentos do Buda, dominados como estamos pela ganância, pela agressividade e pela ênfase na autossatisfação – os três venenos, nossos velhos companheiros.

Este livro inclui algumas palestras que proferi ao longo dos anos para plateias do Oriente e do Ocidente, unidas pelo desafio comum de fazer algo significativo de suas vidas dentro da sociedade que habitam. Não é um livro sobre práticas esotéricas ou métodos avançados de meditação. O conteúdo deste livro refere-se a praticantes comuns, preocupados em traduzir as instruções do Darma para uma experiência de vida em andamento.

Um aspecto importante do Darma trata da transformação de nossa mente e atitudes ordinárias em algo altamente positivo, que traga benefícios não só para nós mesmos, como para todos que tenham contato conosco. O problema básico que encaramos é como transformar uma mente cheia de pensamentos e emoções negativos – ganância, raiva, ansiedade, inveja e por aí vai – em uma mente mais pacífica e cordial, com a qual seja um prazer para todo mundo (inclusive, para nós mesmos) viver. Este livro estabelece de forma simples alguns indicadores, para ajudar praticantes comuns a usar o Darma para levar uma vida mais significativa.

Nossa mente, com o seu fluxo incessante de pensamentos, memórias, opiniões, esperanças e medos, é nossa companhia constante, da qual não conseguimos escapar nem mesmo em sonhos. Assim, faz sentido cultivar, para a nossa jornada, uma companhia de viagem que valha a pena.

1
Impermanência

Em uma história relatada nos sutras, o Buda certa vez caminhava com os discípulos pela selva, quando se inclinou, recolheu um punhado de folhas e disse às pessoas ao seu redor: "Qual quantidade é maior, a de folhas na selva ou de folhas em minha mão?"

Os discípulos disseram: "As folhas na selva são infinitas, e as folhas que você está segurando são bem poucas."

O Buda disse: "Isso é análogo a quanto eu realizei e a quanto estou falando a vocês. Ainda assim, o que estou falando é tudo de que vocês precisam para atingir a liberação."

Devemos entender que, de toda a vastidão de conhecimento que obteve, quando sua mente abriu-se por completo com a experiência da iluminação, o Buda selecionou os elementos mais essenciais, os mais importantes, a fim de nos liberarmos deste reino de nascimento e morte.

No início de sua missão, o Buda enfatizou as chamadas três marcas ou três sinais da existência, três características de tudo de nossa experiência, que negamos de modo habitual e persistente. O primeiro sinal da existência é a insatisfação. A vida como normalmente a levamos, de um jeito confuso e muito perturbado, não é satisfatória. Isso é *dukkha*. *Dukkha* é o oposto de *sukha*, que significa conforto, prazer, tudo transcorrendo numa boa. Não significa exatamente felicidade; é mais uma noção de as coisas andarem suavemente. E *dukkha* é o contrário disso. É desconforto. É quando as coisas não andam do jeito que queremos.

Mas é claro que as coisas desenrolam-se do jeito que são, quer gostemos ou não. Essa insatisfação subjacente é uma das principais qualidades de nossa existência como seres não iluminados.

O segundo sinal da existência é a impermanência. O terceiro sinal da existência é que nada possui autoexistência em si. Em outras palavras, tentamos solidificar tudo. Tentamos solidificar objetos externos e, em especial, tentamos nos solidificar. De modo quase automático, criamos um cerne aparentemente sólido que chamamos de "eu" e colocamos tudo a girar à sua volta: eu penso isso, eu sinto isso, eu sou isso, isso é meu, isso é quem sou. Normalmente, não nos perguntamos: "Quem é esse eu, essa aranha no centro da teia?"

Impermanência. Tentamos fazer com que as coisas fiquem do jeito que estão, nos agarramos à ideia de permanência. Normalmente, somos muito resistentes à ideia de mudança, em especial de mudança naquilo que prezamos. Claro que gostamos de que as coisas mudem, quando se trata de algo de que não gostamos; mas, quando é algo de que gostamos, seguramos.

Existem vários níveis de mudança, é claro. Existe a mudança grosseira – o clima muda constantemente, os mares mudam o tempo todo, a terra está mudando. Com o tempo, tudo se transforma por completo. Existe a mudança mais sutil em nossa vida cotidiana, na qual sempre estão acontecendo coisas. Relacionamentos, lares e bens vêm e depois os perdemos. Nosso corpo muda. No princípio, somos seres minúsculos, indefesos e vulneráveis, e então crescemos, amadurecemos, envelhecemos e morremos.

E existe a mudança momentânea, ainda mais sutil. Na verdade, nada permanece igual por dois instantes de tempo. A vida é como um rio, sempre fluindo. Heráclito, o filósofo grego, disse que nenhum homem pisa no mesmo rio duas vezes. Mas a verdade é que o mesmo homem nunca pode pisar duas vezes no rio. Tudo está mudando. Por isso, sofremos.

A vida é insatisfatória, porque está sempre mudando. Não tem o cerne sólido que sempre esperamos agarrar. Queremos segurança e acreditamos que nossa felicidade reside em estarmos seguros. E assim, tentamos tornar as coisas permanentes. Escolhemos casas que parecem muito permanentes e então as mobiliamos. Investimos em relacionamentos que esperamos durarem para sempre. Temos filhos e esperamos que eles também possam consolidar essa ideia de identidade, de algo que seja constante. Temos filhos e amamos nossos filhos, de modo que nossos filhos nos amarão e isso será assim por muito, muito tempo, durante toda a nossa vida. Nossos filhos são a nossa segurança.

Mas não existe segurança nisso, porque a segurança é muito insegura. A verdadeira segurança provém apenas do conforto com a insegurança. Ficarmos à vontade com o fluxo das coisas, ficarmos à vontade ao estarmos inseguros, essa é a maior segurança, pois nada pode nos tirar do prumo. Enquanto tentamos solidificar, parar o fluxo da água, represá-la, manter as coisas do jeito que elas são, porque isso nos faz sentir seguros e protegidos, estamos enrascados. Essa atitude vai direto de encontro a todo o fluxo da vida.

Tudo muda, de momento a momento, a cada momento. Até na física aprendemos que objetos que parecem sólidos e estáveis na verdade estão em estado de movimento constante. Os objetos não são estáveis, não permanecem fixos e imutáveis, embora nossos sentidos nos deem essa impressão distorcida.

Olhamos uns para os outros. Vejo você hoje. E amanhã, você parecerá o mesmo para mim. Mas você não será o mesmo. Tanta coisa aconteceu, mesmo em nível celular, ao longo desse tempo. Células crescem e morrem, elas estão sempre mudando. E nós também estamos sempre mudando na mente, de momento a momento, a cada momento. Embora tentemos solidificar as coisas e mantê-las do jeito que sempre foram, não podemos fazer isso. É como aqueles velhos castelos. Construímos paredes sólidas muito espessas e pensamos que vão durar para sempre, que nenhum ataque jamais irá mudá-las. Mas é uma delusão. Mesmo que tentemos segurar o rio de nossa vida, ele fluirá de qualquer maneira. Não podemos segurar o rio nos agarrando a ele. O jeito de pegar o rio é segurar muito de leve.

Não é necessário sofrer. Quando sofremos, sofremos porque nossa mente é deludida e não vemos as coisas como realmente são. Temos medo, medo de perder, e sentimos dor quando perdemos. Mas a natureza das coisas é vir a existir, durar por um tempo e então acabar.

Nossa cultura considera a questão da perda muito difícil. Nossa cultura é muito boa em pegar. Nossa cultura de consumo, especialmente hoje em dia, é toda voltada apenas para pegar, pegar, pegar. Jogamos fora coisas que ontem mesmo estavam na moda, mas que não estão mais na moda hoje, para pegarmos alguma coisa nova. Entretanto, não temos essa atitude em relação a nosso corpo ou ao corpo dos outros. Não achamos que nós também precisamos ser reciclados de tempos em tempos, mas precisamos. É irônico que em nossa sociedade todo mundo fale abertamente sobre sexo, que em outras sociedades é um grande tabu. Contudo, em nossa sociedade o grande tabu é a morte.

Fui criada em uma família espiritualista. Minha mãe era espiritualista, e realizávamos sessões em nossa casa todas as semanas. Na minha casa a morte era um assunto diário, era um tópico sobre o qual falávamos com grande dose de entusiasmo e interesse. Não era mórbido. E nas poucas ocasiões da minha vida em que realmente pensei "Estou prestes a morrer agora", a reação seguinte sempre foi: "Vamos ver o que acontece". Creio que seja porque, quando eu era criança, a morte era um tema aberto. Sou profundamente grata a isso, porque falar da morte em nossa sociedade geralmente deixa as pessoas desconfortáveis. Tanta gente tem medo da própria morte e da morte dos outros. Não aceitamos que tudo que vem a existir dura um tempo e depois acaba. Mas o ciclo é esse. Tudo é impermanente. E o que nos causa dor é a não aceitação disso. Em nossos relacionamentos, vivemos divididos entre a esperança e o medo porque seguramos com muita força, com muito medo de perder.

Tudo está fluindo. E esse fluxo não é composto apenas por coisas externas. Inclui os relacionamentos também. Alguns relacionamentos duram um longo tempo, outros não – é assim que as coisas são. Algumas pessoas permanecem aqui por um longo tempo, outras partem muito rapidamente. É assim que as coisas são.

Todo ano, milhões e milhões de pessoas nascem e morrem. No Ocidente, nossa falta de aceitação é deveras espantosa. Não aceitamos que um dia possamos perder qualquer uma das pessoas que amamos. É muito comum sermos incapazes de dizer a alguém que esteja morrendo: "Somos tão felizes por ter tido você conosco. Mas agora, por favor, siga em frente, em uma jornada muito feliz e segura." É essa negação que nos causa dor.

A impermanência não é de interesse apenas filosófico. É de interesse pessoal. Somente quando aceitarmos e entendermos profundamente em nosso ser, que as coisas mudam de momento a momento e nunca param um instante sequer, só então conseguiremos soltar. E, quando realmente soltamos dentro de nós, o alívio é enorme. Ironicamente, isso dá vazão a toda uma nova dimensão de amor. As pessoas pensam que se alguém é desapegado, é frio. Mas isso não é verdade. Qualquer um que encontre grandes mestres espirituais, realmente desapegados, ficará impressionado com o afeto deles por todos os seres, não só aqueles dos quais gostam ou com quem se relacionam. O desapego libera algo muito profundo dentro de nós, porque libera aquele nível de medo. Todos nós temos muito medo: medo de perder, medo da mudança, uma incapacidade de simplesmente aceitar.

Desse modo, a questão da impermanência não é apenas acadêmica. Temos realmente que aprender a como enxergá-la em nossa vida cotidiana. Na prática budista da atenção mental, de estar presente no momento, uma das coisas que primeiro impressiona é como as coisas estão constantemente fluindo, aparecendo e desaparecendo de maneira contínua. É como uma dança. E temos que dar espaço a cada ser, para que ele dance a sua dança. Tudo está dançando, até as moléculas dentro das células estão dançando. Mas tornamos nossa vida muito pesada. Temos fardos incrivelmente pesados, que carregamos conosco como pedras dentro de uma grande mochila. Pensamos que carregar esse mochilão é a nossa segurança, pensamos que nos dá base. Não percebemos a liberdade, a leveza de simplesmente largar, soltar a mochila. Isso não significa abandonar os relacionamentos, não significa abandonar a profissão, a família ou a casa. Não tem nada a ver com isso, não é uma mudança externa. É uma mudança interna. É a mudança de deixar de segurar com muita força para segurar bem de leve.

Recentemente, estava em Adelaide, na Austrália, e alguém me deu uma tirinha de quadrinhos que mostrava como segurar coisas: o primeiro desenho era sobre segurar gentilmente, como ao segurar um pintinho; o segundo desenho abordava diferentes maneiras de segurar as coisas de modo hábil, com honra e respeito, mas não com força; e o último desenho dizia, "Depois disso, temos que soltar. Mas isso é uma coisa totalmente diferente – vamos tratar dela mais tarde!"

Sim, temos que saber como segurar as coisas de leve, e com alegria. Isso nos permite ficar abertos ao fluxo da vida. Quando solidificamos, perdemos muito. Envolvidos na relação com nosso parceiro, com nossos filhos e com outras pessoas nesse mundo, podemos solidificá-los ao atribuir um papel a eles. É como nós os vemos. Depois de um tempo, não experienciamos mais a pessoa real do momento. Vemos apenas a nossa projeção da pessoa. Embora ela seja completamente única, e possa estar de fato se transformando e mudando por dentro, não enxergamos isso, porque tudo o que vemos é o nosso padrão. E então as pessoas se cansam umas das outras, ou no mínimo ficam meio que trancadas em um relacionamento que perdeu a vitalidade original. Como eu disse, isso é porque não experienciamos o momento atual, experienciamos apenas a nossa versão dos eventos.

Quando olhamos alguma coisa, vemos tal coisa por um momento, mas imediatamente nossos julgamentos, opiniões e comparações entram em cena. Tornam-se filtros entre nós e a pessoa ou o objeto que olhamos, e esses filtros nos distanciam cada vez mais do que é. Restam nossas próprias impressões e ideias, mas a coisa em si se foi. Isso é especialmente verdadeiro quando nosso objeto são outras pessoas.

Todos nós sabemos que, quando as pessoas estão relatando um acontecimento, é quase como se cada uma estivesse contando uma história diferente. Todos nós passamos pela experiência de ouvir alguém contar um acontecimento que compartilhamos e pensar algo do tipo: "Não foi assim que aconteceu!", "Não disseram isso!", ou "Não foi nada disso, você não entendeu coisa nenhuma!". Em outras palavras, tudo se torna incrivelmente subjetivo. Não vemos a coisa em si, vemos apenas a nossa versão. E onde isso se reflete de modo mais claro é em nossa resistência ao fato de que todos nós estamos mudando de momento a momento. É como se o tapete debaixo de nossos pés fosse continuamente puxado, e não conseguíssemos suportar isso. "Esse tapete vai ficar exatamente onde eu quero que ele fique. O mesmo tapete debaixo dos mesmos pés." E porque isso jamais vai acontecer, já que, por mais que fiquemos nos iludindo, nunca poderemos ter as coisas exatamente do mesmo jeito, sentimos essa dor.

É muito importante entender que nossa felicidade e paz mental não provêm da busca de segurança na permanência e na estabilidade. Nossa felicidade vem de encontrarmos segurança na natureza sempre cambiante das coisas. Se nos sentimos felizes e, por conseguinte, somos capazes de flutuar na corrente, nada pode nos aborrecer. Porém, se construímos algo tão rígido, querendo que não mude nunca – um relacionamento, nosso emprego, qualquer coisa, quando o perdemos, ficamos totalmente fora do prumo. Em geral, as pessoas pensam que a mudança constante das coisas é algo assustador. Mas, quando realmente entendemos que a verdadeira natureza das coisas de fato é fluir, mudar, aí ficamos completamente equilibrados, abertos e receptivos. Quando tentamos represar o fluxo, a água fica muito estagnada. Temos que deixar as coisas fluírem. Aí a água estará sempre fresca e límpida.

Quando fui para a Índia pela primeira vez, achei trabalho como voluntária na Young Lamas Home School, ensinando jovens *tulkus*, ou lamas encarnados. Depois fui morar com meu lama, Khamtrul Rinpoche. Depois de ordenada, trabalhei com ele por seis anos, como monja e secretária. Embora eu não tivesse nenhum dinheiro, ele sempre me deu casa e, é claro, comida. Cuidaram de mim. Depois, a comunidade se mudou para Tashi Jong, seu local atual. Na época o terreno era uma plantação de chá, ainda não haviam construído nada nele e todos da comunidade moravam em tendas. Khamtrul Rinpoche me disse: "Seria uma boa ideia se você ainda não viesse para Tashi Jong no próximo ano, pois não há lugar para você ficar. Vá tratar das suas coisas por um ano, e volte depois que tivermos construído alguns prédios." Toda a comunidade foi para Tashi Jong e eu fui deixada para trás, em uma estação na montanha chamada Dalhousie. Lembro-me de ficar parada na encosta olhando ao longe, a planície de um lado e as montanhas do outro, e de me sentir totalmente desolada por um momento. Meu lama tinha ido embora. A comunidade tinha ido embora. Eu não tinha família ali, não tinha amigos ali. Não tinha dinheiro, nem lugar para ficar. Não sabia o que fazer. Pensei: "Caramba." E então, pensei: "Toda a minha vida é dedicada ao Buda, ao Darma e à Sangha. Gampopa disse que qualquer um que pratique o Darma, qualquer um que esteja em um caminho espiritual genuíno, jamais passará fome." Aí disse a mim mesma: "Tudo bem. Entreguei toda minha vida ao Buda, ao Darma e à Sangha, então eles que cuidem disso." E senti que estava perfeitamente bem estando insegura. Naquele momento, realmente tive um *insight* sobre o fato de que a verdadeira segurança reside não em se agarrar à segurança, mas em se sentir seguro dentro da insegurança.

Naquele exato instante, houve uma tremenda sensação de que era bom apenas deixar as coisas serem. Pensei: "Não se preocupe." Foi algo muito pessoal. E não pretendo sugerir que todos vocês têm que agir assim.

Muitos têm família e amigos, de modo que para vocês pode ser diferente. Mas tive uma sensação muito forte de que, se eu não me preocupasse, se eu não ficasse preocupada por não ter onde morar e não ter dinheiro algum, e se apenas continuasse a devotar minha vida ao Buda, ao Darma e à Sangha, as coisas se resolveriam. E é claro que as coisas se resolveram mesmo e continuaram a se resolver nos últimos trinta anos.

Temos muito pouca fé no universo. Fé aqui não significa apenas ficarmos sentados e não fazermos nada, mas sim entender a escala dos acontecimentos. Na verdade, não temos que fazer tudo pessoalmente. Se conseguirmos nos plugar nessa... não sei bem como chamar... nessa espécie de energia universal, as coisas se ajeitarão por si. Porém, se tentamos fazer tudo sozinhos, essa energia universal meio que recua e diz: "Ok, vá em frente."

Entendem?

Se estamos nos direcionando genuinamente e de coração a algo verdadeiramente bom e se realmente temos fé nisso, aquilo de que precisamos vem. Não é que vamos nos tornar Bill Gates. É provável que continuemos sempre pobres, mas não importa, porque a vida não se trata de conseguir um monte de riqueza e de bens, como todos vocês sabem. Mas, se estamos fazendo o que precisamos fazer nesse mundo, temos que ter fé de que todas as coisas virão para nós à medida em que precisarmos delas. E isso tem a ver com a questão da impermanência, pois significa que, se as coisas da vida mudam, somos capazes de mudar com elas.

Todos nós experimentamos a capacidade de sermos flexíveis, abertos e soltarmos as coisas, a fim de mudar de direção se necessário. É a rigidez que causa problemas. E isso nos leva à próxima questão importante a respeito de nossa preciosa existência humana. Nossa sociedade, voltada cada vez mais para o consumo, tenta nos convencer de que estamos aqui para nos divertirmos e pegarmos o que quer que as grandes empresas estejam despejando. Não importa que seja uma porcaria: se é a moda do ano, nós temos que querer. Mas não temos apenas que querer, temos que trabalhar duro e comprar. Pensamos que isso vai nos dar felicidade, pensamos que felicidade significa isso.

Muitos de nós, que investigam a natureza da impermanência, rejeitam isso. Parabéns. Porque a maioria do mundo não. Com certeza, a maioria do terceiro mundo está recém chegando a essa crença, deludida de que quanto mais bens materiais se possui, mais feliz se fica. Muita gente, a despeito de sua condição social, acredita que o sentido da vida é ter sucesso, e que sucesso significa ficar confortável e rico. Significa ter todas as coisas que queremos, como bons relacionamentos, com tudo caminhando exatamente como queremos: boa saúde, felicidade e dinheiro suficiente para gastarmos em todas as coisas que quisermos. Se conseguimos obter isso, então a vida é boa e feliz. Mas o fato é que temos potencial humano, relacionado à nossa inteligência e à nossa capacidade de possuir infinita compaixão pelos outros. A expansão de nosso potencial humano nos permite, realmente, direcionar a vida para algo significativo, algo mais profundo, algo interior. Se direcionarmos toda a nossa energia e toda a nossa atividade apenas a ficarmos felizes, satisfeitos e confortáveis, não seremos diferentes dos animais.

Na *Vida de Milarepa*, a história do grande yogue tibetano do século XI, lemos que, certa vez, quando ele estava em sua caverna, um veado entrou correndo muito assustado. Milarepa cantou para confortar o veado, e o veado sentou-se ao lado dele. Um pouco depois, um cão de caça entrou correndo na caverna, procurando avidamente o veado. Milarepa também cantou para o cão, e o cão se acalmou e sentou-se do outro lado. Então chegou um caçador aos brados – seu nome era Gonpo Dorje. Meu lama Khamtrul Rinpoche é considerado uma encarnação de Gonpo Dorje. O caçador esbravejou de raiva ao ver o veado e o cão sentados tão pacificamente, lado a lado, e tentou atirar em Milarepa para matá-lo. Mas é claro que Milarepa era impermeável a flechas. Depois de um tempo, o caçador acalmou-se um pouco e Milarepa cantou para ele. Milarepa declarou: "Considera-se a vida humana preciosa, mas não vejo nada de precioso em você!" Mais tarde, Gonpo Dorje tornou-se um de seus maiores discípulos.

Não é assim com tanta gente que conhecemos? Temos essa vida humana preciosa, e o que estamos fazendo com ela? Onde está a preciosidade? Nossa vida humana só é preciosa se a usamos de modo significativo. Do contrário, não é uma vida preciosa. Ela não é preciosa apenas por sermos humanos. Ela só é preciosa e rara se a usamos de modo significativo.

Cá estamos. Honestamente, não posso dizer que sei o porquê de estarmos aqui. Quem é que sabe por quê?! Mas pelo menos, enquanto *estamos* aqui, vamos usar o que temos como um processo de aprendizado, pois uma coisa que possuímos, em função do nosso nascimento humano, é a capacidade de escolha.

De acordo com a cosmologia budista, existem 26 reinos celestiais e 18 infernos de vários tipos. Os seres nos reinos infernais são tão atormentados pelo sofrimento que só conseguem pensar em si mesmos. Os seres nos reinos celestiais estão tão seduzidos pelo prazer que não têm incentivo para se aprimorar. Os animais não possuem inteligência para serem capazes de ter consciência de si do mesmo modo que os seres humanos. Os seres humanos, porém, têm a mistura de dor e prazer. Por causa disso, podemos aprender. Temos escolha. Temos escolha sobre como reagir a tudo o que nos acontece: compete a nós se vamos reagir de modo hábil ou inábil. Estamos criando nossa vida para nós mesmos, momento a momento. Às vezes, as pessoas ficam tão presas na rotina que acham que não podem escapar, que não podem sair. Mas é claro que isso não é verdade – nós podemos, sim.

Eu escrevo para alguns presidiários nos Estados Unidos. Eles estão tão encalacrados quanto é possível estar. Amiúde, encontram-se em situações nas quais estão cercados de companheiros de prisão e guardas muito impiedosos. Contudo, um presidiário, no Texas, deu início a um grupinho de Darma com presos de mentalidade semelhante. Eles queriam sentar, meditar e ter uma pequena palestra sobre o Darma. Tiveram que pedir por seis meses, antes que os guardas lhes dessem permissão para sentar no chão. Imaginem: eles tiveram trabalho até mesmo para conseguirem permissão para se reunirem, para sentarem no chão. "Não, vocês não podem sentar no chão. Por que querem sentar no chão? Isso é estranho." Mas mesmo em situações aparentemente inflexíveis, situações das quais não podem escapar fisicamente, os presidiários se transformam por dentro. Usam as circunstâncias muito adversas de modo sincero, para crescer, para aprofundar o entendimento, para expandir a compaixão, olhar o passado e ver onde erraram. Estão aprendendo como não cometer os mesmos erros no futuro. Ser humano é isso. É por isso que nossa vida humana é tão preciosa. Podemos fazer isso. E é por isso que não podemos desperdiçar a oportunidade sendo simplesmente estúpidos. Essa é uma ocasião em que podemos expandir a nós mesmos a passos largos, mesmo quando as coisas são muito adversas – às vezes, *especialmente* quando as coisas são adversas.

Quando tudo vai bem, podemos ser levados a pensar que somos muito mais bacanas e evoluídos do que realmente somos. Quando todo mundo é agradável conosco, quando as circunstâncias vão bem, quando todos os nossos relacionamentos são amigáveis, é muito fácil pensar: "Sou uma pessoa basicamente bacana e está tudo bem, e estou cheio de bondade amorosa e de compaixão." Mas é quando as coisas não andam bem, quando as pessoas não fazem o que queremos, quando as coisas não saem conforme planejamos – é aí que aprendemos. E é aí que realmente vemos em que pé estamos, o quanto a nossa compaixão se estende e o quanto a nossa paciência realmente existe. Quando as pessoas são más ou grosseiras conosco, ou nos enganam ou abandonam, temos a chance de enxergar isso.

Precisamos dessas coisas. Não é que precisemos sair atrás de experiências dolorosas ou de pessoas detestáveis – elas virão até nós! E, quando vierem, devemos ter uma mente capaz de absorver, entender, aceitar e usar isso, e não uma mente que tente fugir ou evitar, ou que simplesmente gere mais negatividade. Essa é a nossa oportunidade.

Shantideva, um filósofo budista indiano do século VII, disse no *Bodhicharyavatara* (*O modo de vida do bodisatva*) que essa terra é cheia de pedras e espinhos. É muito doloroso andar por ela. O que então devemos fazer? Atapetar o mundo inteiro? Seria muito difícil, pois existe muito chão por aí. Não precisamos atapetar o mundo inteiro, temos apenas que colocar couro na sola de nossos pés – colocar sapatos – e podemos caminhar por tudo. De modo semelhante, não podemos nos livrar de todas as circunstâncias adversas e dificuldades do mundo. Existem bilhões de outras pessoas no mundo e somos apenas um. Mas não precisamos mudar todo mundo. Tudo o que precisamos transformar é a nossa própria mente. Quando nossa mente é transformada, tudo é transformado.

Uma maneira de transformar a nossa mente, além do desenvolvimento de qualidades como paciência, entendimento e tolerância, é ver que esta vida que temos aqui é realmente preciosa. É muito preciosa porque é nosso local de trabalho: é aqui que faremos avanços se quisermos, seja qual for o estágio da vida em que nos encontrarmos.

Podemos usar todo e qualquer momento desta vida. Algumas pessoas têm a ideia de que praticar significa frequentar centros de Darma, ou sentar em meditação, ou realizar rituais e coisas do gênero. Pensam que tudo isso é prática, ao passo que o resto do dia é perda de tempo. As pessoas pensam que existe uma enorme divisão e, muitas vezes, se desesperam, achando que a família e os filhos são obstáculos que as afastam da vida espiritual. Todavia, o fato é que, especialmente hoje em dia, temos que aceitar a situação em que estamos e usá-la como nosso caminho espiritual. Claro que meditação é muito importante, mas não é o único meio necessário para se tornar um ser iluminado. Precisamos desenvolver um coração realmente aberto, um coração generoso, um coração receptivo e paciente. Temos que ter uma conduta ética muito clara, viver nesse mundo de uma forma que jamais causemos dano aos outros de jeito algum, nem dano a nós mesmos. Devemos viver uma vida muito inofensiva, não pensando apenas em nós, mas cuidando dos outros, de modo que, ao encontrar cada ser, nosso primeiro sentimento seja: "Que você possa ficar bem e ser feliz." Não importa se é alguém que conhecemos ou não, ou mesmo alguém de quem não gostamos. Que você possa ficar bem e ser feliz. Todos nós podemos gerar essa sensação de boa vontade. Se a geramos, lentamente tudo o que fazemos na vida é transformado em prática.

Temos esta vida – é o que temos. Como vamos usá-la? Vamos usá-la de modo hábil ou vamos apenas desperdiçá-la? Depende de nós. Não podemos culpar a nossa família, os nossos amigos, os nossos pais, a nossa criação, a nossa condição social ou o governo. Depende de nós. Felicidade e infelicidade dependem do próprio indivíduo. O que fazemos com as circunstâncias que encontramos depende de nós. Por exemplo, mesmo que tenhamos uma doença que ameace a vida seriamente, temos uma escolha: podemos entrar em desespero, frustração e raiva totais, ou podemos dizer: "Bem, que maravilhosa oportunidade que isso me dá de perceber que somos todos finitos, que todos nós vamos morrer. Então, o que é importante e o que não é importante na vida? Essa doença me dá a oportunidade de arrumar meus relacionamentos, amarrar pontas soltas e também de focar no que realmente é importante para mim." Em vez de ficar com raiva da doença, a pessoa pode sentir-se quase grata. Pode usar a doença. Pode usar qualquer coisa.

Cada um de nós é responsável pela sua própria vida, e por ajudar e oferecer amor e entendimento àqueles que estão mais próximos. Nossa família, nossos filhos, nossos parceiros, nossos pais – eles são a nossa prática, não são um obstáculo à nossa prática. São eles que necessitam de nossa bondade amorosa, de nossa compaixão, de nossa paciência, de nosso esforço jubiloso. De nossa sabedoria. Não é muito difícil sentar e meditar sobre bondade amorosa e compaixão por todos aqueles seres sencientes lá fora, em algum lugar do horizonte. Mas os seres sencientes por quem realmente temos que gerar bondade amorosa e compaixão são os que estão bem diante de nós, em especial aqueles por quem somos mais karmicamente responsáveis. Eles são os objetos de nossa prática.

Nossa vida cotidiana é a nossa vida espiritual. Se temos percepção para sermos capazes de usar a nossa vida cotidiana como prática, então, nossa vida tem sentido. Do contrário, passam-se os dias – impermanência, como sabemos, momento a momento, dia após dia, ano após ano e de repente lá estamos, cara a cara com a morte, e o que fizemos? Não sabemos quando vamos morrer. Cada respiração pode ser a última. Não sabemos. Quando acordamos de manhã, deveríamos dizer: "Que incrível não ter morrido durante a noite." Quando vamos dormir à noite, deveríamos dizer: "Que incrível que durei todo esse dia e ainda não morri." Quem sabe quando vamos morrer? Honestamente, ninguém sabe. Toda essa gente morta em acidentes na estrada – será que pensaram que iriam morrer? A morte chega independentemente da idade ou do sucesso, ou da beleza ou da riqueza. Quando partimos, já era. Por isso, temos que viver cada dia como se fosse o último. Se realmente pensássemos "Vou morrer amanhã", o que faríamos hoje? Com certeza, começaríamos a reavaliar toda a nossa situação.

Certa vez, quando eu estava em minha caverna, houve uma nevasca feroz e a neve entrou. A nevasca caiu forte, durante sete dias e sete noites, sem parar, e a caverna ficou completamente coberta. Quando abri a janela, havia apenas um lençol de gelo, quando abri a porta, havia um lençol de gelo. Pensei "É o fim", porque a caverna era muito pequena e com certeza eu ficaria sem oxigênio e morreria. De modo que me preparei toda. Peguei aquelas pilulazinhas que você deve tomar na hora da morte (embora tenha que dizer que as pilulazinhas são duras como pedras!) e repassei minha vida. Lamentei as coisas erradas que havia feito e me regozijei com as coisas certas realizadas. Foi muito saudável, porque realmente acreditei que me restava um dia ou, no máximo, dois. Eu realmente coloquei as coisas em perspectiva – o que era importante e o que não era importante, o que era importante eu pensar e o que era totalmente irrelevante. Normalmente a nossa mente está cheia de tagarelice incessante, o contínuo comentário sobre a novela totalmente inútil que apresentamos a nós mesmos. Porém, quando acreditamos que dispomos apenas de uma quantidade limitada de tempo para seguir pensando, discriminamos muito melhor os nossos pensamentos, ficando muito mais conscientes de como estamos usando o nosso tempo e do que estamos fazendo com a nossa mente.

Se vivemos com o pensamento de que cada dia é o último, isso nos ajuda a apreciar cada momento. Isso não é ser fatalista ou sorumbático. Se fosse nosso último dia na terra, teríamos cuidado com nosso tempo. Não criaríamos mais problemas, tentaríamos resolver os que já temos. Seríamos bacanas com as pessoas. Se não iremos mais vê-las, por que não ser bacanas com elas? Não seríamos bondosos com a nossa família, com os nossos filhos, com os nossos parceiros e com as pessoas que estaríamos deixando, se pensássemos que nunca mais as veríamos outra vez? Porque quem sabe? Podemos não ver. Certo dia, não veremos.

Por que não estar preparado?

Perguntas

Pergunta: A senhora acabou de mencionar que é capaz de discriminar vários pensamentos, à medida em que surgem no processo de meditação. O que de fato aconteceu em sua mente para que desenvolvesse a capacidade de ver isso?

Jetsunma Tenzin Palmo: Bem, todos nós temos essa capacidade. A coisa é que, quando se está sentado e olhando a mente, surgem os pensamentos, surgem as sensações, surgem as emoções. De início, são pensamentos superficiais e emoções superficiais, mas mais adiante, à medida que a mente volta-se mais profundamente para emoções ou pensamentos sepultados, fica muito claro que cada pensamento e emoção que experimentamos possui uma qualidade agradável ou desagradável, e podemos ver com muita clareza quais pensamentos são saudáveis e quais são insalubres.

O Buda disse que existem quatro esforços corretos: o esforço de se livrar de pensamentos negativos quando surgem, o esforço de evitar o surgimento de novos pensamentos negativos, o esforço de cultivar bons pensamentos que já temos e o esforço de aumentar a sua ocorrência. Pois bem, só podemos fazer isso se tivermos uma boa ideia do conteúdo de nossa mente. Temos que estar cientes. À medida em que os pensamentos e emoções aparecem, podemos ver que alguns deles são destrutivos – são negativos, não servem para nada e não nos ajudam em nada. Quando vemos a sensação de raiva ou de apego intenso no momento em que surgem – se realmente vemos, quando sabemos e reconhecemos de forma categórica, naquele momento, antes de começarmos a comentar a respeito – a sensação transforma-se por si.

P: Que interessante. Isso levou muito tempo, quando você estava na sua caverna?

JTP: Bem, na verdade não. A primeira vez em que aconteceu foi antes de eu ir para a caverna. Mas foi numa época em que eu estava sofrendo muito por apego. De repente, em um só momento, vi a coisa toda. Foi um momento de clareza e de entendimento. Naquele momento, a coisa toda desmoronou e nunca mais voltou.

P: A partir daí, toda a sua meditação na caverna desenvolveu-se em torno desse único insight?

JTP: De certo modo, aquilo me mostrou que era possível. Depois, é claro, tem-se outros momentos de insight, mas nunca tão profundos e tão definitivos quanto aquele. Mas, naquele momento, ficou muito claro. É como se tivéssemos uma corda constituída de muitos fios e vários fios arrebatassem, e sentíssemos que a corda cede – ela ainda está interligada, mas sentimos que cede. Foi assim. Alguma coisa interna caiu fora e nunca mais se formou novamente. Foi um momento absoluto de grande clareza. De certo modo, ao ver de verdade, também estamos tentando fazer isso, porque o momento da visão é o momento da liberação. Mas, normalmente, não vemos, porque a nossa mente está atravancada. Temos comentários, preconceitos, pensamentos, sentimentos, ideias e concepções em demasia, e eles cobrem a verdadeira experiência.

A meditação libera espaço na mente, nos dá espaço para a experiência. Normalmente, nossa vida é tão atravancada que não temos espaço nem para respirar. Mas a meditação nos dá espaço para respirar, de modo que as coisas podem surgir e, assim, o entendimento e a experiência podem aparecer. Estamos tão ocupados que eles não podem vir à tona, pois não há espaço. Assim, a maior parte da meditação é apenas sentar e sentar. Nada está acontecendo, mas apenas sentamos sem que nada aconteça e damos espaço. Não importa se acontece algo ou se não acontece nada – pelo menos, estamos presentes no momento com o que está acontecendo, mesmo que não seja muita coisa.

Em especial hoje em dia, o que não temos em nossa vida cotidiana é espaço, silêncio. Não nos ouvimos mais porque estamos completamente inundados de ruído, interno e externo. Meditação tem a ver com voltar ao nosso espaço silencioso interior.

P: Gostaria de perguntar sobre má conduta ética. Queria saber se existem algumas práticas que possam ser feitas quando ainda não se tem a conduta completamente desenvolvida.

JTP: Claro, do contrário nunca chegaríamos a fazer práticas! Se estivermos levando vidas relativamente antiéticas – nos embebedando todos os dias, mantendo casos enlouquecidos ou nos metendo em relacionamentos dolorosos e complicados, ou perdendo a cabeça com frequência –, sendo imorais de algum jeito, será difícil sentar e deixar a mente quieta e tranquila. Portanto, faz sentido mantermos a nossa vida o mais ética possível. A questão é que, quando começamos de fato a cultivar a mente, isso ajuda a levar uma vida mais ética. As duas coisas andam juntas.

Mencionei a ética porque é algo muito importante e porque hoje em dia muitos budistas modernos tendem a deixá-la de lado, dizendo: "Oh, isso não é importante. A meditação é a única coisa." Mas não podemos meditar de verdade, se levamos uma vida descontrolada. Os preceitos budistas não são mandamentos – "Tu não deverás". O verdadeiro enunciado é: "Comprometo-me a observar a regra de treinamento." E os preceitos são isso: regras de treinamento. Os cinco preceitos baseiam-se na conduta naturalmente espontânea de um ser iluminado. Um ser iluminado não sonharia em matar ou roubar, ou em fazer alguma outra coisa nociva de modo intencional. O que estamos tentando fazer é colocar a nossa vida em equilíbrio e refletir sobre como seria a conduta natural de alguém dotado de sabedoria. Viver de forma tão harmoniosa quanto possível neste mundo, de modo que qualquer coisa, quaisquer seres, até mesmo insetos, possam vir à nossa presença e saber que estão seguros conosco. Todos os seres devem saber que podem confiar em nós. Não tentaremos tirar nada deles, nem prejudicá-los de forma alguma, nem enganá-los ou abusar deles para a nossa satisfação própria. Eles estão seguros conosco. Essa é uma bela forma de se viver. E, com uma mente que não é assolada pela culpa, pode-se sentar e meditar.

Quando damos nossas escorregadas – como todos nós damos, pois somos seres humanos e imperfeitos – lamentamos, tentamos fazer melhor da próxima vez e não repetir os mesmos erros. Entendemos que aquele não é um comportamento habilidoso. Não leva à felicidade e não nos leva na direção em que queremos seguir. De modo que tentamos voltar para os trilhos novamente. Tentamos aprender com a experiência e seguir em frente.

É claro que não há nenhum Buda celestial lá em cima, com um olhar dardejante se saímos um pouquinho dos trilhos. Não é assim. Mas existem os resultados cármicos de nossas ações, e faz sentido levar uma vida que realmente beneficie nós mesmos e os outros. Os preceitos não são relativos a assuntos que só eram relevantes há 2500 anos na Índia; eles são totalmente aplicáveis, hoje. Eles não têm nada a ver com épocas sociais ou com preconceitos culturais. Esses preceitos simplesmente expressam como um ser iluminado agiria.

2
Carma, ou causa e efeito

Assim, vamos explorar a natureza do carma, porque eu acho que o carma é muito mal compreendido no Ocidente. Há diversos entendimentos sobre o significado do carma, nas diferentes tradições religiosas; porém, aqui examinaremos o significado desse termo do ponto de vista budista. Na realidade, a palavra sânscrita "*karma*" significa "ação". Significa também "trabalho".

Todas as ações que realizamos, não apenas com o corpo, mas também com a fala e com a mente, são expressões do carma. É a ação que conta e não o resultado.

O próprio Buda disse que, com "*carma*" ele se referia a "intenção", "*chetana*". Carma é intenção. Isso significa que cada ação intencional de corpo, fala ou mente planta sementes em nosso fluxo mental. Mais cedo ou mais tarde, nesta vida ou em vidas futuras, essas sementes brotarão e amadurecerão. Esse amadurecimento é chamado *vipaka*, que significa o resultado do carma. E isso é o que experienciamos. Precisamos compreender que o carma não é algum tipo de destino avassalador, que tudo permeia. As sementinhas plantadas no passado irão, por fim, brotar. Não se pode determinar quando ou como germinarão.

Siddhartha Gautama, o Senhor Buda, não atingiu a iluminação repentinamente. Foi uma abertura da mente bastante gradual. No primeiro quarto da noite, quando estava sentado embaixo da Árvore Boddhi em Bihar, ele retornou a todos os seus nascimentos anteriores. Percorreu vários éons, atravessou expansões e contrações do universo, há bilhões de anos, sabendo: "Naquele momento, eu era assim. Naquele tempo, eu vivi assim e então morri, e renasci de tal forma." O tempo não tem significado, no âmbito absoluto; portanto, em um período bastante curto, ele foi capaz de vivenciar tudo isso. Então, no segundo quarto da noite, sendo que quarto é um período de três horas, a sua mente se abriu ainda mais, incluindo todos os seres: como eles vêm a existir, a duração de suas existências, suas mortes e seus renascimentos como novos seres. No terceiro quarto da noite, logo antes do amanhecer, ele obteve a realização da interconexão e da relatividade de todas as coisas: a originação interdependente. Foi quando ele se tornou um Buda.

Hoje em dia, de modo muito escolástico e humanístico dizemos: "Veja bem, o Buda falou sobre carma porque era moda naquela época. Sabe como é, naquele tempo todo mundo acreditava em carma, ou muitas das pessoas acreditavam, e ele apenas incorporou esse tema à sua doutrina." Mas não foi assim. Foi parte do processo de iluminação experienciar verdadeiramente de que forma os seres vêm e vão, e como estão inter--relacionados e interconectados — como o carma funciona. Mais tarde, seu primo e principal atendente, Ananda, disse a ele: "Bem, o carma é um pouco complicado, mas acho que agora entendi." O Buda respondeu: "Nunca diga isso. A compreensão do carma é um domínio exclusivo da mente de um ser completamente iluminado."

Somente um Buda pode realmente compreender o carma, porque somente um Buda é capaz de ver todos os desenhos, a tapeçaria como um todo. Nós vemos apenas uma parte muito pequena e, geralmente, ao avesso — o lado onde estão todos os nós e todas as pontas soltas. Então, tentamos entender toda a tapeçaria a partir daquele pedacinho minúsculo, mas como isso seria possível? Precisamos olhar o outro lado e à distância, para podermos ver como aqueles fios vermelhos, verdes e azuis formam um desenho. Não quero dizer que os desenhos da nossa vida já estão todos tecidos. Estamos tecendo-os continuamente. Essa é a grande questão.

O Buda disse que carma é intenção. Isso significa que as sementes que plantamos não são influenciadas pela real ação manifesta, mas pela motivação que há por trás dessa ação. Quando fazemos alguma coisa, podemos sempre nos justificar. Nós sempre temos razões elevadas e morais para fazermos o que fazemos, e geralmente podemos encontrar desculpas para grande parte da nossa conduta. Mas qual é a verdadeira razão subjacente ao que fazemos, dizemos e pensamos? Porque é essa, a razão verdadeira e não a razão com a qual nos justificamos, que irá colorir e influenciar os tipos de sementes que estão sendo plantadas. Essa é uma das razões pelas quais a atenção plena é tão enfatizada na prática budista: é preciso ficar ciente não só das ações, pensamentos e ideias superficiais, mas do que realmente está acontecendo mais profundamente. Para tornar as coisas bastante simples, a psicologia budista divide essas motivações nas chamadas seis raízes: três raízes negativas e três raízes positivas, que são consideradas incentivos subjacentes a todas as nossas ações. Embora seja uma grande simplificação, é incrível o quanto essa classificação de fato esclarece o que fazemos, dizemos e pensamos.

As três raízes negativas são os nossos velhos amigos — os três venenos. Ou seja, a delusão ou confusão, ganância ou desejo, e raiva ou ódio básicos. Toda ação que realizamos com uma motivação subjacente de delusão, ganância ou má vontade é negativa e resultará, ao final, em efeitos negativos. As ações que realizamos com as motivações opostas são tradicionalmente conhecidas como livres de delusão, de ganância e de má vontade. Significa que nos engajamos em ações com entendimento ou clareza da mente; com desapego ou generosidade (o oposto da ganância é generosidade, o que significa querer compartilhar e doar, em vez de reter tudo para si mesmo); com bondade amorosa e compaixão. Essas três raízes virtuosas acabarão por trazer uma boa colheita. Portanto, é necessário entender o que estamos fazendo e por que estamos realmente fazendo, e trazer o máximo de clareza possível a cada situação.

Do ponto de vista budista, todos nós já vivemos inúmeras vidas de muitas formas diferentes — como machos e fêmeas, como seres humanos e animais, como espíritos e como todos os tipos de coisas. Não há quase nada que não tenhamos feito em algum momento. Essa é uma das razões pelas quais estamos tão conectados com todos os seres — porque já compartilhamos suas experiências em algum momento, ainda que agora tenhamos nos esquecido. Algumas vezes fomos elevados, outras vezes inferiores, algumas vezes fomos pobres e outras vezes ricos, algumas vezes fomos muito inteligentes e outras vezes estúpidos. Nós já fizemos de tudo. Algumas vezes fomos boas pessoas e outras vezes fomos absolutamente terríveis. Quem somos nós para condenar alguém, sendo que provavelmente já experimentamos de tudo, em algum momento?

E por termos plantado muitas sementes diferentes, até mesmo nesta vida, em que temos sido pessoas muito boas, é possível que tenhamos de vivenciar os resultados de uma safra que semeamos em algum momento anterior, uma safra muito negativa. Assim, ainda que sejamos pessoas muito boas — sempre gentis e generosas —, é possível que tenhamos uma vida difícil e repleta de problemas, talvez uma vida com problemas de saúde ou cercados de pessoas que nos trapaceiam, ou o que seja. Podemos sentir que isso é muito injusto: "Eu sou uma pessoa tão boa, como isso pode acontecer comigo?" A razão é que nem sempre fomos boas pessoas. Algumas vezes, fomos pessoas horríveis. Portanto, temos de experimentar a fruição dessas ações passadas. E devemos ser gratos, porque, se agora respondermos com uma mente positiva, transformaremos a dificuldade em um ensinamento sobre o caminho, como uma forma de aprender a paciência e também de cultivar a compaixão pelo sofrimento dos outros. Assim, não estaremos apenas plantando boas sementes para o futuro, mas também exaurindo as sementes ruins do passado.

Eu tinha uma amiga que teve câncer de mama. De forma geral, estou certa de que ela fora uma pessoa muito boa nesta vida. Ela teve uma vida significativa e virtuosa. Portanto, poderia muito bem ter pensado: "Por que isso está acontecendo comigo? Eu sou tão jovem, e veja só que coisa mais terrível aconteceu comigo!" Mas uma vez, quando estava descansando, ela teve uma espécie de sonho acordada em que de repente se viu como um homem: era agora um soldado vestindo armadura, sobre um outro soldado que estava deitado no chão. Ele tinha uma cruz vermelha no peitoral, como se fosse durante o tempo das Cruzadas. Segurando uma lança contra seu peito, ela o olhava. Ele implorava por sua vida e ela sabia que, naquele momento, tinha uma escolha. Poderia deixá-lo ir ou poderia matá-lo. Ela olhou nos olhos dele e ele nos dela, implorando. Então, ela o atravessou com a sua lança. Ao fazer isso, sentiu uma dor inacreditável em seu peito e, nesse momento, despertou para a consciência atual.

Se foi apenas algo fabricado pela sua mente ou não, quem sabe? Mas pode ser uma explicação para ter tido uma doença tão terrível, tantos séculos depois. Nesta vida, ela era uma boa pessoa. Mas nós plantamos sementes e elas brotam quando surgem as condições propícias. Precisamos aceitar esse fato.

Carma, ou causa e efeito

E isso nos leva à parte seguinte de toda essa questão. Nós agora estamos aqui e temos esta vida. Não viemos a este mundo como folhas em branco, vazias, não importa o que digam os psiquiatras. Estou certa de que aqueles que tiveram filhos sabem muito bem que cada criança é muito diferente desde o início. Nós olhamos para os olhos de um bebezinho e é uma pessoa! Trazemos conosco os padrões e os condicionamentos de muitas e muitas vidas.

Portanto, nesta vida, determinadas coisas acontecerão conosco, certos eventos provavelmente ocorrerão. Mas há infinitos caminhos transversais; não está tudo determinado. Vamos seguindo e as estradas vão se ramificando. Se tomarmos um determinado caminho, seguiremos em frente e encontraremos mais desvios; se tomarmos um outro caminho, encontraremos outros desvios; e assim por diante. É assim. Não é como se um caminho já estivesse definido para nós, de uma forma predestinada. Algumas pessoas têm um tipo de vida que parece ser assim. Por exemplo, minha própria vida sempre pareceu um pouco predestinada, provavelmente por marcas e aspirações muito fortes do passado. Quando tento me desviar, surgem obstáculos e, então, sou obrigada a continuar no caminho que supostamente devo seguir. Mas, mesmo assim, temos escolha. Esse é o ponto mais importante de um nascimento humano — temos escolha. Mesmo as pessoas que têm clarividência dizem: "Isso é apenas o que tem a maior probabilidade de acontecer..." Não é o que obrigatoriamente acontecerá. Outras circunstâncias poderão surgir e podemos mudar tudo. Por exemplo, certa vez, o Buda estava caminhando além dos muros da cidade e viu um cadáver vestido de farrapos. Era o corpo de um mendigo bêbado que havia acabado de morrer. O Buda falou que esse homem, filho de um rico comerciante, havia sido originalmente muito rico. Ele havia conhecido o Buda e ficado atraído pelo Darma, chegando a pensar em se tornar um monge. Mas sua esposa o dissuadiu, e por isso ele não se ordenou. Ao final, começou a beber e perdeu todo o dinheiro no jogo. Acabou se tornando um mendigo. O Buda disse que, se ele tivesse se ordenado monge naquele tempo, teria se tornado um Arhat. Teria atingido a liberação completa.

Devido às sementes que plantamos no passado, certas coisas provavelmente acontecerão. A forma como respondemos a esses eventos plantam novas sementes. Em outras palavras, estamos constantemente criando o nosso próprio futuro. Se respondermos de forma hábil, os resultados serão bons. Se respondermos de forma inábil, teremos dificuldades no futuro. Somos responsáveis por nossa vida agora e no futuro. Depende de nós. Em última análise, não podemos culpar ninguém. Claro que somos influenciados por aqueles que nos rodeiam. Somos influenciados por nossa criação e por muitas outras coisas. Ainda assim, algumas pessoas que tiveram vidas extremamente traumáticas — infâncias terríveis, experiências muito ruins em relacionamentos — saem disso tudo com leveza. Outras pessoas que tiveram uma criação muito boa, durante a qual nada realmente horrível aconteceu, acabam cometendo suicídio. Cabe a nós a escolha entre superar as nossas dificuldades e encontrar a maneira de usar o que quer que encontremos para nos fortalecer, ou afundar, tornando-nos amargurados e obcecados com nossas memórias, reforçando o sentimento de baixa autoestima. As coisas vão acontecer. O importante é a forma como responderemos a elas.

Encontramos pessoas que nos dizem coisas. A forma como respondemos a elas condicionará o seu próximo comentário. Se respondemos de forma descontente, irritados, elas responderão de uma forma surpresa e aborrecida. A tensão aumentará. Então, acabamos nos sentindo totalmente infelizes e elas também acabam perturbadas. Tudo dá errado. Mas, se respondemos de forma agradável e amigável, elas certamente responderão na mesma moeda e, então, tudo se desdobra em uma direção mais positiva.

Longe de ser pesado e fatalista, o carma, se entendido corretamente, expressa a nossa total responsabilidade. Sempre temos esse espaço dentro do qual fazemos uma escolha, entre uma resposta hábil ou inábil. Não é uma situação estática, não é algo feito de concreto. O carma está constantemente fluindo e mudando, à medida que avançamos em novas direções, dependendo de como nos encontramos no momento presente. Podemos ir para cima ou para baixo: a escolha é nossa. Não podemos colocar a culpa nos outros, não podemos culpar a nossa educação, os nossos pais, os nossos relacionamentos, o governo, o país ou o tempo. Cabe a nós mesmos, a cada um de nós, a cada momento. Podemos agir com habilidade ou sem habilidade — a escolha é nossa. E isso, em poucas palavras, é o carma.

Há muitas categorias de carma: o tipo de carma que opera imediatamente; o tipo de carma que leva tempo; e assim por diante, mas talvez isso não seja tão importante neste momento. O que é importante é compreender as ideias básicas por trás dele e entender que carma não é destino. Carma é todas aquelas sementes que plantamos e que vão germinar em algum momento. A cada momento plantamos novas sementes. É um processo contínuo. É muito importante entender isto. Em última análise, aquilo que fomos em vidas passadas é totalmente irrelevante.

Certa vez, eu estava passando uns dias com a minha tia. Quando penso no "homem da rua", na pessoa comum, eu tenho que pensar na minha família, porque normalmente eu, de fato, não me encontro com pessoas "comuns". Eu me encontro com pessoas que estão interessadas em assuntos espirituais. Na verdade, acho que o interesse na espiritualidade é comum, mas, aparentemente, ele não é!

De todo modo, certa vez essa tia de meia-idade ofereceu um jantar a alguns velhos amigos. Pessoas que eram lojistas, médicos e assim por diante. Simplesmente pessoas comuns bastante agradáveis. Durante o jantar com esses amigos que ela conhecia desde a adolescência, um dos homens disse: "Eu acho que em alguma das minhas vidas anteriores devo ter sido espanhol, porque quando fui para a Espanha, senti uma enorme empatia com aquele lugar. Senti como se estivesse voltando para casa, mesmo estando aparentemente em um ambiente muito diferente e estranho." E uma outra pessoa disse: "Bem, isso é engraçado, porque eu sinto o mesmo com relação à Escócia. Quando estive lá, de fato senti que devo ter sido escocesa em algum momento, durante as minhas vidas passadas." Logo, todos na mesa começaram a falar sobre quem pensavam ter sido em suas vidas passadas e minha tia ficou horrorizada! Ela nunca sonhara que seus amigos tivessem qualquer pensamento dessa natureza.

Finalmente, um deles se virou para mim e disse: "Ah, mas Ani-la, a questão não é quem fomos em nossas vidas passadas, não é? É como usamos esta vida corretamente para que nossas vidas futuras sigam bem!"

É esse o ponto. Nossas vidas passadas se foram, deixem para lá. A questão é esta vida — o que fazemos com o que temos agora? Como é que podemos usar esta vida com habilidade para nos colocarmos na direção correta, para que em vidas futuras, tendo plantado muitas boas sementes nesta vida, possamos progredir, progredir e progredir ainda mais? Esse é o ponto.

Se pudermos ver as coisas dessa forma, então as situações adversas que encontramos em nossas vidas não serão realmente problemas —serão a nossa forma de aprender. É claro que dizemos isso repetidas vezes, mas na verdade possuir uma vida confortável é algo muito agradável e obviamente resulta de termos plantado boas sementes no passado. Se plantarmos cenouras, colheremos cenouras, se plantarmos rosas, colheremos rosas. Se plantarmos hera venenosa, colheremos hera venenosa.

E quando chegamos a uma fase em que tudo está indo muito bem — nascemos em circunstâncias favoráveis, as coisas vão muito bem para nós, a maioria dos nossos amigos são realmente bons, não temos muitas doenças horríveis, nossas famílias estão bem —, isso é maravilhoso e muito agradável. Mas se permanecermos nesse nível de complacência, o que aprenderemos? Como lidaremos com a situação, caso alguém próximo e que amamos morra de repente ou contraia alguma doença grave? Não que tenhamos de sair à procura de dor e problemas — não somos masoquistas. Mas, quando os problemas e as dificuldades surgirem, quando circunstâncias adversas surgirem, não tentaremos evitá-los. Nós os tomaremos como caminho. Nós os usaremos e perceberemos que é assim que iremos aprender. Esses são os pesos com os quais desenvolveremos nossos músculos espirituais.

Algumas pessoas têm muitas e muitas coisas para aprender nesta vida. Outras pessoas parecem deslizar através dela. Mas, às vezes, as pessoas que têm todas as dificuldades são aquelas que, no final, acabam se superando —são elas as verdadeiras vencedoras.

Não é uma questão de sempre tentar evitar as dificuldades, para viver neste mundo com conforto e bem-estar — esse não é o objetivo. Os animais desejam se sentir confortáveis. Os animais querem ter comida e abrigo, um lugar agradável e macio para ficar. Os animais pensam acima de tudo em comida, calor e sexo. Se passamos a maior parte do nosso tempo pensando nesse tipo de coisa, então não estamos muito à frente dos animais e é esse o tipo de nascimento que poderemos encontrar da próxima vez.

Nós, seres humanos, compartilhamos certas características com o reino animal, como o corpo físico e uma grande parte da estrutura cerebral. Mas temos outras qualidades que os animais não têm. Se simplesmente deixamos essas qualidades se atrofiarem, se as deixamos inativas, não nos diferenciamos em muita coisa dos animais e esta vida humana acaba sendo desperdiçada. Temos inteligência, temos autoconsciência, temos a capacidade de olhar para dentro, temos a capacidade de desenvolver compaixão e empatia genuínas pelos outros. Essas qualidades, quando são desenvolvidas e assumem grande importância em nossa vida, plantam muitas sementes e resultam em carma muito positivo. Com isso, continuaremos em contato com o caminho espiritual e encontraremos mestres espirituais em vidas futuras.

Existem bilhões de pessoas nesse mundo. Dessas, quantas estão genuinamente interessadas em algum tipo de caminho espiritual no momento? Muito poucas. Muitas nasceram em países onde o interesse por caminhos espirituais não é permitido. Muitas nasceram em países onde restaram poucos caminhos espirituais. E algumas nasceram em países onde há caminhos espirituais e incentivo para que esses caminhos sejam assumidos, mas elas não têm interesse.

Portanto, todos vocês são muito afortunados por estarem aqui. Vocês são completamente livres e podem acreditar no que quiserem. Se querem vir a uma palestra sobre o Darma, vocês vêm; se não querem vir a uma palestra sobre o Darma, não precisam vir. Cabe a vocês, a escolha é de vocês. No Ocidente, temos muita sorte, porque embora haja enorme doutrinação por parte da mídia, não precisamos aceitá-la.

Recentemente, comecei a ler um livro que tratava de duas visões do futuro: uma era a visão orwelliana, em que o mundo todo se tornava um Estado totalitário e as pessoas eram subjugadas à conformidade, por meio do medo e da intimidação. O outro paradigma era o de Aldous Huxley, segundo o qual podemos ser seduzidos pelo prazer e pelo conforto de termos tudo o que desejamos. No entanto, quando temos tudo o que queremos e quando o princípio do prazer se torna soberano — essa é a crença de que estamos neste mundo para termos conforto e para nos divertirmos —, ficamos parecidos com ovelhas, como em *Admirável mundo novo*. O autor diz que é isso o que de fato está acontecendo. As pessoas estão sendo atraídas pela filosofia do consumismo, que insiste em afirmar que o conforto, o prazer e tudo o que adquirimos são a estrada para a felicidade eterna. As pessoas estão comprando esta ideologia cada vez mais. E é isso que está contribuindo para nos tornarmos tão completamente sem alma e espiritualmente fracos.

Temos uma escolha — podemos aderir a esse ponto de vista. Podemos dizer a nós mesmos: "Tudo bem. Isso é uma boa coisa, então vou comprar mais e mais: uma casa maior, outro carro, uma televisão melhor, um computador do último modelo. Isso me fará feliz!" Podemos acreditar nisso. Ou podemos pensar: "Bem, conheço muita gente que possui todas essas coisas e não é feliz. E a última vez que comprei um carro melhor fiquei feliz por duas semanas, mas logo depois queria alguma outra coisa."

Pode ser que desejemos refletir sobre como lidamos com esse vazio interior. Talvez tentar preenchê-lo com bens de consumo e relacionamentos não seja a resposta. Talvez haja uma outra maneira de nos preenchermos e de nos completarmos. Então, começamos a olhar em uma direção diferente. Mas essa é uma escolha nossa. Essa é a nossa vida — temos uma escolha. Cabe a nós escolher se desperdiçaremos esta vida ou se a usaremos de uma forma significativa, que possa beneficiar a nós mesmos e aos outros. Basicamente, é disso que se trata o carma. Vários eventos acontecerão conosco, por conta de ações de corpo, de fala e de mente cometidas no passado. Mas a boa notícia é que, por meio de nossas respostas no presente, estaremos moldando nosso futuro constantemente, a cada momento. Podemos estar um pouco ou completamente adormecidos, ou podemos estar despertos, neste momento — acordados, conscientes, atentos. A escolha é nossa.

A maior parte de nós realmente anda meio adormecida. Estamos muito atarefados, muito ocupados, sempre temos coisas para fazer. Mas, por dentro, somos zumbis. Zumbis programados — aperte um botão e terá uma resposta. Às vezes, as respostas são agradáveis, outras vezes, são hostis, mas não são respostas conscientes. Esse elemento de consciência interna, de realmente ter conhecimento do momento no momento em geral não está presente. Estamos semiadormecidos e totalmente distraídos.

O Buda descreveu três tipos de preguiça. Primeiro o tipo de preguiça que todos conhecemos: não queremos fazer nada e preferimos ficar na cama por mais meia hora, ao invés de levantar para meditar. Em segundo lugar, a preguiça de nos sentirmos incapazes, pensando: "Eu não sou capaz de fazer isso. Outras pessoas podem meditar, outras pessoas podem ser atentas, outras pessoas podem ser boas e generosas em situações difíceis, mas eu não posso, porque sou muito estúpido." Ou então: "Sou uma pessoa que sempre sente raiva"; "Nunca fui capaz de fazer coisa alguma na minha vida"; "Sempre falhei e estou fadado ao fracasso". Isso tudo é preguiça.

O terceiro tipo de preguiça é estar ocupado com coisas mundanas. Sempre podemos preencher o vazio do nosso tempo nos mantendo muito ocupados. Estar ocupado pode até fazer com que nos sintamos virtuosos. Mas, geralmente, é apenas uma maneira de escapar. Quando saí da caverna, algumas pessoas perguntaram: "Você não acha que a solidão era uma fuga?" Eu respondi: "Uma fuga de quê?" Lá estava eu, sem rádio, sem jornais, sem ninguém para conversar. Para onde eu poderia escapar? Quando as coisas surgiam, eu não podia nem mesmo telefonar para um amigo. Eu estava cara a cara com quem eu era e com quem eu não era. Não havia como escapar.

Nossa vida comum é muito ocupada, nossos dias são muito cheios, mas nunca temos tempo para sentar por um minuto e apenas ser. Isso é fuga. A mesma tia, que mencionei anteriormente, sempre deixava o rádio ou a televisão ligados. Não gostava de silêncio. O silêncio a afligia. Havia sempre um ruído de fundo. Somos todos assim. Temos medo do silêncio — do silêncio externo e do silêncio interno. Quando não há nenhum ruído externo, falamos sozinhos — opiniões, ideias, julgamentos e novas versões do que aconteceu ontem ou durante a nossa infância; o que ele disse para mim; o que eu disse a ele. Nossas fantasias, nossos devaneios, nossas esperanças, nossas preocupações, nossos medos. Não há silêncio. Nosso barulhento mundo externo é apenas um reflexo do ruído interno: a nossa necessidade incessante de estarmos ocupados, de estarmos fazendo alguma coisa.

Recentemente, conversei com um monge australiano muito gentil, que estivera ocupado com a realização de tantas atividades maravilhosas do Darma que acabara se tornando um viciado em trabalho. Ele ficava de pé até duas ou três da manhã. Finalmente, teve um colapso total. Todo o seu sistema desmoronou e agora ele não consegue mais fazer nada. Sua mente também ficou levemente comprometida, e ele não tem uma concentração muito boa. Claro que consegue falar e andar, mas não consegue manter nenhuma atividade por muito tempo. O problema é que sua identidade estava ligada ao fazer. Ele era realmente um *workaholic*, e, como trabalhava para o Darma, tudo parecia muito virtuoso. Parecia que estava fazendo coisas realmente boas. Ele estava beneficiando muitas pessoas e seguindo as instruções de seu professor, mas, agora que não pode mais fazer nada, quem é ele? Agora ele está passando por uma crise tremenda, porque sempre se identificou com o que fazia e com ser capaz de ser bem-sucedido. Agora ele não é capaz de fazer coisa alguma e é dependente dos outros. Então, eu disse a ele: "Mas essa é uma oportunidade maravilhosa. Agora você não precisa fazer nada, pode simplesmente ser." Ele disse que estava tentando chegar a esse ponto, mas achava muito ameaçador não fazer nada, apenas sentar e estar com quem ele é, e não com o que ele faz.

Esse é o ponto — preenchemos as nossas vidas com atividades. Muitas delas são realmente boas, mas se não tivermos cuidado, podem ser apenas uma fuga. Não estou dizendo que você não deva fazer coisas boas e necessárias, mas precisa haver tanto a inspiração quanto a expiração. Nós precisamos ser ativos e contemplativos. Precisamos de tempo para estarmos a sós com nós mesmos, e para nos tornarmos verdadeiramente centrados, para que a mente possa apenas ficar quieta. Normalmente, é melhor que isso seja feito no início da manhã, porque, se levantarmos bem cedo pela manhã, desde que não tenhamos ido para a cama muito tarde, estaremos renovados e radiantes. Em geral, se levantamos antes do resto da casa, tudo está mais tranquilo. Obviamente, não é bom se levantar para meditar quando todo mundo também está se levantando. Temos que estar de pé antes de todos os outros, a menos que todos na casa também estejam se levantando para meditar!

Sabemos que temos que fazer um esforço. Quando consideramos as pessoas que se dedicam a algum objetivo mundano, atletas, artistas, músicos ou quem quer que seja, qualquer um que seja muito dedicado a seus talentos particulares trabalha com grande assiduidade para desenvolver suas qualidades. Dedicam muito tempo, devotam muita atenção, mudam a dieta, mudam os hábitos sociais, deixam de fumar e beber, às vezes abrem mão até do sexo, por um tempo, pelo menos, a fim de canalizar toda a energia ao campo escolhido. Dedicam-se inteiramente e com total concentração e, por isso, podem esperar realizar algo.

Se desejamos seriamente integrar a dimensão espiritual à nossa vida cotidiana, temos que fazer alguns sacrifícios. Esses incluem levantar cedo para termos pelo menos meia hora ou uma hora para estarmos sozinhos e fazermos uma prática séria, dedicando, ao final, cerca de cinco minutos à geração de bondade amorosa por todos os seres. Isso realmente modifica toda a qualidade do dia.

Conforme você se acostuma com a meditação, a duração começa a se estender de forma espontânea e a prática começa a influenciar o dia. Estamos tentando criar as circunstâncias pelas quais nosso dia inteiro possa ser usado como caminho espiritual – cada coisa que fizermos, todas as pessoas com quem nos encontrarmos passando a fazer parte da prática. É assim que aprendemos a abrir o coração, é assim que nos abrimos para sermos generosos e gentis, para sermos atenciosos, tolerantes e pacientes. Compreensão. Cada vez mais, permanecemos presentes no momento, aqui e agora, em vez de nos perdermos ao longe, no reino da fantasia.

No início, tentamos acalmar o tumulto interior, ficar centrados e nos dar algum espaço interno para que a nossa vida espiritual e a nossa vida diária se tornem uma coisa só. Externamente, nada mudou. Mas por dentro, tudo se transformou.

✿ Perguntas

Pergunta: Se pessoas próximas geram carma negativo por meio de suas ações, há algo que se possa fazer para diminuir o carma negativo que elas criam para si mesmas?

Jetsunma Tenzin Palmo: Na verdade, o Buda disse que todos somos herdeiros do nosso próprio carma. No entanto, pode-se fazer as práticas de purificação e manter essas pessoas em mente. Por exemplo, caso se esteja fazendo a meditação de Vajrasattva, imagina-se que Vajrasattva está também sobre a cabeça dessas pessoas, purificando-as, e se dedica o mérito a elas. Pode-se ainda fazer ações positivas, como o resgate de animais, doações para alguma causa nobre ou qualquer outra coisa, e dedicar o mérito a elas. Além disso, não há muito que possamos fazer.

Somos herdeiros de nossas próprias ações e as pessoas estão na situação de estarem criando o seu próprio carma. Talvez o máximo que possamos fazer seja dar a elas o nosso próprio exemplo. Isso fará com que saibam que a sua conduta não representa a maneira como pensamos que a vida deva ser levada e que o que elas estão fazendo não representa o tipo de ação que aprovamos. Além disso, o que se pode fazer? Não se pode forçar ninguém a fazer algo que não queira. Não somos responsáveis pelos outros nesse sentido. Somos responsáveis por dar um bom exemplo aos nossos filhos, mas o que eles farão com isso depende deles. Da mesma forma com os nossos parceiros ou com qualquer outra pessoa — não podemos viver por elas. Podemos tentar dar o exemplo do que acreditamos ser a coisa certa a ser feita, mas, além disso, se seguirão ou não o nosso exemplo, é responsabilidade deles, a escolha é deles. Nós temos como escolher e, se eles fizerem a escolha errada, a culpa não é nossa. Talvez se possa deixar alguns bons romances espiritualistas espalhados pela casa e torcer para que se interessem!

As pessoas farão o que desejarem fazer. De sua parte, tudo o que você pode fazer é enviar a elas bondade amorosa e compaixão, realizar algum tipo de purificação em nome delas e dar um bom exemplo.

P: A senhora falou sobre purificação. Estou realmente interessado no carma que continuo produzindo.

JTP: Você é budista da escola tibetana? Há uma série de práticas de purificação no budismo tibetano. Por exemplo, além de Vajrasattva, há a prática de Nyungné, um ritual de jejum de dois dias com base na visualização de Chenrezig de mil braços, ou Avalokiteshvara, o *bodisatva* da compaixão. Essa é uma prática de purificação muito poderosa. Mas seria difícil fazê-la sozinho, se nunca a fez. Seria bom organizar um grupo de Nyungné.

As prostrações aos 35 Budas da Confissão é outra prática de purificação. Os budistas tibetanos acreditam que a razão de estarmos em tamanha confusão e não realizarmos a realidade absoluta são as pesadas nuvens de obscurecimento, causadas por nosso carma insalubre prévio. Portanto, a coisa mais rápida a ser feita é uma limpeza e existe uma série de práticas de purificação, a fim de se pegar o esfregão e realmente começar a trabalhar.

Normalmente, o máximo que conseguimos fazer é pegar uma colher de chá, mas essas práticas são como aquelas grandes máquinas de limpeza – limpa-neves , que tiram todo o lixo. Se fizermos essas práticas com convicção real e dedicação sincera, funcionam muito rapidamente. Em seguida, surgem sinais, tais como sonhos, de que estamos purificando bastante carma negativo passado. Mas é claro que o mais importante é não criar mais carma negativo no presente.

P: A senhora poderia falar especificamente sobre o aborto? Por exemplo, se alguém fez um aborto no passado e deseja purificar isso. Como isso pode ser feito?

JTP: Na tradição tibetana existem os quatro poderes. O primeiro é o poder do remorso — lamentamos qualquer ação não virtuosa que tenhamos cometido. Nos arrependemos de verdade. Não adianta pensar, por exemplo, "Oh, bem, mas o que eu fiz foi de certa forma inteligente e ninguém saberia fazer tão bem." Isso é uma espécie de orgulho sutil por fazer algo não virtuoso, não é se arrepender. Não há nenhum remorso e, portanto, não é purificador. Então, em primeiro lugar, temos que lamentar profundamente — nos entristecermos de verdade por termos cometido a ação. Mas o remorso não deve se estender por muito tempo. Há arrependimento, mas não é para cutucar as cicatrizes continuamente.

A seguir, há o poder da confiança. Isso significa contar com algo fora de nós mesmos que realmente nos ajude. Nesse caso, contamos com as práticas de purificação, como a de Vajrasattva — acreditamos na prática de Vajrasattva para realmente nos ajudar a purificar esse carma.

Temos, então, o poder de prometer nunca mais fazer isso de novo. É como se tivéssemos tomado veneno — ficamos realmente arrependidos e juramos que definitivamente nunca mais faremos aquilo de novo. Por fim, há o poder do antídoto — significa fazer algo que seja o oposto do que fizemos antes. Por exemplo, se algum ser foi morto, salvamos vidas ou tentamos ajudar crianças. Tentamos fazer o possível para criar bom carma, o oposto direto do mau carma. Se fizermos isso com sinceridade, ajudará na purificação.

No caso de algo como o aborto, pode ser uma boa ideia oferecer orações para o bom renascimento desse ser, realizadas na data de aniversário do aborto, e desejar que tudo corra bem em sua jornada pelo *samsara*. Porque, é claro o aborto é uma coisa terrível — não iremos fingir o contrário.

Mas também devia existir algum carma de vida curta, já que o feto dessa criança nasceu em circunstâncias que não possibilitaram a fruição. Depois disso, a consciência partiu e teve outros renascimentos. Então, embora lamentemos por termos feito o que fizemos, não é bom nos prendermos a isso. A criança já seguiu adiante. Apenas ofereça orações desejando o seu bem, onde quer que ela esteja no *samsara* e, então, conforme comentei, faça coisas que possam compensar. Por exemplo, se você tem filhos, seja gentil com eles, ame-os e os faça saber o quanto são bem-vindos.

Confie no fato de que há uma maneira de ultrapassar isso — está tudo bem. Neste mundo de nascimentos e de mortes, nós nascemos e partimos, não é? Não se prenda.

P: Existe algum tipo de carma coletivo?

JTP: Não. Não do ponto de vista budista. De qualquer forma, carma coletivo é o agregado de todos os carmas individuais e, se compartilhamos certas semelhanças, então elas podem ser reunidas, de modo que podemos nascer sob o mesmo tipo de circunstância, com outros seres de origens cármicas semelhantes. Acho que é isso o que acontece. Porém, do ponto de vista budista, não existe carma coletivo — essa é uma ideia filosófica.

P: Vou lhe dizer o que eu pensei, lá no fundo da minha mente. É algo que me ocorre quando eu tento lidar com o cinismo. Me parece que tem havido um certo progresso espiritual em geral. Um exemplo notável é que há, talvez, menos escravidão no mundo de hoje do que havia no passado. E considero uma grande esperança e consolo a noção de que, coletivamente, temos realizado algum progresso na superação dessas práticas insalubres.

JTP: Você quer dizer que o mundo está cheio de remorso? Nunca houve um aumento tão grande da prostituição, inclusive da prostituição infantil, como nos dias de hoje. A exploração de seres humanos é assustadora. Pense no tráfico de pessoas — recentemente, muitas pessoas morreram na traseira de um caminhão. E acontecem centenas de casos como esses, se não milhares e milhões. E ainda há escravidão e trabalho forçado em muitas partes do mundo.

Carma, ou causa e efeito

Esperamos estar progredindo, mas há cada vez mais violência, especialmente entre os jovens, e há suicídios por toda parte. Quero crer que estamos aprendendo as lições, mas às vezes, realmente me questiono. Não sei se a sociedade está melhorando. Seria bom pensar que sim. Geralmente, estou cercada por pessoas adoráveis e fico com uma visão bastante cor de rosa do que está acontecendo no mundo. Porém, quando você olha para muitos países e toda brutalidade, não apenas na Ásia ou na África, mas também na Europa e nos Estados Unidos, então você se pergunta: será que estamos aprendendo alguma coisa? E tantos jovens estão cometendo exatamente os mesmos erros novamente — e até mais erros, às vezes.

Existem pessoas maravilhosas no mundo, mas sempre houve pessoas maravilhosas no mundo. Não temos um monopólio dos santos, nos dias atuais. Não temos o monopólio de belas pessoas altruístas, nem temos o monopólio de pessoas à procura de um caminho espiritual genuíno. Ao longo de todos os tempos, tem havido pessoas assim em meio às outras e essas outras ainda estão entre nós, toda a nossa sociedade de consumo é baseada em derramar óleo na fogueira de nossa delusão, de nossa ganância e de nossa violência. Basta ver os filmes que circulam.

Não estou tentando ser pessimista. Eu também gostaria de ser otimista e há algo em mim que é otimista, porque todos nós temos natureza de buda e espero que esta triunfe. Ao final, a luz acaba por triunfar sobre as trevas. Mesmo que a escuridão dure um milhão de anos — nós acendemos a luz, e lá está ela. A luz está sempre lá. Nunca será destruída. A luz é a realidade absoluta. Mas, enquanto isso, estamos fortemente dominados por esses venenos emocionais, e nossa sociedade encoraja isso. Ela incentiva a ambição e o sucesso às custas dos outros. As pessoas estão ficando muito mais estressadas do que jamais foram. Não têm tempo para as suas famílias, os filhos são negligenciados. A conexão que existia entre as pessoas está desaparecendo.

P: Eu só estava pensando que todos nós temos o potencial para dar luz à sabedoria, o que pode compensar o fato de que, sim, essas coisas terríveis ocorrem.

JTP: Sim, como eu disse, a semente do estado de buda é inata a todos nós. Essa é a nossa verdadeira natureza. Nossa verdadeira natureza é boa —

totalmente boa. E, no final, ela tem que triunfar. Mas está demorando muito. Claro que, em termos de eternidade, isso não é nada. O tempo histórico é apenas um estalar de dedos.

Mas é por isso que, de nossa parte, precisamos fazer um esforço, porque, se não fizermos esse esforço, tendemos a escorregar — pelo menos em direção à complacência — e buscaremos apenas o conforto e a diversão. Mas a vida não se resume a isso. Na verdade, esta vida diz respeito a desenvolver músculos espirituais e fazer algo significativo, não apenas externamente, mas internamente. E isso exige esforço, porque a força da gravidade é muito forte. Se não tivermos muito cuidado, ela nos puxa para baixo. Temos que estar vigilantes, temos que estar alertas. Não podemos nos tornar complacentes.

P: Algumas vezes o carma é tomado por motivo para não se intervir em situações difíceis, como, por exemplo, quando se testemunha um adulto abusando de uma criança.

JTP: Bem, isso é o mesmo que dizer, caso você tenha uma dor de dente: "Bem, é meu carma ter dor de dente, por isso não irei ao dentista." Não faz sentido algum, não é? Talvez o seu carma também seja encontrar um bom dentista. Da mesma forma, se alguém está abusando de uma criança, talvez o carma da criança seja encontrar alguém para ajudá-la. Se colocássemos o carma como motivo para tudo que acontece, não faríamos nada, não é? Mas ninguém faz isso. Se você fica doente, vai a um médico. Você não pode simplesmente se sentar e dizer: "Este é o meu carma."

P: Mas muitas vezes se ouve: "Tudo bem, é o seu carma, é o carma dele."

JTP: Bem, talvez seja porque tivemos inúmeras vidas, em que plantamos um milhão, um bilhão de sementes negativas e positivas, e nunca se sabe quando elas irão brotar. Mas o que surge não é o mais importante. É o modo como reagimos ao que está acontecendo conosco que importa. Será que respondemos de uma forma inteligente, com ações hábeis, ou não? E simplesmente ignorar uma situação difícil demonstra falta de compaixão, falta de compreensão, falta de apreciação, uma incapacidade de se colocar no lugar do outro e assim por diante. É evidente que, se alguém está sofrendo e uma pessoa pode ajudar, então talvez o carma dessa pessoa seja desenvolver mais compaixão ajudando.

P: Quando perguntei a um de meus lamas por que os tibetanos comiam carne, ele disse que havia poucas hortaliças no Tibete. Ele falou: "Se você come uma alface, quantos insetos estavam naquela alface?"

JTP: Como o Buda apontou, esse mundo é coberto por muita poeira. Em outras palavras, nesse reino de nascimentos e mortes, as coisas não são perfeitas. Mas penso que existe uma diferença entre lidar com lesmas em seus repolhos, e com vacas e ovelhas mortos nos matadouros. Acho que existe um nível de consciência bem diferente entre uma lesma e uma vaca.

P: E se você estiver em um relacionamento em que o seu parceiro é carnívoro e você precisa preparar as refeições para ele?

JTP: Eu acho que você deve alimentá-lo com carne! Conheço várias pessoas que são vegetarianas, mas que cozinham carne para seus lamas.

3
Como criar felicidade

Se pensarmos no caminho budista como um templo, a fim de termos acesso teremos que passar pela porta da frente. Essa porta de entrada é o compromisso de tomar refúgio. Tomar refúgio significa que estamos fugindo de algo. De quê?

Hoje em dia, o mundo está repleto de refugiados. Refugiados buscam refúgio. Fogem de guerras, de inimigos e de desastres naturais ocorridos em seus países, fogem para algum lugar onde esperam obter segurança e proteção. Da mesma forma, no budismo, todos nós somos refugiados. Se temos algum juízo, estamos tentando escapar dos problemas, conflitos e dificuldades deste ciclo de nascimentos e mortes. Particularmente, estamos fugindo de conflitos criados por nossa mente indisciplinada e indomada, pelos venenos da delusão, ganância, má vontade, orgulho e ciúme, que causam tanta perturbação para nós mesmos e para os outros. Estamos em fuga dos problemas decorrentes de não conseguirmos o que queremos e de recebermos o que não queremos — envelhecimento, doença e morte. Há inúmeros problemas neste mundo.

Onde podemos encontrar um refúgio? O refúgio apenas poderá ser encontrado na verdade absoluta. Essa é a única terra realmente firme. Nada que seja relativo poderá ser um refúgio verdadeiro.

É interessante notar que nossa sociedade de consumo sempre coloca a felicidade do lado de fora, naquilo que temos e no que conquistamos. A mensagem é que nossa felicidade e satisfação residem naquilo que possuímos, no que as pessoas pensam de nós, na nossa imagem. Somos levados a acreditar que uma casa maior do que a casa do vizinho, mais carros, uma televisão maior ou um computador mais moderno nos darão um sentido real de satisfação interior e até mesmo alegria. Quer você acredite nisto ou não, o fato é que quase todos nós estamos sujeitos a essa mentalidade. Nem mesmo as crianças pequenas estão livres — ao assistir aos programas infantis você vê que os comerciais têm o objetivo de produzir esse tipo de mente que quer, que deseja. Porque é claro que, se não continuarmos querendo e desejando, não continuaremos comprando e os lucros das empresas cairão. Tudo o que importa é comprar.

A maioria de nós tem as necessidades básicas satisfeitas. Temos onde morar, temos roupas para nos cobrirmos, temos comida suficiente. Na verdade, nossas necessidades são muito poucas. Mas, ainda assim, vamos muito além de nossas necessidades, por ganância, buscando satisfazer desejos artificiais que estão sendo continuamente estimulados pela nossa sociedade. E a maioria das pessoas não resiste. Elas realmente acreditam que, se tiverem uma casa maior e melhor, um carro maior e melhor, ou um parceiro mais interessante e atraente, aí sim, terão atingido o nirvana! Nós de fato sentimos isso, especialmente essa parte sobre o parceiro. Pensamos que, se pudéssemos encontrar a relação ideal com a pessoa perfeita, que faça exatamente o que queremos que ela faça e que nos satisfaça completamente, em todos os sentidos, seríamos então perfeitamente felizes. Isso é muito revelador.

Somos como hamsters em uma esteira. Estamos constantemente correndo nessa esteira rolante, trabalhando duro e nos desgastando, mas nunca chegando a lugar algum, porque, não importa o quanto tenhamos, queremos sempre algo mais. A maior parte do mundo segue em frente; acreditamos que, se tivéssemos o que quer que desejemos, nos sentiríamos enfim satisfeitos.

Na tradição budista, consideramos o Buda, seus ensinamentos e a comunidade dos que já realizaram esses ensinamentos como um refúgio. Por quê? O Buda foi um príncipe que tinha tudo o que desejava. Tinha três palácios para as três estações do ano, tinha pais amorosos, uma bela mulher e ainda teve um filho. Ele era muito bonito, atlético e inteligente. Tinha muita riqueza, escravos e serviçais, concubinas, sedas, ouro, joias e tudo o mais que um príncipe poderia desejar. Externamente, ele tinha tudo. Então, por que saiu de casa em busca da causa de sua insatisfação?

Durante seus passeios fora do palácio, ele assistiu ao espetáculo de um homem muito velho, de um homem doente e, finalmente, de um cadáver. Foi uma grande revelação para ele, pois tais coisas haviam ficado escondidas dele durante toda a sua vida de indulgência. Talvez não fisicamente escondidas, mas ele nunca havia pensado de fato sobre essas coisas.

Enquanto somos jovens, geralmente não pensamos na velhice, na doença e na morte. Essas coisas acontecem apenas com aquelas pessoas bem velhinhas, bem longe daqui. Não pensamos que inevitavelmente irão acontecer conosco. O Buda saiu de casa porque entendeu que a vida não é da forma que sempre parece ser. O Buda partiu do ponto em que estamos.

Pensamos na vida como algo muito estático e bastante seguro. Estamos sempre tentando manter o que temos, manter os nossos relacionamentos do jeito que são, a mesma aparência que tínhamos quando estávamos no nosso melhor momento. Negamos a realidade dos fatos da mudança e da impermanência, de que tudo muda a cada momento — as células no nosso corpo, os pensamentos na nossa mente. Tudo, em todos os lugares e em todos os momentos, está em estado de fluxo. Mas tentamos nos segurar. Negamos continuamente o fato de que tudo está mudando, de que tudo está fluindo e de que encontros terminam em separações.

Quando o Buda se iluminou, no norte da Índia e há 2,5 mil anos, ele realizou todo o seu potencial humano, um potencial que todos possuímos, mas que normalmente está inacessível para nós. Não que ele fosse um deus — ele era um ser humano. Depois de sua iluminação, ele partiu a pé e viajou para Benares, lugar que hoje se chama Varanasi. Ao lado de Varanasi, há um pequeno parque, o Parque dos Cervos, e ali ele se reuniu com cinco antigos companheiros, que haviam partido após ele ter desistido da austeridade extrema e ter começado a se alimentar novamente. O Buda proferiu o chamado "Primeiro Sermão", ou, em termos budistas, girou a Roda do Darma pela primeira vez. E o que ensinou como a quintessência de seu entendimento sobre a sua iluminação? Ele não falou sobre alegria, amor e luz. Falou sobre o sofrimento. Falou sobre a natureza insatisfatória básica de nossa existência, da forma como normalmente vivemos. O Buda começou exatamente de onde estamos e disse que a vida comum de uma pessoa comum é um estado de mal-estar. Por alguma razão, nunca está bem. Algumas vezes, está extremamente ruim, outras vezes, está quase bem, mas nunca está *exatamente* bem.

Uma insatisfação básica permeia toda nossa vida e o Buda chamou-a de *dukkha*. É claro que ela se apresenta de várias formas, desde o sofrimento físico grosseiro até a dor emocional e mental, ao sofrimento espiritual. Existem muitas formas dessa sensação de desconforto, porque estamos neste planeta há milhares de anos. Quase todo mundo quer ser feliz, não apenas os seres humanos: animais, insetos, todas as formas de vida senciente querem, basicamente, ser felizes. Quando as pessoas abrem os olhos pela manhã, não acordam e pensam: "O que posso fazer hoje para me sentir o mais infeliz possível e fazer todo mundo infeliz também?" Pode ser que algumas pessoas façam isso, mas a maioria não.

Todos nós gostaríamos de ser felizes. E fazemos um esforço enorme tentando ser felizes. Ao longo dos séculos, as pessoas têm lidado com o dilema de como serem felizes e permanecerem felizes. Então, como é que a maioria ainda é tão infeliz? Não apenas são infelizes, como também tornam infelizes todas as pessoas ao seu redor. Muitas pessoas sofrem uma grande dose de dor em sua vida e tentam aliviá-la como podem. Outras, no entanto, ao menos aparentemente, sentem-se bastante satisfeitas com sua sorte. A questão do contentamento é muito importante.

Após a iluminação, o Buda começou a ensinar exatamente a partir do ponto em que estamos. Ele disse: "A vida, da maneira como a levamos, não é satisfatória. Há uma carência interna, um vazio interno, um sentimento interno de falta de sentido que não podemos preencher com coisas ou pessoas. Qual é a causa dessa inquietação inerente, desse sentimento inerente de insatisfação que nos devora?"

O Buda ensinou que a razão essencial para esse mal-estar interno é nosso apego, a mente desejosa, baseada em nossa ignorância essencial. Ignorância de quê? Basicamente, a ignorância em entender como as coisas realmente são. Isso pode ser explorado em muitos níveis, mas vamos tratar primeiro a partir do ponto de vista de que não apenas não reconhecemos a impermanência, como também não reconhecemos nossa verdadeira natureza. Por isso, estamos sempre nos apegando a algo externo. Não percebemos a interconexão interna, e nos identificamos sempre com essa noção de eu e de outro.

Como criar felicidade

Como consequência de termos essa noção de eu e de outro, temos a ideia de querer adquirir o que é atraente e afastar o que queremos evitar. Então, o sentimento de vazio interior precisa ser preenchido, e cedemos ao apego e à necessidade de agarrar e segurar. Em nossa delusão, obviamente pensamos a nossa mente como aquilo que agarra, que segura, e o nosso apego às coisas e às pessoas como aquilo que nos trará felicidade. Fazemos isso o tempo todo. Estamos apegados às nossas posses; estamos apegados às pessoas que amamos; estamos apegados à nossa posição no mundo, à nossa carreira e a tudo que conquistamos. Pensamos que segurar firmemente as coisas e as pessoas nos trará segurança, e que a segurança nos trará felicidade. Essa é a nossa delusão fundamental, pois é o próprio apego que nos faz inseguros e é a insegurança que nos dá a sensação de mal-estar, de desconforto.

Ninguém está nos prendendo com correntes a essa roda. Nós nos afivelamos; nós a seguramos com todas as nossas forças. O caminho para sair da roda é soltar. Vocês compreendem? Essa mente que se agarra, que se fixa é a causa de nosso sofrimento, mas estamos muito deludidos, pois pensamos que a nossa ganância, que a nossa cobiça e que os nossos desejos apontam para as fontes de felicidade. Por mais que neguemos, realmente acreditamos que, de uma forma ou de outra, se todos os nossos desejos forem realizados, seremos felizes. Mas o fato é que o querer nunca poderá ser plenamente realizado. O querer é infindável. O Buda disse que é como beber água salgada — simplesmente ficamos mais e mais sedentos.

O que o budismo quer dizer com desapego? Muitas pessoas pensam que a ideia do desapego, da ausência de apego ou do desprendimento é muito fria. Isso é porque confundem apego com amor. Mas apego não é amor genuíno — é apenas amor-próprio.

Quando eu tinha 18 anos de idade, disse à minha mãe que estava indo para a Índia. Lembro que a encontrei na rua, quando ela estava chegando em casa do trabalho, e disse: "Ei, mãe, adivinhe? Estou indo para a Índia!"

Ela respondeu: "É mesmo, querida? Quando você parte?"

Ela disse isso não porque não me amasse, mas justamente porque me amava. Me amava tanto que desejava que eu fosse feliz. A felicidade dela residia na minha felicidade e não no que eu pudesse fazer para torná-la feliz.

Desapego não tem nada a ver com o que possuímos ou com o que não possuímos. É apenas a diferença entre possuirmos as nossas posses ou as nossas posses nos possuírem. Há uma história de um rei que vivia na Índia antiga. Ele tinha um palácio, concubinas, ouro, prata, joias, sedas e todas as coisas boas que os reis possuem. Ele também tinha um guru brâmane que era extremamente ascético. Tudo o que este brâmane possuía era uma tigela de barro, que usava como tigela de esmolas.

Um dia, o rei e seu guru estavam sentados debaixo de uma árvore no jardim, quando os criados vieram correndo até eles, gritando: "Maharaja, Sua Majestade, venha depressa, o palácio todo está em chamas! Por favor, venha depressa!"

O rei respondeu: "Não me incomodem agora, estou estudando o Darma com o meu guru. Vão lá e apaguem o fogo."

Mas o guru se levantou e gritou: "O que você quer dizer com isso? Minha tigela ficou no palácio!"

Estamos falando sobre a mente. Não estamos falando sobre posses. Posses e coisas são inocentes, não são o problema. Não importa o quanto nós possuímos ou o quanto nós não possuímos: nosso apego àquilo que possuímos é que é o problema. Se amanhã perdermos tudo e dissermos "Ah, lá vamos nós, o que vem fácil, vai fácil", não há problema, não estamos presos. Porém, se ficarmos angustiados, aí sim teremos um problema.

Agarrar-se a coisas e pessoas revela o nosso medo de perdê-los. E, quando de fato as perdemos, nós lamentamos. Em vez de segurar as coisas com tanta força, podemos segurar de leve. Assim, enquanto tivermos essas coisas, enquanto estivermos nessas relações, nós as apreciaremos. Nós as valorizaremos. Mas, se elas se forem, bem, esse é o fluxo das coisas. Quando não há esperança ou medos na mente, a mente é livre. O problema é a nossa mente gananciosa, que se agarra.

Existe uma história sobre um tipo de armadilha para macacos usada na Ásia, em que se prega um coco oco a uma árvore ou estaca. O coco tem um pequeno buraco, grande o suficiente apenas para um macaco colocar a mão, e dentro do coco coloca-se algo doce. O macaco vem, cheira a isca, coloca a mão dentro do buraco e agarra o doce. E então, fecha a mão segurando o doce. Quando tenta retirar a mão fechada através do buraco, não consegue. Está preso. Depois os caçadores vêm apenas para buscá-lo.

Nada prende o macaco ao coco. Ele poderia simplesmente soltar o doce e fugir. Mas a ganância em sua mente, mesmo sentindo medo dos caçadores, não o deixa soltar. Ele quer fugir, mas também quer o doce. O nosso aperto é esse. Não há nada que nos prenda às nossas esperanças e medos além de nossa mente insegura e apegada. Esse é um ponto muito importante, um ponto fundamental, pois somos treinados para pensar que satisfazer os nossos desejos é o caminho para a felicidade. Na verdade, superar o desejo é o caminho para a felicidade. Mesmo nos relacionamentos, se não seguramos, se não agarramos, se pensamos mais em como alegrar o outro, ao invés de como ele pode nos alegrar — nossos relacionamentos então têm mais abertura e espaço, são mais livres. Todo ciúme e medo desaparecem.

No Oriente, ninguém nunca me perguntou: "Por que cargas d'água você foi viver em uma caverna?" Só no Ocidente é que as pessoas fazem essa pergunta. Para um asiático, é óbvio. Mas, como a nossa sociedade fantasia o glamour do sucesso e da riqueza, de ter tais e tais posses, toda a nossa psique fica distorcida. Criamos continuamente essa imagem externa brilhante que tem pouca conexão com o que acontece por dentro. É apenas a manifestação externa de sucesso. Conheci várias pessoas muito ricas, bem-sucedidas e famosas, mas que não eram particularmente felizes. Podiam causar inveja a muitos, mas na verdade vinham falar comigo sobre todos os seus problemas.

Nós vivemos em nossa mente. Gastamos muito tempo comprando casas bonitas, decorando-as de acordo com os nossos desejos, fazendo tudo parecer muito agradável. Nós as mantemos limpas, bem mobiliadas e lindamente decoradas, e as exibimos com orgulho para as outras pessoas. Mas, na verdade, não vivemos em nossa casa, vivemos em nossa mente. Também passamos muito tempo cuidando de nossa aparência física, sempre tentando parecer jovens e atraentes, usando o tipo certo de roupas e procurando dar às pessoas o tipo certo de impressão. Nós pensamos: "Este sou eu."

Se vamos para outro lugar, deixamos nossa casa para trás. Não a levamos conosco, não somos caracóis. Mas carregamos nossa mente conosco para todos os lugares, vivemos dentro dela. Tudo o que vemos é projetado para nós através dos órgãos dos cinco sentidos, incide sobre nossa consciência e, em seguida, é interpretado pela mente. A mente em si é considerada como o sexto sentido, aquele que está constantemente produzindo memórias, pensamentos, ideias, opiniões, julgamentos, gostos e aversões. Vivemos dentro de nossa mente. Onde mais vivemos? Se formos para a Europa, se formos para a África, se formos para a Ásia, levaremos nossa mente conosco. Se estamos no meio de Sydney ou no alto de uma montanha, em uma caverna, trazemos nossa mente conosco. Esse é o lugar onde vivemos, vivemos em nossa mente.

Mas quantos de nós se dão ao trabalho de decorar a mente? Quando consideramos a quantidade de coisas que consumimos — televisão, filmes, revistas, jornais e toda a cacofonia com a qual vivemos constantemente —, esse lixo é derramado em nossa mente a cada minuto e nós nunca a esvaziamos. Lá dentro é como uma grande fossa de lixo. Pense nisso. Todo esse lixo é constantemente empurrado para dentro de nossa mente e nunca nos livramos dele: está tudo lá. Às vezes acho que seria interessante ter um alto-falante ligado à nossa mente para que todos ouvissem o que estamos constantemente pensando. Todos nós iríamos querer aprender a meditar rapidinho, não é mesmo? Todos nós desejaríamos aprender a controlar nossa mente selvagem e a lidar com todo o lixo que está lá dentro.

Você convidaria o Dalai Lama para ir à sua casa se ela estivesse cheia de lixo e de tralha, sem nunca ter sido limpa? Você não faria isso. Você iria limpá-la primeiro. Você a deixaria aprazível, com tudo muito bem arrumado, abriria todas as portas e janelas para deixar o ar fresco entrar e, aí então, convidaria Sua Santidade à sua casa.

Então, como podemos convidar a sabedoria a entrar em uma mente que é como uma lixeira? É sério. Primeiro, temos que fazer uma faxina, temos que abrir as portas e janelas para deixar um pouco de ar fresco entrar. A princípio, toda a questão da meditação, de aprender a estar presente no momento e todas essas práticas tratam disso. São formas de se aprender a limpar a mente, porque, se limparmos as janelas só um pouco, já poderemos ver o lado de fora. Mas vemos tudo através de nossa mente confusa e turbulenta, repleta de venenos de má vontade, cobiça, delusão e assim por diante. Não é à toa que estamos confusos. Como eu sempre digo, se queremos ser felizes, por que continuamos fazendo coisas que criam o contrário? Por quê? Queremos ser felizes, queremos fazer os outros felizes, nos esforçamos para isso, então como é que não estamos todos radiantes de felicidade?

Existe um estado mental para além do sofrimento, um estado mental que é livre. Mesmo da nossa própria maneira, como pessoas comuns, podemos começar a incorporar algumas dessas qualidades — como a generosidade e a compaixão — em nossa vida. Não é tão impossível quanto pode parecer. Mas, primeiro, para ver como criamos nosso próprio sofrimento, temos que entender que é necessário nos abrirmos a essas qualidades, e temos de entender por que é necessário. Nosso sofrimento não depende do que está acontecendo "lá fora". Na verdade, depende de nossa própria mente, do estado de nossa própria mente e das nossas reações ao que está acontecendo lá fora.

Pessoas mentalmente perturbadas gastam muito tempo pensando sobre si mesmas; ficam obcecadas com a sua própria felicidade e com o seu próprio sofrimento, e passam muito tempo, como muitos de nós, se perguntando: "Como faço para ser feliz?" Mas a ironia da situação é que, se pensamos menos sobre como podemos nos tornar felizes e mais sobre como podemos fazer os outros felizes, de alguma forma, nós mesmos acabamos sendo felizes. As pessoas que estão genuinamente preocupadas com os outros têm um estado mental muito mais feliz e pacífico do que as que estão continuamente tentando fabricar as suas próprias alegrias e satisfações.

Somos basicamente pessoas muito egoístas. Quando acontece alguma coisa, nosso primeiro pensamento é: "Como isso *me* afeta?" Pense nisso. "O que isso tem a ver *comigo*?" Se não nos afetar negativamente, então está tudo certo, e não nos importamos. Essa forma muito autocentrada de ver o mundo é uma das principais causas de nossa inquietação, porque o mundo é do jeito que é; o mundo nunca vai se encaixar em todas as nossas expectativas e em nossas esperanças irreais.

Temos o potencial humano — o nosso grande potencial humano — de ir além disso, para algo muito mais profundo, que nos dará uma calma interior genuína, não apenas o prazer físico superficial, mas felicidade duradoura, profunda, intensa e genuína. Está dentro de nós e não "lá fora". Uma mente mais pacífica, mais centrada, capaz de segurar as coisas de leve, que não está sempre se agarrando, que não é constantemente agitada pelas ondas de nossas esperanças e medos, é uma mente feliz;

uma mente que está assentada, que vê as coisas de forma clara e com um coração aberto para os outros, é uma mente feliz. E essa felicidade não depende de circunstâncias externas. Essa mente é capaz de surfar nas ondas de nossas dores e prazeres externos. A resposta está dentro de nós.

Conheci um homem, na Austrália, que estava morrendo de leucemia e que estava parecendo um esqueleto. Na verdade, ele morreu no dia seguinte ao dia em que fui visitá-lo. Ele tinha cerca de 50 anos de idade. Antes de ir conhecê-lo, encontrei-me com os membros de sua família. A esposa dele me disse: "Você poderia perguntar a ele sobre os seus preparativos para o funeral?"

"Vocês não discutiram isso?", perguntei.

"Oh, não, não", disse ela. "Não conseguimos discutir sobre a morte."

A mãe e o pai dele, que tinham acabado de celebrar seus aniversários de noventa anos, exclamaram: "Como isso pode estar acontecendo conosco?"

Eu apontei para fora da janela do hospital. "Com licença", eu disse. Havia uma multidão de pessoas indo para lá e para cá. "Encontrem uma pessoa lá fora que não tenha perdido alguém que amava. O que vocês querem dizer com 'Como isso pode acontecer conosco?' Por que não deveria acontecer com vocês? Acontece com todo mundo."

É a negação. Celebramos o nascimento dançando, mas definitivamente arrastamos os pés quando se trata de reconhecer a morte. No entanto, toda a nossa vida é uma preparação para a morte. Se fôssemos morrer hoje à noite, o que faríamos agora, neste momento? Estamos todos em um trem e esse trem com certeza vai colidir. Assim, como vamos usar o tempo desta viagem?

No momento da morte, você quer morrer pensando: "O que eu fiz com a minha vida?" ou "Por que desperdicei minha vida?". Frequentemente, planejamos: "Ah, vou começar a praticar quando as crianças crescerem e saírem de casa" ou "Vou começar a praticar quando me aposentar". Quem sabe se vamos estar por aqui até lá?

O Buda disse que a única coisa certa da vida é a morte. É verdade. Não importa se somos velhos ou jovens. Tenho certeza que todos nós tivemos amigos que eram muito jovens, quando sofreram um trágico acidente ou desenvolveram alguma doença fatal. Quem poderia esperar que eles morreriam? Hoje, estamos aqui, amanhã, nos fomos. Não temos como pensar: "Vou viver 70 anos e então vou morrer." Quem sabe quando morreremos? Só porque somos jovens e saudáveis hoje não significa que não estaremos mortos amanhã. Não sabemos; nenhum de nós sabe.

Certa vez, não há muito tempo, fui a uma reunião com outros participantes, muito cedo pela manhã. Enquanto dirigíamos, ainda com o dia clareando, vimos um grupo de alunos ao lado de um ônibus escolar. Estavam todos parados ao redor e pareciam completamente atordoados. Uma mulher estava morta, no meio da rua. Tinha acabado de ser atropelada e ainda não estava coberta. Era uma mulher jovem, talvez na casa dos 30, vestindo um top cinza e uma calça jeans desbotada. Tudo estava em silêncio e a ambulância ainda não havia chegado. O acidente acabara de acontecer. O motorista do ônibus não a viu atravessando a rua.

Se soubéssemos que iríamos morrer amanhã — e não sabemos se *não* vamos morrer amanhã —, o que faríamos hoje? Como é que gastaríamos nosso tempo? O que faríamos com o nosso corpo; o que faríamos com a nossa fala; o que faríamos com a nossa mente?

A palavra "buda" significa "estar desperto" e é a culminância da sabedoria, da compaixão e da pureza absolutas. Buscamos refúgio nisso. Buscamos refúgio em nosso próprio potencial interno para o estado de buda. Todos nós possuímos o que é chamado de natureza de buda. Isso significa que todos possuímos dentro de nós mesmos a plenitude da sabedoria, da compaixão e da pureza. Mas isso está encoberto. E é o que nos conecta a todos os seres — não apenas aos seres humanos, mas aos animais, insetos e a todos os seres sencientes. Tudo o que tem consciência tem esse potencial. Pode levar um longo tempo para desvendarmos isso ou pode acontecer em um instante, mas temos o potencial. Buscamos refúgio naquilo que está dentro de nós mesmos —nossa própria natureza verdadeira e inata.

Quando tomamos refúgio no Darma, em primeiro lugar tomamos refúgio nos ensinamentos do Buda. Após a iluminação do Buda, ele andou pelo nordeste da Índia por 45 anos, conversando com muitos tipos diferentes de pessoas — ricos e pobres, leigos e monges, homens, mulheres, jovens e velhos —, e grande parte das instruções foram registradas. No cânone tibetano, há 108 volumes de ensinamentos do Buda. Mas também tomamos refúgio no Darma, no sentido de realidade absoluta — naquilo que é revelado quando as nuvens de confusão e de delusão se desfazem e nos vemos face a face com a verdade. Essa realidade absoluta está lá fora e também dentro de nós. Esse é o verdadeiro Darma, a lei universal.

O termo *sangha*, ou comunidade, tem triplo sentido. Há os monges e monjas ordenados, que são a *sangha* monástica. Depois, há a *maha* (ou grande) *sangha* — todos os seguidores do Buda, monásticos ou leigos. Por fim, há a *arya* (ou nobre) *sangha*, que são aqueles, monges ou leigos, que tiveram experiência e realizações autênticas da natureza da realidade. É a esta última categoria que se refere ao verdadeiro refúgio na *sangha*.

É como se estivéssemos todos doentes. Adoecidos pelos cinco venenos da delusão, da ganância, da má vontade, do orgulho e da inveja. O Buda é como um médico que diz "Você está doente, mas pode ser curado" e que, em seguida, prescreve o remédio. O remédio é o Darma. E, assim como com os medicamentos comuns, não adianta apenas ler a bula ou saber quais são os ingredientes: temos que tomar o remédio, temos que buscar a cura. E há uma cura. Podemos ser curados. Aqueles que nos ajudam e cuidam de nós são a *sangha*. São como os enfermeiros — cuidam de nós, nos ajudam a tomar o medicamento nas doses corretas, olham por nós até que estejamos completamente curados. Quando estamos curados, podemos tomar o lugar deles e ajudar outros seres.

A verdadeira felicidade vem do coração. Vem de uma mente que se tornou mais estável, mais clara, mais presente no momento, uma mente aberta e que se preocupa com a felicidade dos outros seres. É uma mente que tem segurança interna, que sabe que pode lidar com o que quer que aconteça. É uma mente que não se agarra mais às coisas com tanta força; é uma mente que segura as coisas de leve. Esse tipo de mente é uma mente feliz.

Tomemos o exemplo de Sua Santidade o Dalai Lama. Ele perdeu seu país. Todos os dias, as pessoas chegam a ele vindas do Tibete e de outros lugares com histórias pavorosas. Coisas realmente terríveis estão acontecendo no Tibete. Ele vê o seu povo sofrendo. E não só isso: por causa de sua posição, as pessoas vêm de todas as partes do mundo para lhe falar sobre a opressão em seus países. Ele ouve a todos com o coração. Quando as pessoas falam sobre seus sofrimentos, ele chora. Mas, quando pensa em Sua Santidade, você pensa nele sempre sorrindo e feliz. Você olha em seus olhos e eles estão brilhando. Por quê?

Quando as pessoas estão na presença de Sua Santidade, elas ficam muito felizes e saem como se estivessem flutuando. Isso porque ele tem essa qualidade de se importar verdadeiramente com os outros, além de si mesmo. Ele tem essa qualidade de realmente colocar a felicidade dos outros antes de si mesmo; assim, quando ele se encontra com qualquer pessoa — presidente, papa ou operário, não importa —, seu único pensamento é que ela deveria ser feliz. Não importa quem seja. Não importa se, em alguma circunstância, ele poderia gostar da pessoa ou não. Sua única preocupação é com a felicidade e com o bem-estar dessa verdadeira pessoa. Ele está preocupado com a pessoa, não com a máscara ou com a imagem reluzente que as pessoas usam. Ele está preocupado com a pessoa real. Ao olhar para essa pessoa, seu único pensamento é desejar o bem. Todos nós podemos fazer isso.

A cerimônia de tomada de refúgio vem do tempo do próprio Buda. Quando o Buda estava andando pelo norte da Índia, encontrou muitas pessoas que buscavam seus conselhos. No final de muitos desses discursos nos sutras, aquele que fez perguntas ao Buda declara: "Deste momento até o final da minha vida, me refugio no Buda, no Darma, na Sangha." É uma tradição muito antiga em todos os países budistas. Expressa o compromisso de colocar o caminho espiritual no centro de nossa vida, em vez de apenas em sua periferia. É um compromisso que diz: "A partir de agora, vou transformar a minha vida em algo significativo." Por isso, tomar refúgio é o início do caminho budista.

Com respeito a cada pessoa que encontramos, começando por aquelas que são as mais próximas de nós — familiares, colegas, pessoas que encontramos todos os dias —, e a seguir incluindo os estranhos e quem mais encontrarmos, nosso primeiro pensamento deve ser o reconhecimento de que elas aspiram a felicidade. Não são massas amorfas anônimas: são pessoas com problemas, prazeres e dores. Querem ser felizes, assim como nós queremos ser felizes. Cultivar essa atitude em relação a todos quebra o autocentramento egoísta que nos causa tanta dor. Enquanto estivermos fixados em nós mesmos, em como podemos ser felizes, nunca seremos felizes. Apenas quando abrimos nosso coração para incluir todos os seres é que descobrimos, de repente, que essa alegria existe dentro de nós: começa como uma pequena nascente de água, livre da aridez dos nossos pensamentos de autoapreço. Como nossa natureza essencial é o amor e a inteligência, não somos inerentemente maus. Somos inerentemente perfeitos. O que acontece é que essa natureza se tornou encoberta, como o sol encoberto por nuvens espessas. Pode ser que nos identifiquemos com as nuvens, porque não vemos o sol. Mas o sol está sempre lá.

Quando começarmos a praticar, essas qualidades se tornarão mais e mais fortes. Enquanto dependermos de coisas e de outras pessoas para sermos felizes, nunca estaremos realmente satisfeitos, porque essas coisas são impermanentes, são transitórias e não seguras.

A única felicidade verdadeira está dentro de nós. É onde ela está.

Perguntas

Pergunta: Qual foi sua principal motivação para passar tantos anos na caverna nos Himalaias?

Jetsunma Tenzin Palmo: A minha motivação? O Darma em si é motivador. Uma vez que você experimenta os benefícios da prática, isso faz você seguir em frente. Ela se torna mais e mais central; toma conta da sua vida, como você pode ver! Todavia, nos últimos anos minha grande motivação tem sido ajudar as mulheres jovens das regiões budistas dos Himalaias que querem dedicar suas vidas ao Darma. Vê-se que elas têm uma inteligência incrível; têm a centelha e isso me traz a vontade de ajudá-las. Se não ajudarmos, quem ajudará?

P: É verdade que as monjas não recebem educação na cultura budista tibetana? Poderia falar um pouco sobre o mosteiro feminino que a senhora construiu no norte da Índia?

JTP: Sabe, vocês são realmente afortunadas no Ocidente. Recebem uma boa educação e podem ler o que quiserem. Podem estudar o que quiserem estudar e quando algum mestre espiritual vem, podem ir ouvi-lo, sem obstáculos. Basicamente, são bastante livres.

Acho que é difícil para as pessoas no Ocidente avaliarem uma sociedade onde existem obstáculos para se poder estudar. Por exemplo, nas regiões himalaicas, como em Ladakh e no Butão, há muitos monges e monjas. Mas não há educação para as monjas. Quando morei em Lahaul, vi isso muito claramente. Enquanto os monges se beneficiavam fazendo rituais, recebendo ensinamentos e indo para retiros longos, as monjas ficavam na cozinha preparando a comida.

Recentemente, vi um vídeo filmado em Ladakh. Havia uma monja ladakhi que, após um curso de uma semana de ensinamentos sobre regras monásticas para monjas, declarou: "Sou monja há 40 anos, e esse foi o primeiro ensinamento que recebi." É preciso entender a história dessas pessoas. As monjas, especialmente nessas regiões himalaicas e no Tibete, são, muitas vezes, apenas serviçais para as suas famílias ou para os monges. Antes, elas não recebiam muita educação. Muitas vezes, faziam um pouco de prática, mas é claro que agora, depois da invasão comunista, até isso está bastante reduzido. Assim, centenas de monjas estão, continuamente, fugindo do Tibete para a Índia, até nos dias de hoje.

O que estamos tentando fazer é criar oportunidades para essas meninas realizarem tanto o seu potencial intelectual quanto o seu potencial espiritual. Para mim, muitas dessas meninas são como pequenos botões de rosa. À medida que envelhecem e morrem, são apenas botões murchos, pois nunca tiveram sol, chuva, fertilizante, nada. Estamos tentando oferecer o sol, os fertilizantes e a chuva de nossa autorização, para que elas possam estudar e praticar. Elas já estão fazendo isso! São tão entusiasmadas, tão interessadas; são como pequenas esponjas secas que absorvem avidamente tudo o que ensinamos. Elas nunca se fartam.

A questão é que existem centenas ou talvez milhares de meninas às quais foi negada a oportunidade de realizar seu potencial espiritual. Agora, estamos tentando corrigir isso, dando-lhes a oportunidade de poder estudar e praticar, como os monges já fazem há séculos.

P: Como as monjas são formalmente ordenadas na sua tradição?

JTP: É um pouco esotérico. Não há ordenação completa. Pelo que sabemos, monjas totalmente ordenadas nunca foram da Índia para o Tibete, de modo que a ordenação *bhikshuni* nunca foi levada para o Tibete. Agora, estão tentando introduzir essa ordenação por meio da tradição chinesa, mas existem algumas complicações. Apenas algumas monjas tibetanas viajaram ao exterior para receber a ordenação *bhikshuni*, já que os chineses seguem uma linhagem de ordenação diferente.

O problema é que são as monjas mais jovens que geralmente viajam para receber a ordenação. Quando retornam aos seus mosteiros como monjas totalmente ordenadas, as monjas mais antigas que têm uma ordenação inferior são, no entanto, seniores em relação a elas. Há uma série de problemas nisso. O que eu estou tentando fazer no meu mosteiro é garantir que as monjas sejam ordenadas em sequência. Dentro de alguns anos, quando elas estiverem prontas, teremos um primeiro grupo de monjas ordenadas em conjunto, para que não se tornem seniores apenas em idade e experiência, mas também em ordenação. Acho que é assim que devemos seguir.

P: Os leigos também podem atingir a realização?

JTP: Claro, não é preciso ser monge ou monja para alcançar a realização. No Tibete, por exemplo, alguns dos maiores mestres espirituais eram leigos. Com certeza, ser monge ou monja não é um pré-requisito para entrar na sangha. No entanto, qualquer tipo de realização demanda grande dedicação e a vida leiga nos distrai mais. É muito mais desafiador manter o foco. Além disso, como a realização depende da questão do desapego e da não fixação, fica muito mais difícil no caso do leigo. Mesmo assim, a natureza da mente é a natureza da mente, seja você um monge ou um leigo. Está lá para ser realizada.

P: Qual é o papel da compaixão no caminho espiritual e como uma pessoa leiga pode praticá-la?

JTP: A compaixão é extraordinariamente importante no caminho espiritual. É o outro lado da moeda — temos a sabedoria e a compaixão. Quanto maior a compreensão da dor inerente aos seres — quanto mais clara se torna a mente, como se limpando a poeira dos olhos —, mais se vê a dor subjacente à vida das pessoas e mais compaixão surge. Mesmo que as pessoas não aparentem explicitamente estar sofrendo, vemos que por trás da fachada há muita dor e muitos problemas. Naturalmente, então, surge a compaixão e uma nutre a outra. Compaixão sem sabedoria é estéril, é cega. É como ter pernas, mas não ter olhos. Sabedoria sem compaixão é como ser mutilado, não se consegue ir a lugar algum. Então, precisamos das duas e elas se apoiam mutuamente, porque não apenas o intelecto tem que estar aberto, mas também o coração. Elas são indivisíveis. Sabedoria e compaixão são como duas asas. Não conseguimos voar com uma só.

P: Muitos budistas ocidentais têm família e amigos que não estão abertos à filosofia budista, quando apresentada dentro dos contextos dogmáticos ou culturais. Como trazer conceitos e métodos budistas para aqueles que poderiam se afastar, devido a uma abordagem de vida explicitamente budista?

JTP: A questão é que não estamos todos tentando nos tornar tibetanos ou japoneses. O que estamos tentando fazer é nos tornarmos pessoas melhores. Assim, sem qualquer jargão budista, se você estiver se tornando uma pessoa mais gentil, mais atenciosa, mais generosa e mais centrada, as pessoas olharão para você e pensarão: "Bem, isso parece uma coisa boa. Realmente funciona. Essa pessoa não é mais tão irritada e egoísta como costumava ser, está muito mais atenciosa, muito mais amável, muito mais serena, isso deve ser uma coisa boa." Essa é a melhor maneira de ensinar o budismo. Não por meio de jargões, mas pelo exemplo.

P: É por isso que muitos ocidentais são atraídos pela filosofia budista e pelas escolas do budismo. Mas também existem os aspectos religiosos muito fortes. Você pode optar por ser bastante religioso.

JTP: Sim, mas pode fazer isso a portas fechadas, não precisa sair por aí cheirando à religião. Devoções particulares são privadas. Lá fora, você deve tentar se misturar na sociedade, mantendo-se centrado e atento, e mais gentil e generoso. A prática frutifica quando começarmos a superar nossas emoções negativas e cultivar as positivas.

P: Há muito trabalho a fazer.

JTP: Muito trabalho. E que lugar melhor para começar do que com a família e com os amigos, que de qualquer forma nunca acreditam em você!

Felizmente, no budismo não temos de converter as pessoas. As pessoas respeitam o Buddhadharma pelos exemplos dos budistas que encontram.

3

As oito preocupações mundanas

Geralmente, não temos consciência do nosso apetite por elogios e do nosso medo das críticas. Geralmente, não temos consciência do quanto ansiamos por uma boa reputação e da ansiedade que a má reputação nos causa. Geralmente, não temos consciência da urgência do nosso desejo de ganhar e do nosso medo de perder. Geralmente, não temos consciência do quanto gravitamos em torno do que consideramos agradável, nem do quanto tentamos evitar o que consideramos doloroso. Mas são essas oito preocupações mundanas que nos mantêm girando e girando neste ciclo de nascimentos e mortes, no *samsara*.

As oito preocupações mundanas condicionam grande parte do que fazemos e do que planejamos. Podem condicionar até mesmo nossas práticas espirituais. O que está por trás de nossa busca pelo que parece ser bom e prazeroso, e de nossas tentativas de evitar o que não é? O que estamos realmente procurando? Que tipo de paz que esperamos obter?

Podemos esperar ganhar alguma coisa, conseguir algo em troca de todo o esforço que fazemos tentando obter algumas coisas e tentando evitar outras, mas o próprio apego que está por trás de todo esse esforço é justamente o que nos prende ao ciclo de nascimento e de morte. Podemos até achar esse apego agradável. Essa dinâmica de motivação, de desejo e de aversão, de esperança e de medo, sustenta nossas preocupações egoístas comuns. E não estamos nem sequer conscientes disso. Assumimos que é natural querermos prazer e não querermos dor, assumimos que é natural a esperança de ganhar e o medo de perder. Não questionamos a própria estrutura dessa mentalidade dualista, que é baseada na ignorância sobre a nossa condição.

O budismo investiga essa ignorância fundamental a respeito de nossa verdadeira identidade. Prestando atenção a qualquer coisa, mesmo sentados com este livro na mão, podemos ter uma sensação muito sólida de um *eu* ao redor do qual todo o resto do mundo gira. É tão habitual que nem sequer notamos.

Eu e *meu*; *eu* e a *mim*; *minha família*; *meus filhos*; *meu parceiro*; *meu* o que quer que seja. Esta sensação de *eu* é muito sólida, real e persistente. É algo que está profundamente construído dentro de nós, e, como nossa sociedade espelha essa solidez, não a questionamos. *Claro que eu existo. Aqui estou eu. Eu devo existir exatamente do jeito que pareço existir.* Desenvolvemos essa noção bem cedo, que do ponto de vista budista é chamada de *avidya*, um não saber profundamente enraizado. Em sânscrito, *vidya* significa saber; *avidya* significa não saber. Essa tendência muito arraigada, de não ver as coisas como elas são, é algo que compartilhamos com praticamente todos aqueles que encontramos. E achamos que nosso ponto de vista deve ser verdadeiro, porque reflete a forma como todos nós vemos uns aos outros.

Essa sólida noção de *eu* é o que projetamos sobre os outros; é o que os outros espelham de volta para nós. É como nos vemos quando olhamos para nós mesmos. É um não saber profundamente enraizado.

Nós nos identificamos com muitas coisas. Nos identificamos com os nossos corpos, com a nossa raça, com a nossa nacionalidade, com o nosso gênero, com a nossa profissão, com os nossos relacionamentos. Nos identificamos como filhos de certos pais e até mesmo como pais. Nos identificamos como parceiros de alguém ou como irmãos. *Este sou eu.* E a identificação não para por aí. Nos identificamos com nossas memórias também. Nossas memórias concretizam o nosso senso de *eu*. Quando alguém se lembra de alguma experiência compartilhada, pode ser que pensemos: "Ah, não, não foi nada disso."

Acreditamos em nossas opiniões. Acreditamos em nossos preconceitos. Acreditamos em nós mesmos como indivíduos sólidos e separados: *eu*. *Eu acho isso; eu penso aquilo; na minha opinião...* Fazemos isso automaticamente.

Na visão budista, a noção de um *eu* separado de tudo o mais que não sou eu, que é o outro, é uma expressão de nossa ignorância primordial. Todas as práticas budistas são dirigidas para superarmos essas noções, de modo que possamos nos abrir para uma dimensão de ser muito mais vasta do que o pequeno ego ao qual nos agarramos tão desesperadamente. Agarrados a essa sensação de eu, nos movemos por meio da ganância e da avidez, em busca de qualquer coisa que aparentemente dará prazer a esse ego. Ao mesmo tempo, tentamos afastar qualquer coisa que lhe causará dor. A aversão encontra expressão na raiva, na agressividade e na negatividade. Fazemos isso automaticamente. Talvez isso esteja se agitando dentro de você, neste momento.

Você se senta em sua almofada com o objetivo de ter uma boa sessão de meditação e, no início, está bastante confortável. Pouco tempo depois, seus joelhos começam a doer e as suas costas também, e você se move automaticamente para evitar a dor e trazer o prazer e o conforto de volta. Ao trazermos desejo e aversão até mesmo para a nossa prática espiritual, tentamos evitar qualquer coisa que não seja física ou mentalmente confortável. Embora possa parecer que estamos sentados em nossa almofada, somos arremessados pelas ondas do *samsara*.

É da natureza das ondas subir e descer. Mas é claro que, se você se agarra à ideia de subir, deve aceitar também o fato de que irá descer.

Tudo é impermanente. De um momento para outro, a mudança se revela. Embora tentemos negociar o tempo todo, parece que algo sempre vem e esmaga aquilo que estamos agarrando, seja lá o que for. Incessantemente, freneticamente, tentamos recuperá-lo novamente. Nossas vidas se desenrolam dessa forma. E é tão normal que não questionamos. Mas, até que comecemos a questionar, até que comecemos a nos tornar mais conscientes de como estamos, o tempo todo, engajados nessa luta, não podemos nos abrir para a equanimidade interna.

As oito preocupações mundanas — talvez devêssemos chamá-las de oito ganchos mundanos! Enganchada neles, nossa mente não pode se tornar livre. Esperamos que tudo dê certo; temos medo de que muitas coisas não deem certo. Mas esse tipo de segurança é enganosa. O *samsara* por sua própria natureza não é seguro. Enquanto tentarmos fazer com que tudo se encaixe nas nossas ideias de como as coisas devem ser, de como as coisas devem seguir, estaremos presos. E sempre tem alguma coisa, você reparou? O mundo ao redor parece nunca estar muito bem, ou então fica tudo bem apenas por um segundo, até que algo acontece. *Tudo estaria bem, não fosse...* Mas há sempre um *não fosse*.

Como dirijo um mosteiro, estou muito consciente disso. Toda manhã acordo e me pergunto: o que teremos para hoje? Podemos passar a vida nos preocupando assim, presos entre nosso desejo de que as coisas sejam como queremos e resistindo a como elas serão de qualquer maneira. Ou podemos desenvolver a habilidade interna de saber que esse processo está acontecendo dentro de nós: podemos ser como um barco singrando as ondas do *samsara*. Podemos nos abrir para a equanimidade ao lidarmos com as situações. Por mais que seja do nosso desejo obter reconhecimento, prazer, elogio, reputação, o fato é que às vezes ganhamos e às vezes, perdemos. Às vezes as coisas são difíceis para nós. Às vezes, sofremos. Experienciamos críticas, obscuridade, desconforto, dor. Perdemos coisas. Perdemos pessoas. Perdemos a saúde e, por fim, perdemos nossa preciosa vida.

Sofremos quando vivemos nossas vidas como uma forma de resistência contra as coisas que não andam como queremos. Sofremos quando tentamos desesperadamente fazer as coisas saírem exatamente como planejamos e isso não acontece. Essa é a questão. O Buda disse que há dois tipos de sofrimento: o sofrimento físico e o sofrimento mental. Não podemos evitar o sofrimento físico. Até mesmo o Buda sofreu fisicamente. Todo mundo — como veremos, se vivermos o suficiente — tem dores e aflições, sofre acidentes e algumas vezes adoece muito gravemente.

Temos um corpo e o nosso corpo irá se deteriorar. É inevitável. Mas o que não é inevitável é o sofrimento mental, e sobre isso temos algo a dizer. Podemos treinar nossa mente de uma maneira que, mesmo que o corpo sofra, a mente não sofra. Quando estamos doentes, ou quando as coisas dão errado, podemos cair no desespero ou podemos manter a equanimidade. É crucial compreendermos por que isso é importante. Porque, quando as coisas vão bem, muitas vezes pensamos que tudo está certo e que não há nenhuma necessidade real de fazer alguma coisa. Mas, quando as coisas desmoronarem, o que faremos? Hoje estamos bem, amanhã poderemos ter um grave acidente. Hoje estamos com a pessoa que mais amamos, amanhã ela irá embora.

No budismo considera-se que há vários níveis mais elevados de renascimento: 26 níveis diferentes de renascimento celestiais, onde tudo

As oito preocupações mundanas

acontece da forma que queremos. Os oito *darmas* mundanos, de fato, não existem nesses níveis — basta pensar em algo e a coisa aparece. Subindo a níveis cada vez mais elevados de seres, finalmente existem níveis apenas mentais, desprovidos de corpo. Tem-se um corpo de luz e tudo é muito alegre, muito agradável. Mas todos esses níveis celestiais, que são o resultado de carma bastante positivo, na perspectiva budista são considerados um beco espiritual sem saída, porque não há incentivo para a prática. E, como a duração da vida é muito, muito longa nesses reinos, não se pensa em morte e impermanência; não se pensa em sofrimento; não se pensa em coisa alguma, na verdade. Há apenas o desfrutar dos resultados do bom carma. Pode ser tudo muito bom e, em muitas tradições espirituais, as pessoas têm o objetivo de renascer nesses lugares, mas é claro que na perspectiva budista esses 26 níveis de renascimento celestiais são impermanentes.

Há também a questão dos reinos dos infernos, onde o sofrimento é tão intenso e incessante que os seres se fecham totalmente dentro da própria dor e do próprio medo, incapazes de pensar além da própria angústia. Mas os reinos dos infernos também são impermanentes.

O nascimento humano é ideal, pois todos nós temos esse período dentro do qual praticamos. Coisas boas nos sustentam; coisas difíceis atuam como incentivos. Portanto, precisamos tomar a vida que temos — agora mesmo — e olhar para ela. Olhe para a maneira como está vivendo.

O que você está realmente fazendo com a sua vida preciosa?

Vocês foram bem dotados, são educados, vivem em uma sociedade na qual podem pensar o que quiserem e na qual podem fazer mais ou menos o que quiserem. Se quiserem ler determinados livros, não apenas podem lê-los, como podem entendê-los. Isso é muito raro neste mundo.

Um dos professores do nosso mosteiro voltou recentemente de uma viagem a países da Europa — 11 países em 19 dias — e ele adorou! O que ele notou especialmente foi como tudo é limpo e como todos os motoristas, embora haja tantos carros, dirigem em suas próprias pistas. Ele se surpreendeu! Ninguém tocava a buzina o tempo todo, não havia vacas andando pelas ruas. Vir para o Ocidente, saindo de um dos países mais deprimidos do mundo, é realmente como chegar ao céu. É por isso que as pessoas querem vir. Porque, por mais difícil que seja a situação quando chegarem, o Ocidente ainda será um lugar incrível, se comparado ao lugar que elas deixaram. Há muitas oportunidade para seguir em frente. Vocês já vivem em uma situação abençoada.

Vocês têm a oportunidade de treinar a mente. Não estão pensando o tempo todo em como poderão conseguir a próxima refeição para os seus filhos. Têm tempo livre e oportunidade para pensar além. Vocês nunca terão um momento melhor do que este de agora para usar esta vida de maneira significativa. As oito preocupações mundanas — elogio/crítica, boa reputação/má reputação, ganho/perda, prazer/dor — nos oferecem questões profundas para explorarmos dentro de nós mesmos. Consequentemente, podemos passar a vida inteira integrando o que formos encontrando.

A vida moderna é estressante. Mas aumentamos o estresse continuamente. A maioria das pessoas são consumidas pelas preocupações e, no entanto, a maioria dessas preocupações não são realmente necessárias. Temos ansiedades sobre o futuro, mas o futuro ainda não chegou. E o agora? Neste momento, estamos apenas sentados. Podemos não estar muito confortáveis, mas pelo menos estamos sentados e ninguém está nos ameaçando, e isso já é ótimo! Então o que há de tão preocupante? Seja como for, 90% do que nos preocupa não acontece.

Isso não significa que não possamos fazer planos, mas, uma vez tendo planejado algo, o melhor a ser feito é soltar e se abrir para aceitar o que quer que aconteça, porque isso é simplesmente o que está acontecendo no momento. Temos a ideia de que, se as coisas acontecem da maneira que queremos e se são boas e agradáveis, então isso é bom para nós e comprova nosso sucesso. Se as coisas dão errado para nós e são dolorosas ou difíceis, consideramos um sinal do nosso fracasso. O *samsara*, pensamos, tem que ser feliz. Mas o Buda disse que o *samsara* é insatisfatório.

A questão não é a perda, a dor e as críticas. O ponto é a nossa aversão a isso. Achamos que não deveríamos experimentar perdas, pensamos que não deveríamos experimentar dor, pensamos que não deveríamos experimentar críticas. Mas a perda, a dor e as críticas são apenas a forma como as coisas são. Todo mundo tem algum prazer e alguma dor. Sempre tem quem diga coisas boas e quem diga coisas ruins sobre todas as pessoas. Mas esse não é o problema. O problema é que nos ressentimos e resistimos a qualquer coisa que o ego considere desagradável. E nos agarramos e nos apegamos fortemente a qualquer coisa que possa dar prazer a essa noção de eu. Mas, se simplesmente nos abrirmos para aceitar o que estiver acontecendo, da forma como realmente estiver acontecendo no momento, não há nenhum problema. Nossas ansiedades desaparecerão.

Levamos as oito preocupações mundanas conosco a todos os lugares. Elas estão delicadamente entremeadas no tecido de nossas mentes. Estão presentes na vida diária em nosso local de trabalho, em nossos relacionamentos com amigos e em casa, com nossa família. Também nos acompanham aos centros de Darma, e muito. É a isto que Chögyam Trungpa Rinpoche refere-se como materialismo espiritual.

O egoísmo pode tomar conta de nossa prática espiritual facilmente. Podemos estudar o Darma, fazer práticas, ouvir ensinamentos e fazer retiros, mas tudo se transforma em meios para fortalecer a noção de eu: *eu sou uma pessoa espiritualizada, eu li muitos livros budistas, eu conheci todos os maiores lamas, eu recebi todas as principais iniciações, eu faço coisas muito importantes no meu centro de Darma, eu sou especial.* De fato, depende de nós questionarmos e olharmos honestamente para nossa mente. Um padre católico que conheço dizia que somos como pedaços de madeira bruta. Se sempre nos acariciarmos com sedas e veludos, será muito agradável, mas não nos tornaremos mais suaves. Para nos tornarmos suaves, precisamos de uma lixa. Os chamados problemas e dificuldades que encontramos no dia a dia são como uma lixa e fazem com que nos tornemos mais suaves. É assim que aprendemos. É assim que de fato nos avaliamos e crescemos.

Por baixo de tudo, podemos ver o quanto somos intolerantes a respeito de nós mesmos. Aprisionados pelo autojulgamento e pelos preconceitos, temos uma imagem de como deveríamos ser. Porém, quando as coisas não se encaixam, surgem angústias, ansiedade e tensão. Uma grande dose de desejo e aversão, esperança e medo.

Em vez de sermos arrastados pelas oito preocupações mundanas, podemos cultivar a capacidade de estarmos presentes e conscientes. Podemos aprender a dar um passo atrás e ficar ciente dos pensamentos e emoções no momento em que surgem, e discernir que são apenas pensamentos e emoções — não são *eu* nem *meu*. Podemos nos tornar mais abertos e adaptáveis. Em vez de nos identificarmos totalmente com nossas esperanças e medos, com nossas ideias e pensamentos, podemos ver que esses são apenas fenômenos vazios, que surgem por um momento e, em seguida, desaparecem.

Podemos estar presentes. A capacidade de estar presente, de recuar de nossos pensamentos e vê-los apenas como pensamentos, e de ver nossos sentimentos apenas como sentimentos, permite nos tornarmos senhores de nossa mente, em vez de escravos dela. Se você realmente controlasse as coisas como deseja, seria capaz de dizer a si mesmo pela manhã: "Ok, hoje vou ser feliz, sereno, flexível, gentil, compassivo e amoroso com todos." E assim seria.

Portanto, o primeiro ponto na meditação é reconhecer que, na verdade, nossa mente está fora de controle. O Buda descreveu a mente comum como um macaco selvagem ou como um elefante bêbado no cio. Se você já viu macacos em um habitat selvagem, sabe que eles gastam todo o tempo comendo, brigando e copulando. Quanto aos elefantes, na época de acasalamento, são completamente incontroláveis. Assim é a mente da maioria das pessoas: pensa em comida; pula de um lugar para outro; pisoteia. Essa foi a avaliação do Buda — antes mesmo do advento da televisão — sobre a mente comum!

O fato é que temos uma mente, uma mente que sempre levamos conosco, a todos os lugares. Podemos ir para os confins mais distantes do mundo, podemos até ir para a Lua ou para Marte, mas nunca conseguiremos escapar de nossa mente. Mesmo quando dormimos, nossa mente está conosco, ativa através de nossos sonhos. Nossa mente está constantemente falando conosco. É nossa amiga ou nossa inimiga mais íntima. Certamente, é a companheira mais constante. Mas, mesmo assim, em geral está completamente fora do nosso controle. E isso é trágico.

Damos tanta atenção a questões de conforto e conveniência externos, mas, ainda que viva em um palácio, se sua mente estiver fora de controle, você se sentirá infeliz. Você pode viver em um casebre, mas, se sua mente estiver em paz, centrada, você estará feliz. Quando eu morava na caverna, suponho que visto de fora pudesse parecer muito triste, mas eu estava muito feliz. Foi, de longe, o momento mais feliz da minha vida.

Uma vez, fui visitar minha mãe quando ela vivia em Knightsbridge e trabalhava como governanta para um homem canadense muito rico. Eles moravam em uma parte muito requintada de Londres, o Parque Hyde ficando logo no final da rua. Então, lá estávamos nós, naquele apartamento muito chique na melhor região de Londres, com comidas maravilhosas. Havia tudo o que se pudesse desejar, até mesmo dois televisores. Mas, na verdade, eu me sentia muito entediada e com o coração bem pouco à vontade, e o problema era comigo. Então, pensei: "Bem, por favor, lembre-se disso sempre que achar que o conforto material externo tem qualquer relação com o que faz a mente se sentir feliz."

A questão é que o estado de nossa mente é onde habitamos. E realmente precisamos dar muito mais atenção a como podemos cultivar uma mente mais tranquila, centrada e equânime. Equânime significa sermos capazes de lidar com o que quer que aconteça. Não precisamos manipular tudo à nossa volta para a nossa própria satisfação.

Em uma conferência inter-religiosa, há alguns anos, conheci um cantor sufi da Turquia. Ele cantou uma linda canção sufi sobre coisas que podem dar errado na vida, e o refrão ecoava: "E daí?"

Viajamos juntos de volta para o aeroporto de Nova Iorque, de onde partiríamos para lugares diferentes. Ele estava indo para a Turquia. Quando chegamos ao aeroporto, no entanto, descobrimos que nenhuma de suas malas havia chegado. Mas ele apenas sorriu, deu de ombros e disse: "E daí?"

E todos nós rimos! A situação simplesmente era um fato.

Ele disse: "Ah, isso é ótimo. Não tenho mais que carregar todas aquelas malas — estou livre. Posso simplesmente partir."

Eu o admirei profundamente, pois ele realmente usava suas próprias palavras como caminho. E assim, quando as coisas dão errado, também podemos dizer a nós mesmos: "E daí?"

As pessoas pensam que o Buda era pessimista porque o primeiro tema sobre o qual falou foi a insatisfação de nossa existência cotidiana comum. Mas ele não parou por aí. Ele não disse simplesmente: "Ah, veja bem, viver é sofrer. Azar." Ele falou sobre o porquê do sofrimento. Nossa vida cotidiana é feita de sofrimento porque nós nos fixamos. Seguramos tudo com muita força mas, ainda assim, tudo é impermanente. Ao final, as coisas que seguramos com tanta força irão mudar. O problema não são as coisas, é a nossa mente que se fixa às coisas.

Precisamos dar significado às nossas vidas. Ou seja, precisamos juntar nossa própria mente e nossa vida. Dessa forma poderemos beneficiar um maior número de pessoas, bem como a nós mesmos. Todos os problemas que verdadeiramente acontecem neste mundo, com exceção dos desastres naturais, são causados pelos seres humanos. Causamos problemas intermináveis, com a nossa mente fora de controle. Há uma necessidade desesperada de sabedoria e compaixão, mas estas residem na nossa mente. Não temos como comprá-las.

Precisamos de desafios neste mundo. E temos que cultivar qualidades que não podem ser cultivadas sem que estejamos diante de desafios. Longe de serem retrocessos no nosso caminho espiritual, os desafios são o caminho espiritual. Devemos desenvolver uma atitude aberta que nos permita utilizar tudo o que encontrarmos. Se as coisas dão errado, se as pessoas são difíceis, cultivamos paciência e compaixão. Se as pessoas estão em necessidade, cultivamos generosidade.

O Buda disse que praticar o Darma é ser como um peixe que nada rio acima. Pois bem, nadar contra a corrente é uma viagem muito solitária. Você pode se perguntar: vale a pena o tempo e o esforço para nadar contra a corrente, quando todo mundo está indo rio abaixo, a favor da corrente? Porém, são os que nadam contra a corrente que chegam à nascente. Portanto, se quisermos transformar esta vida em algo significativo, o lugar para começar é exatamente onde estamos. E a única hora para começar é agora, já, neste instante. É o único momento que temos. O futuro é apenas uma ideia. O passado se foi. E o momento está fluindo — assim.

A coisa mais valiosa que temos em nossa vida é a nossa mente. E podemos cultivá-la. Podemos aprender a usar a nossa mente com habilidade. Neste momento, essa joia muito preciosa chamada mente está coberta com uma grossa camada da lama das oito preocupações mundanas e precisamos limpá-la, para que a joia possa cintilar outra vez. Se estamos conscientes não podemos dizer "Não tenho tempo", pois cada respiração é uma expressão de nossa prática.

✽ Perguntas

Pergunta: Minha pergunta é sobre como lidar com pessoas que fazem com que você se sinta bem. Penso nos meus amigos, porque eles fazem com que eu me sinta bem. Dizem coisas boas sobre mim e está tudo bem.

Jetsunma Tenzin Palmo: Bem, isso é muito bom, caso você esteja feliz, e também diga coisas boas sobre eles e os ame. Ananda, assistente do Buda, disse uma vez que tinha pensado sobre a importância dos companheiros e sentia que representavam metade do caminho espiritual. O Buda disse: "Não, Ananda, bons companheiros são a totalidade do caminho espiritual."

É importante ter bons amigos. Mas esses bons amigos devem ser bons amigos porque também compartilham de bons valores — isso significa que não ficamos com pessoas que apenas alimentam o nosso ego. Se compartilham valores positivos, isso significa que encorajam o que é positivo em nós mesmos. Então, é certo e apropriado apreciá-los e amá-los. O ponto é que as pessoas que não são tão gentis conosco, que nos decepcionam e criam problemas para nós também são dignas de nosso amor, de nosso apreço e de nossa boa vontade. Dessa forma, não deveríamos fazer tanta distinção. Claro que, naturalmente, você vai gostar de pessoas que gostem de você, e isso é um bônus. Mas o importante é aprender a gostar das pessoas que não gostam de você. Essa é uma prática.

P: Às vezes, as pessoas dizem coisas muito lisonjeiras para mim, sobre como eu sou isto ou aquilo, o que pode fazer com que eu me sinta desconfortável. Às vezes, certas coisas parecem mesmo um pouco demais! E não sei bem o que fazer nesse tipo de situação. A senhora tem alguma sugestão?

JTP: Bem, pense sobre o que eles dizem e pergunte a si mesmo: "Será que isso é verdade?" Isto é, tem muita gente dizendo coisas incríveis sobre mim, e eu olho para elas e digo a mim mesma: "Bem, isso é mesmo verdade?" Até onde eu sei, é pura besteira. Elas sabem e eu sei que não é verdade. É uma percepção muito amável e graciosa delas; uma projeção delas. Você não precisa achar que isso significa que você realmente tem essas qualidades. Se tiver, que ótimo. Mas, então, você pode se lembrar também de todas aquelas coisas que eles não mencionaram e que você precisa trabalhar. Isso também serve para as críticas. Se as pessoas lhe criticam, você pode se sentir muito grato, olhar para elas e dizer para si mesmo: "Isso que estão dizendo sobre mim é verdade? Eu já havia percebido?" Se for verdade, sou muito grata por terem salientado, porque é algo em que posso trabalhar. E, se não for verdade, qual é o problema? De qualquer forma, seja elogio ou crítica, temos como trabalhar com isso.

P: Tenho uma pergunta sobre algo que a senhora disse antes — quando conhecemos alguém, sempre esperamos elogios. Pode haver ocasiões em que a pessoa não pareça ter boas intenções e esteja prejudicando as pessoas.

JTP: Eu não disse que você deve elogiá-las. Eu disse que deve desejar-lhes bem. Mesmo que sejam pessoas realmente horríveis, você deve desejar-lhes a felicidade e, principalmente, a felicidade de realizar sua verdadeira natureza. A felicidade genuína. Porque, se estiverem conectadas com a sua verdadeira natureza, que é naturalmente feliz, elas se transformarão e deixarão de ser pessoas horríveis. Talvez tenham muita dor dentro de si, mesmo que não reconheçam. As pessoas que são genuinamente felizes, que estão em paz e assentadas dentro de si mesmas, geralmente não são pessoas difíceis. Portanto, seja lá quem for que você encontre — deseje-lhe bem. Não significa dizer: "Ah, sim, você é fantástico" Porque talvez a pessoa não seja nem um pouco fantástica, talvez seja uma pessoa horrível. Mas sua compaixão diz: "Que você possa ficar livre do sofrimento e possa ser feliz." O primeiro sentimento é um sentimento de benevolência, seja quem for a pessoa.

Há uma história sobre Düdjom Rinpoche, de quando esteve em Nova Iorque. Düdjom Rinpoche era o líder da tradição Nyingma. Ele estava andando por uma rua e alguém veio até ele com uma arma, para assaltá-lo. Düdjom Rinpoche apenas olhou diretamente em seus olhos sorrindo e fez uma reverência. O homem ficou tão assustado que deixou a arma cair e saiu correndo! Com sua percepção pura, Düdjom Rinpoche estava apenas reconhecendo a luz dentro daquela pessoa. Düdjom Rinpoche não sentiu medo. E talvez tenha transformado a vida desse homem. Quem sabe?

O ponto é que devemos tomar tudo o que encontramos em nossa vida diária e usar como caminho, sem descartar nada. Não podemos nos acomodar, pensando que vale a pena praticar apenas com as coisas boas e que as coisas difíceis são obstáculos à prática. Coisas difíceis *são* a prática.

P: Poderia explicar o que é a compaixão idiota?

JTP: Esta é uma expressão que vem de Chögyam Trungpa Rinpoche. Creio que ele se referia a um tipo de compaixão sentimental. Mas, realmente, é muito fácil ser genuíno. A compaixão está unida à visão clara e, quanto mais vemos as coisas como realmente são, mais percebemos o quanto quase todas as pessoas estão confusas. Você vê o desespero nos olhos das pessoas, porque elas estão muito aprisionadas em sua ignorância. Mesmo no caso de alguém que externamente pareça muito rico, feliz e bonito, percebemos que ainda assim essa pessoa é muito vulnerável, porque está agindo a partir de sua ignorância e agarrada ao ego: está vivendo muito aquém de seu verdadeiro potencial, como quase todo mundo. Agimos como galinhas — sem a compreensão de que, na verdade, somos fênix — e isso é muito triste.

Temos esse incrível potencial como seres humanos — temos a natureza de buda —, mas veja o que fazemos com ele. Essa é a verdade por trás da compaixão — é quando percebemos a enormidade do nosso dilema e como são poucas as pessoas que estão sinceramente interessadas em encontrar uma saída. Mesmo quando pensam estar. Pode ser que queiram encontrar uma saída, mas há tantas outras coisas acontecendo. Talvez amanhã, eles dizem. Abrir-se para essa verdade subjacente é abrir-se para a verdadeira compaixão, e isso não é mera piedade ou uma compaixão idiota.

Na Inglaterra, no início dos anos 1960, me tornei budista da tradição tibetana Kagyu. E fiquei muito feliz, porque vim a conhecer Chögyam Trungpa Rinpoche, um lama Kagyu. Ele foi para a Inglaterra com Akong Rinpoche. Trungpa Rinpoche iria estudar na Universidade de Oxford, mas logo que chegou, hospedou-se na casa de uma família de classe média. Minha mãe e eu fomos convidadas para ir encontrá-lo, e fomos. Naqueles tempos, é claro, havia muito poucas pessoas interessadas no budismo tibetano. Era um tempo em que a maioria praticava budismo theravada, e o zen e o budismo tibetano eram vistos com desconfiança. Trungpa Rinpoche não tinha muitos amigos. Os dois lamas Kagyus chegaram, foram colocados em Oxford e daí então — havia John Driver, um estudioso tibetano que estava lá para ajudá-los, mas eles tinham muito poucos amigos. Em razão disso, em um fim de semana, eles vinham nos visitar em Londres e, no outro fim de semana seguinte minha mãe e eu íamos para Oxford. Por isso, acabamos conhecendo-os muito bem.

Trungpa Rinpoche era uma pessoa muito interessante, porque não era nada parecido com o que eu imaginava que um lama deveria ser. E, ainda assim, eu sentia que ele era para valer. Eu não sabia bem por que, mas àquela altura eu já havia conhecido vários lamas e senti que, de alguma forma, ele tinha uma qualidade que os outros não tinham.

Certo dia, Trungpa Rinpoche me disse: "Veja bem, você pode não acreditar, mas no Tibete eu era um lama bastante reconhecido e nunca pensei que chegaria a este ponto. Mas, por favor, posso lhe ensinar meditação? Preciso ter ao menos *um* aluno!"

Então eu disse: "Ok, se você está a fim."

Nenhum de nós imaginou que ele teria uma influência tão incrível na introdução do budismo tibetano no Ocidente e com tamanho brilhantismo. Porque naqueles tempos, seu inglês era muito limitado; ele lutava para expressar conceitos que estavam além do alcance de sua linguagem. Mas acabou tendo uma grande facilidade com o inglês, de forma brilhante e inovadora. Ele usava a linguagem para transmitir tudo o que precisava para expressar.

Os lamas tibetanos são educados para serem extremamente tradicionais. O que é enfatizado em seu treinamento é a memorização e a capacidade de reproduzir as palavras de antigos mestres de forma eloquente. Pensamentos próprios não são realmente apreciados, a menos que espelhem o pensamento dos lamas da linhagem. A inovação, de forma geral, não é apreciada. É fascinante ver como muitos dos lamas tibetanos mais jovens tomaram a sua compreensão do Darma e a interpretaram de uma nova maneira, visando a diversidade de mentes que encontraram no Ocidente. Creio que isso demonstra o brilhantismo e a profundidade de sua verdadeira compreensão do Darma. Eles oferecem sua própria realização genuína, por meio de palavras extraordinárias, que não têm equivalente em tibetano. E, é claro, Trungpa Rinpoche mostrou o caminho.

Também é interessante ver o que acontece quando alguns desses lamas, que são muito inovadores na língua inglesa, voltam a falar em tibetano. Muitos tibetanos mais jovens gostam de ouvir ensinamentos em inglês — de fato, conseguem relacionar-se muito melhor com os ensinamentos em inglês do que com as formas tradicionais tibetanas de transmitir o Darma.

Quando os lamas vêm para o Ocidente, onde as cerimônias são mínimas, são capazes de expressar outros níveis de sua personalidade que normalmente não surgiriam em um contexto mais tradicional. Trungpa Rinpoche mostrou isso muito bem. Por ele ter o carma de vir para o Ocidente, nasceu uma forma totalmente diferente de expressar o Darma. É incrível o que uma única pessoa é capaz de fazer.

P: Existe uma sensação constante de querer fazer um esforço e, ainda assim, não fazer esforço suficiente. Também é muito difícil eu ter compaixão suficiente por mim mesmo.

JTP: Ah, com certeza. Acho que é muito importante começarmos por onde estamos. Quando o Buda ensinou a bondade amorosa e a compaixão — que irradiamos aos nossos entes queridos, às pessoas que são relativamente neutras e àqueles com quem temos problemas e dificuldades —, sempre enfatizou a importância de começarmos oferecendo compaixão a nós mesmos. Ao final, é claro, teremos que ir além do ego e realizar a natureza da mente. Enquanto isso não acontece, para nos ajudar no caminho, até estarmos no estado de consciência pura, precisamos ter um ego que coopere. Precisamos de um ego que colabore. Portanto, precisamos ter um senso de autoestima antes de começar a demolir o ego.

Shantideva, um grande sábio indiano do século VII, disse que há uma grande distinção entre orgulho e arrogância, que são emoções negativas, e autoconfiança, que é essencial no caminho. Os tibetanos traduziram a palavra *bodisatva*, aquele que se esforça para obter a iluminação a partir da compaixão por todos os seres, com o significado de um herói espiritual iluminado. Temos que acreditar em nós mesmos e em nosso próprio potencial, temos de cooperar com nós mesmos e incentivar a nós mesmos, não sendo um obstáculo em nosso próprio caminho.

Assim, no início, precisamos ter um ego que esteja bem ajustado, um ego que não esteja sempre minando os nossos esforços. Não devemos nos diminuir — esse não é o ponto. Isso só cria um ego desesperado, infeliz, ferido. É uma expressão do ego estarmos sempre nos puxando para baixo, nos depreciando — pensando apenas o pior sobre nós mesmos e nunca nos encorajamos para pensar no bem que há dentro de nós, nosso enorme potencial para o bem.

Temos de perceber que este é o momento. Não sabemos onde estaremos na nossa próxima vida. Esta é a nossa oportunidade, agora. E podemos aproveitá-la. Então, por favor — todos vocês —, dediquem muito tempo e muita atenção a como usar sua vida diária como caminho. Para que no final, ao morrer, vocês possam olhar para trás e pensar: "Bem, esta foi uma vida que valeu a pena." Talvez vocês não estejam irradiando luzes de um lótus, seis metros acima do chão! Mas fizeram algum progresso nessa vida. E isso é algo benéfico para vocês e para os outros.

Há uma história de Drukpa Kunley, que era um grande mestre, um iogue na linhagem Drukpa Kagyu. Ele foi a Lhasa, até a estátua Jowo Rinpoche, a estátua mais sagrada do Tibete. Ela representa o Buda Shakyamuni.

Drukpa Kunley estava muito emocionado. Fez uma reverência para a imagem do Buda e disse: "Você e eu começamos juntos, mas você alcançou a iluminação e eu ainda estou aqui, no *samsara*. Qual é a diferença entre nós? A diferença entre nós é que você fez esforço e eu sou preguiçoso."

Isso vale para todos nós. Por que ainda estamos presos no *samsara* depois de todas essas vidas? Porque damos desculpas. Porque não fazemos esforço na direção certa. O nome do jogo é paciência e perseverança.

5
Renúncia

Renúncia, em tibetano, é *nge jung*. *Nge jung* exprime o sentido de deixar um lugar, definitivamente. Significa sair. Em tibetano, "renúncia" não tem a mesma conotação que no inglês, em que pode haver dor envolvida. Em inglês, por exemplo, se diz: ele renunciou à pátria, ele renunciou à riqueza, ele renunciou ao patrocínio. Há sempre um sentimento de desistência, mas com um tom de arrancar pela raiz. Em outras palavras, "renúncia" dá a sensação de virar as costas com pesar a algo que é desejável. Por isso, nos círculos budistas, quando alguém diz: "Você tem que renunciar a alguma coisa", todo mundo faz uma cara estranha e diz: "Ui!"

O sentido tibetano de "renúncia" é um pouco diferente. Por exemplo, se você tivesse que dizer a seus filhos que eles têm que deixar de brincar com seus brinquedos, eles achariam muito doloroso. Todavia, à medida que as crianças crescem, elas perdem o fascínio por tais brinquedos. Ficam crescidas demais para eles. Deixar os brinquedos para trás não parece "renúncia" — é simplesmente uma questão de crescer. Da mesma forma, na primavera e no verão, quando as árvores estão cheias de folhas, há resistência se tentamos arrancar uma folha de um galho. Porém, quando chega o outono, as folhas caem das árvores sozinhas, de forma espontânea. A renúncia está estreitamente alinhada com esse sentido de se separar. Por fora, pode parecer que se está abrindo mão de algo e pode até mesmo haver dor, mas por dentro, o interesse por essas coisas foi ultrapassado. As coisas esvaem-se naturalmente.

No coração da vida

Nos anos 1960 e 1970, alguns ocidentais foram para a Índia, em busca de "verdades espirituais". E, nessa jornada, havia aqueles que provinham de famílias abastadas e com muitos recursos. Precisaram deixar muita coisa para trás. Passaram a dormir em hotéis sujos, comer alimentos intragáveis e tudo isso com alegria, porque estavam recebendo muito mais em troca. Eles não tinham a impressão de estarem desistindo de algo valioso.

Quando o Senhor Buda deixou seu palácio, quando deixou toda a sua riqueza e a sua família, não houve nenhum traço de arrependimento. Estou certa de que a única coisa que ele sentiu foi uma pontada em seu coração, temendo pelo bem-estar de sua esposa e de seu filho. Mas ele estava indo em direção à liberação espiritual, que é muito mais vasta, muito mais grandiosa do que qualquer coisa que estivesse deixando para trás. Até mesmo a perda de seu filho pequeno empalidecia diante de tudo o que havia para conquistar, não apenas para si, mas para todos os seres. Algumas feministas ficam muito incomodadas com o Buda, por ele ter deixado a esposa e o filho pequeno para trás; contudo, se ele não tivesse renunciado à vida de príncipe, só para começar, não estaríamos nem investigando a natureza de nossas vidas desta maneira.

Em nossa vida, precisamos definir valores. O que realmente importa para nós, nesta vida? Se não nos fazemos essas perguntas, ficamos apenas dando voltas, tentando apenas nos manter confortáveis. Para termos uma direção definida, precisamos definir um propósito para nós mesmos. Precisamos nos perguntar: o que seria uma vida bem vivida? Uma vez que tenhamos definido o nosso propósito, temos que descobrir quais coisas nos conduzem adiante nesse caminho e quais coisas são apenas distrações.

Muita gente pergunta como a iluminação pode ser alcançada. E algumas, muito poucas, perguntam como podem desenvolver a renúncia genuína. Tais questões são como perguntar como se pode cultivar uma árvore *bodhi* no coração. Para que uma árvore *bodhi* se desenvolva de modo adequado, precisamos primeiro preparar o terreno. Temos um pedaço de terra, que chamamos de coração, o centro do nosso coração. Tal como acontece com qualquer outro pedaço de terra em que estamos tentando cultivar uma planta, primeiro precisamos protegê-lo.

Podemos proteger o solo de nosso coração por meio da observância de cinco princípios éticos básicos, cinco preceitos. Estou certa de que a maioria de nós conhece os princípios básicos de viver neste mundo sem causar danos — não tirar vidas, não tomar o que não foi dado, não mentir, não se engajar em má conduta sexual e não usar substâncias entorpecentes. Não tirar vidas inclui não só seres humanos, mas animais, peixes e insetos; não tomar nada que não nos foi dado inclui devolvermos o que tomamos emprestado, tais como livros, DVDs e assim por diante. O preceito sobre má conduta sexual significa responsabilizar-se por sua conduta sexual — não explorar pessoas e não se envolver em qualquer tipo de relacionamento sexual que possa causar eventuais danos a qualquer pessoa, em qualquer tempo. O preceito sobre entorpecentes surge porque eles em geral afetam a mente. Quando as pessoas estão sob a influência de álcool e drogas, podem se tornar violentas e abusivas. A compaixão e os aspectos amorosos de nossa natureza são ignorados. Afinal, o budismo trata da mente — como se tornar senhor da mente, ao invés de escravo dela.

Vejamos o preceito sobre a fala, porque somos muito afetados pela fala dos outros. Não apenas as palavras que dizemos, mas o tom com que falamos. Muitas vezes, quando há brigas e desentendimentos, as pessoas se separam por causa das palavras. Dar um passo para trás e apenas ouvir como nós mesmos falamos — sem julgar, apenas ouvindo como se estivéssemos ouvindo de fora — é uma prática muito hábil. Nossas palavras são uma parte muito importante da nossa conduta. O que significa que nossas palavras devem ser verdadeiras. E devem ser gentis e não desagregadoras. Nossas palavras não devem colocar uma pessoa contra a outra. Não há necessidade de entrar em conversas sem sentido e em fofocas; não há necessidade de criar mágoa e desarmonia. Temos o dom maravilhoso da linguagem; vamos dar valor e nos responsabilizar por espalhar harmonia e felicidade entre todas as pessoas, especialmente entre os nossos colegas e entre a nossa família. Esses preceitos não são mandamentos. São uma forma de treinamento ao qual nos propomos, como um apoio para alinhar naturalmente a nossa conduta e a nossa fala às de um ser iluminado.

Agora, já temos uma cerca em torno do nosso jardim. Mas também precisamos cuidar do solo. Em geral, essa terra mal é trabalhada, há muitos anos. Está repleta de bons e de maus hábitos, e cheia de julgamentos e preconceitos que nunca foram investigados. Está completamente encharcada de *mim* e cheia de coisas que são *minhas*. E o solo está forrado de memórias que nunca foram seriamente ordenadas.

Quando você quer viajar com pouca coisa, apenas com uma mochila nas costas, é preciso classificar todas as suas coisas. Você precisa decidir o que é essencial e o que não é essencial. Você tem que fazer escolhas claras. E assim é com toda a desordem e com todo o lixo que fica na mente.

Nos textos tradicionais, a ideia de renúncia, de *nge jung*, está intimamente associada à ideia de deixar a terra natal, pois esses ideais baseiam-se na visão budista tradicional, de que deveríamos passar de uma vida em casa para uma vida sem-teto e, a partir daí, perambular. Se lerem os textos tradicionais, como *As palavras do meu professor perfeito*, de Patrul Rinpoche, vocês verão que essa é considerada uma condição *sine qua non* da vida espiritual — a primeira coisa a fazer é sair de casa e vaguear. Deve-se deixar casa, família, amigos e posses para trás, e ir embora. Naturalmente, muitas pessoas, inclusive os tibetanos, leem isso e ignoram! O máximo que conseguem é se mudar para o mosteiro local e providenciar o apoio de sua família. Mas, quando pessoas de outros países leem esses livros, levam essas visões muito a sério e ficam bastante alarmados. Como elas não têm nenhuma intenção de abandonar a família, os amigos e o país, sentem que fracassaram antes mesmo de terem começado. Contudo, o problema não são as coisas ou as pessoas — o problema é o nosso apego às coisas e às pessoas.

A questão não é tanto a renúncia externa, deixar a casa e a família; o que precisamos desenvolver é a renúncia interna, a renúncia genuína vem quando superamos a fascinação e quando superamos o envolvimento com coisas mundanas — quando deixamos para trás o que antes parecia tão importante para nós.

Quando me tornei budista, eu vivia em Londres, no início da década de 1960. Não conhecia nenhum outro budista. Li um texto que dizia que tínhamos de renunciar ao mundo e pensei: "Certo." Eu tinha 18 anos de idade. Prontamente, empacotei todas as minhas roupas, entreguei à minha mãe e disse: "Dê isso para alguém."

Como eu não sabia qual era o aspecto de renunciantes budistas, fiz um vestido que tinha um buraco para a minha cabeça e dois buracos para os meus braços, com uma faixa na cintura. Era meio parecido com uma túnica grega. Eu usava sapatos baixos, cabelos puxados para trás e nenhuma maquiagem. Dessa forma, andei por aí durante vários meses. Finalmente, descobri que havia uma sociedade budista em Londres, e minha mãe e eu fomos visitar. A sociedade budista de Londres estava cheia de senhoras de classe média de meia-idade e nenhuma delas usava túnica grega. Usavam salto alto e maquiagem! Como presumi que fossem mais experientes do que eu, concluí que talvez tivesse cometido um pequeno erro em algum momento!

"Que pena que me desfiz de todas as minhas roupas!", eu disse à minha mãe. Minha sábia mãe me deu a chave de seu guarda-roupa e dentro dele encontrei todas as minhas roupas.

Eu nunca tinha ido a lugar algum em minha vida, até ir para a Índia pela primeira vez, em 1964. Naqueles tempos, não havia mochilas propriamente ditas. Havia sacos de lona ou de couro que se carregava pelas alças, o que os tornava muito pesados. Eu sabia que o lugar para onde estava indo, Dalhousie, ficava no alto das montanhas, o que significava que teria de enfrentar um tempo frio. Também sabia que na Índia era quente. Assim, tentei fazer uma mala para as duas situações. Depois de dobrar minhas duas camisolas longas e quentes feitas de flanela grossa, peguei outras duas feitas de algodão, lindas, longas até os pés. Antes de partir, alguém me deu duas camisolas curtas muito bonitas, de nylon, e assim, peguei essas também. Em um único saco, eu tinha seis camisolas.

Desorganizado, em total confusão, o jardim da nossa mente contém algumas plantas muito preciosas, mas em grande parte está abarrotado de lixo. E assim temos três opções: podemos viver no lixão e deixarmos por isso mesmo. Ou podemos dizer "Ahá! Depósito de lixo" e começar a retirar o lixo, um por um, olhando para cada peça e pensando "Ah, que interessante!" Mas é claro que isso demora muito, e, de fato, uma vez que a quantidade de lixo que temos acumulado é infinita, levará um tempo infinito para jogarmos tudo fora, especialmente se mais lixo continuar chegando! Nossa terceira opção é reconhecer o nosso lixo como folhas mortas, como adubo, e dessa forma alimentar as plantas preciosas.

No nosso mosteiro, temos sempre um monte de cascas de legumes, folhas de chá e outros materiais que precisamos jogar fora. A única coisa sensata a fazer com isso é criar uma pilha de compostagem. Inicialmente, quando o mosteiro foi fundado, as meninas apenas jogavam o lixo para fora do mosteiro, o que acabou gerando uma grande montanha nojenta e malcheirosa. Por isso, convidamos um especialista para ensiná-las a fazer compostagem corretamente. Os pontos essenciais consistem em arejar e colocar pequenos vermes, mas não vou entrar em detalhes aqui. Contudo, é uma boa analogia para lidar com as porcarias em nossa mente. Porque se as deixarmos ali, juntando e acumulando, acabaremos vivendo em meio a um monte de lixo, onde tentamos abrir um espacinho para nos sentirmos em casa. E é claro que a nossa sociedade não ajuda em nada, porque praticamente todas as suas contribuições são apenas mais lixo. Assim, a questão é que, em vez de permitirmos que tudo isso se transforme nessa carga sólida e compacta de lixo, precisamos arejar. Se pudermos arejar tudo isso por meio da consciência pura, então, por si só, sem qualquer esforço de nossa parte, o lixo se transformará em um adubo bastante friável e altamente fértil, que poderá ser usado para nutrir a nossa árvore *bodhi*.

As pessoas pensam que, se algo é muito difícil ou complicado, deve ser bom, mas muitas vezes as coisas mais simples são as melhores coisas. Porém, quando algo é muito simples, não acreditamos nesse algo. Na verdade, até mesmo os nossos iogues mais avançados afirmam que a sua prática é muito, muito simples.

Todos os caminhos espirituais verdadeiros lidam com a forma de dissolver o pequeno senso de eu, para nos abrirmos a algo que é muito mais vasto, seja lá como queiramos nomear. Por exemplo, São Paulo disse: "Não sou eu que se move e fala, é Cristo que se move em mim." Mas, enquanto isso, ironicamente — enquanto vivemos nesse mundo relativo, em nossa mente conceitual — também precisamos nos tornar amigos desse senso de ego para que ele nos ajude em nossa jornada. Em última análise, o ego não existe. Pelo menos, não da forma como o vemos. Mas, por enquanto, quando dizemos que temos de superar o ego, não significa que podemos superá-lo espancando-o até a morte.

De início, ao embarcarmos em nossa jornada interior, precisamos ser gentis com nós mesmos, adquirir autoconfiança e, dessa forma, lentamente, poderemos ver através da duplicidade de nossa mente. Um dos aspectos mais importantes do caminho budista é o cultivo da mente chamado de meditação. O método apresentado a seguir é simples, mas eficaz, adequado à maioria dos praticantes.

Meditação

A meditação tem três partes, e elas são fáceis e simples.

Primeiro passo

Quer esteja sentado em uma almofada ou em uma cadeira, sente-se ereto. O importante é manter as costas retas e os pés apoiados no chão. Erga os ombros, leve-os para trás e baixe-os novamente; dessa maneira você fica em uma boa postura. Agora, apenas relaxe. Caso contrário, irá se cansar.

Concentre a sua atenção no vai e vem da respiração. A respiração é um bom foco para a prática porque existe uma forte ligação entre a respiração e o nosso estado mental. Fique ciente de sua respiração conforme ela vem e vai. Com a respiração como foco, você está presente. Você não consegue respirar no passado ou no futuro. Você só pode respirar no agora. Normalmente, não temos consciência de nossa respiração. Mas, no momento em que tomamos consciência dela, trazemos a nossa mente para o presente. Esse é um meio hábil. Você pode tomar consciência da sua respiração durante o dia a dia, a qualquer momento: dirigindo, andando, sentado no computador, mesmo enquanto estiver falando. Inspirando, expirando. E isso em si é uma meditação. Nem é necessário sentar-se ereto, mantendo uma postura formal.

De acordo com a tradição tibetana, deve-se ser capaz de manter a mente unifocada em 21 respirações, sem se distrair. Os pensamentos não são o problema. Seguir e identificar-se com os pensamentos é o problema. Pensamentos podem ser como um rio e nós, muitas vezes, ficamos no meio desse rio, sendo jogados para cima e para baixo. Tomar consciência dos pensamentos é uma forma de sair desse rio. Quando sai da corrente do rio, você pode concentrar a sua atenção no que está em primeiro plano: na respiração, na entrada e na saída do ar, e especialmente na expiração. Você pode contar *um* quando inspira, *dois* quando expira. Não dê nenhuma atenção aos pensamentos que estão no fundo da mente. Se, por acaso, você pular de volta no rio e for arrastado, vá para a margem e comece de novo.

Um quando inspira, *dois* quando expira. Mantenha a mente bem relaxada, centrada, concentre-se apenas na respiração, conforme o ar entra e sai. E isso é tudo o que você tem que fazer. Agora, nada mais no mundo importa, a não ser inspirar e expirar, e saber disso.

Segundo passo
Agora, tome esse foco de consciência que está centrado na respiração e volte-o para dentro, para os seus próprios pensamentos. Nossos pensamentos estão constantemente fluindo, a cada momento. O conteúdo do rio muda o tempo todo. Mas, agora, como estamos muito relaxados, podemos sair do rio e descansar na margem. Podemos apenas observar o rio passar sem mergulhar nele.

Nessa ocasião não julgamos os nossos pensamentos. Não ficamos pensando que esse é um pensamento inteligente, ou um pensamento terrível, estúpido ou interessante — são apenas pensamentos. Quaisquer que sejam os pensamentos que surjam dentro de nós, quaisquer que sejam os sons que surjam fora de nós, são apenas pensamentos, apenas sons, e não são importantes. O que é importante é a qualidade conhecedora, a qualidade conhecedora que está centrada no fluxo de pensamentos. Normalmente, quando estamos pensando, nós *somos* os pensamentos. Mas agora recuamos e nos tornamos testemunhas dos pensamentos, observadores. Portanto, há a corrente de pensamentos e há aquele que está ciente da corrente de pensamentos.

Mantenha a mente bem relaxada, mas muito centrada; apenas observe os pensamentos conforme eles fluem e não se envolva com eles. Tente isso por cinco minutos e veja o que acontece.

Seja qual for o som que você ouça, é apenas um som, e não é importante. Não siga. Seja qual for o pensamento que surja em sua mente, é apenas um pensamento. Não fique fascinado pelos pensamentos, não os siga. Continue apenas sentado na margem. Veja se consegue realizar uma espécie de separação na mente, entre o fluxo de pensamentos e a consciência conhecedora.

Terceiro passo
O terceiro passo é o mais fácil de todos. Simplesmente, repouse nessa consciência. Pode ser que você pense que não tem consciência de nada, mas o próprio fato de poder pensar e saber que está pensando é uma manifestação da consciência. No entanto, normalmente, não estamos cons-

cientes de estarmos conscientes. Basta sentar-se e ter consciência de estar consciente. Não há absolutamente nada para fazer.

Queremos estar sempre fazendo alguma coisa, e esse é o problema. Sempre pensamos: "O que eu faço agora?" Essa é uma das razões pelas quais outros aspectos da meditação tibetana, como visualização de deidades e recitação de mantras, são tão populares: há muito o que fazer. Mas isso pode deixá-lo tipo: "Hã?" Você pode ver a mente correndo de um lado para o outro, procurando algo para segurar. Aqui, porém, estou descrevendo o tipo de meditação em que apenas nos sentamos. Apenas sentamos por sentar. É muito semelhante ao Soto Zen. Apenas sentamos, sem pensar a respeito. Estamos apenas conscientes de estarmos aqui.

Não há nada a fazer, não há nada em que se concentrar; não há nada, além de estar neste momento, do jeito como ele é. Tecnicamente falando, se quiser um nome oficial para esse tipo de meditação, ela é chamada de "repousar na natureza da mente."

Tudo o que você tem a fazer é não fazer nada. Apenas sente-se, e tenha consciência de apenas estar sentado. O que, em geral, acontece é que nos tornamos mais conscientes das energias fluindo através do corpo, uma sensação de ser. Mas não tente fabricar coisa alguma, apenas fique bem aberto ao que quer que aconteça.

A maneira mais rápida de parar de sofrer é reconhecer a ausência de identificação com pensamentos e sentimentos. Normalmente, tentamos superar a nossa insatisfação subjacente nos distraindo. Tentamos fortalecer nosso senso de ego, alimentando-o com o máximo de prazer possível. Nos distraímos interminavelmente para não precisarmos ver que por baixo de tudo há uma insatisfação profunda. Nos Estados Unidos, por exemplo, país que tem um alto grau de prosperidade material, é notória a impressão de que praticamente todas as pessoas que podem pagar parecem ter o seu próprio terapeuta ou o seu psiquiatra particular, da mesma forma que têm seu próprio dentista ou médico. Então, está claro que ter muito prazer e conforto não basta para encobrir o desconforto subjacente ou o que o Buda chamou de *dukkha*.

Na verdade, "desconforto" é uma boa tradução para *dukkha*, que é o oposto de *sukha*, ou seja, "conforto", aquilo que é aparentemente suave e agradável. Quando reconhecemos *dukkha*, o desconforto, dentro de nós mesmos, passamos a reconhecer o quanto estamos doentes com os três venenos do desejo, ódio e confusão. A renúncia é uma questão de soltar. E a renúncia absoluta é liberar a fixação a um eu autônomo, duradouro e separado, que está no centro do universo.

Uma das maneiras mais rápidas de obter realização é realmente observar a mente — observar os pensamentos e ver que não somos nossos pensamentos. Os pensamentos surgem e desaparecem. Mas não somos os pensamentos. Existe algo *por trás* dos pensamentos: existe uma consciência por trás das idas e vindas dos pensamentos. E é a isso que devemos prestar mais atenção, especialmente durante a prática. Nossa mente é como um computador inteligente. Podemos programá-lo muito bem, mas essa não é a energia motriz do computador. Precisamos reconectar com a energia que está por trás do computador, e a meditação é uma maneira de nos trazer de volta a isso. A fonte de energia é imensa. Nosso computador é apenas um pequeno computador, mas essa energia é vasta e todo-abrangente.

O problema é que a maioria das pessoas se sente acolhida o suficiente no *samsara*. Elas realmente não têm a aspiração genuína de ir além do *samsara*, querem apenas que o *samsara* seja um pouco melhor. É bastante interessante que "*samsara*" tenha se tornado o nome de um perfume. E é assim mesmo. Ele nos seduz a pensar que está tudo bem: o *samsara* não é tão ruim; o cheiro é bom! A motivação fundamental de ir além do *samsara* é muito rara, mesmo nas pessoas que frequentam centros de Darma. Há muitas pessoas que aprendem a meditar e coisa e tal, mas basicamente motivadas pela esperança de se sentirem melhor. E, se acabarem se sentindo pior, em vez de perceberem que isso pode ser um bom sinal, elas acham que há algo de errado com o Darma. Estamos sempre tentando nos sentir mais confortáveis na prisão. Podemos até pensar que, se pintarmos as paredes da cela com um bonito tom de verde pastel e pendurarmos alguns quadros, não será mais uma prisão.

Tradicionalmente, a renúncia é combinada com a purificação da motivação espiritual conhecida como *bodhichitta*. *Bodhi* significa basicamente iluminação, e *chitta* significa coração ou mente. Assim *bodhichitta* significa a intenção ou a aspiração de iluminação. Existem duas razões básicas para seguirmos um caminho espiritual e procurarmos a liberação. Uma razão é que queremos ser livres. Vamos tomar o exemplo tradicional de uma casa em chamas: com sua casa em chamas, você corre para fora de casa. Mas toda a sua família — seu parceiro, seus filhos, seus pais e até o seu cachorrinho — ainda está lá dentro. O que você vai fazer? Você não pode simplesmente dizer: "Bem, eu estou fora. Que pena! Se esforcem para sair também." Naturalmente, isso leva à segunda razão básica para seguirmos um caminho espiritual: tentaremos tirá-los da casa também.

Vamos tomar um outro exemplo: suponha que haja um enorme pântano e todos estejamos nos afogando nele. De alguma forma, com um esforço tremendo, você consegue alcançar a terra firme. O que faz então? Vira-se para encarar a sua família e os seus amigos, volta o rosto para todos aqueles que ainda estão se afogando no pântano e diz: "Bem, pessoal, me desculpem. Estou livre, em terra firme, e, se vocês lutarem bastante, poderão escapar também. Adeus!" Mesmo em uma situação mundana, se você estivesse em terra firme, usaria essa posição para tentar puxar os outros para fora.

Da mesma forma, no caminho espiritual entende-se que aspirar apenas pelo próprio bem-estar espiritual e pela própria liberdade é, de fato, inerentemente egoísta. À luz dessa visão, podemos entender que o único motivo verdadeiro para lutarmos espiritualmente, por sabedoria e compaixão cada vez mais profundas, é o nosso desejo de ajudar os outros a também alcançarem a liberação. Essa aspiração, essa reviravolta completa em toda a nossa motivação, para nos esforçarmos no caminho espiritual, é chamada de *bodhichitta*.

Muitas vezes, as pessoas que julgam estarem em um assim chamado caminho espiritual, tendem a ficar mais preocupadas consigo mesmas: minha prática, meu guru, meu caminho, minhas experiências, minhas realizações. Ainda que o caminho espiritual se destine a levar à diminuição e, finalmente, ao abandono completo de nossa obsessão pelo ego, muitas vezes as pessoas usam o caminho para inflar o ego. Tornam-se muito ambiciosas. A prática espiritual torna-se apenas uma outra forma de conquista. Não se trata apenas de conseguir uma promoção na empresa, de ganhar mais dinheiro, de comprar um carro maior ou uma casa maior. Passa a ser também uma questão de quais grandes lamas encontraram, de quantas iniciações supersecretas receberam, que ninguém nunca recebeu, de todas as instruções e realizações especiais internas que obtiveram, de quanto tempo duraram seus retiros, em comparação com os das outras pessoas, e de que o local de seus retiros era ainda mais remoto. *Bodhichitta* neutraliza tudo isso, pois agora estamos praticando não por nós mesmos, mas pelos outros.

Tornar-se um *bodisatva*, um herói espiritual, não é algum tipo de solução rápida. O voto do *bodisatva* é um compromisso total, por todas as suas vidas sob a forma que for, de estar aqui para o benefício dos outros, até que o *samsara* seja esvaziado. E, quando nos tornarmos *bodisatvas* do mais elevado grau, no último instante, poderemos ouvir: "Não, depois de você", "Não, não, você primeiro!", "Não, eu fiz esse voto! Você primeiro!"

Até lá, contudo, nos damos as mãos e saltamos todos juntos. O importante é que o voto de *bodisatva* é uma mudança completa de motivação e de atitude. Não é algo sobre o que pensamos a respeito e decidimos ser possível ou não. O importante é que ele muda por completo a motivação para se seguir o caminho. Como o *Sutra do Diamante* aponta, em última análise, não existem seres sencientes a serem salvos, já que a ideia de um ser senciente como um ser separado é a ilusão que buscamos superar, para atingirmos a iluminação.

O que nos mantém no *samsara* é a nossa crença em nós mesmos como seres sencientes individuais. Portanto, o voto de salvar a todos já contém duas visões errôneas: a crença em um "eu" que vai salvar os seres sencientes e a crença de que existem seres sencientes a serem salvos. No entanto, embora não haja ninguém para salvá-los e nada a ser salvo, ainda assim tomamos o voto de salvar todos os seres. *Bodhichitta* se manifesta em dois níveis: *bodhichitta* absoluta e *bodhichitta* relativa. *Bodhichitta* absoluta entende a existência não inerente de todos os seres, chamada vacuidade. Mas também entende a interconexão de todos os fenômenos ou a interdependência de todos os seres. Portanto, em um âmbito final, não há nada a ser salvo, porque já somos iluminados. Em um âmbito relativo, todavia, que é onde a maioria de nós vive, definitivamente parece haver seres sencientes presos no pântano do *samsara*, que precisam ser puxados para fora.

A sabedoria diz que não há nada a ser feito; já está tudo pronto. Mas a compaixão diz: "Mãos à obra! Comece a puxar!" Esses dois aspectos se desdobram juntos: o aspecto de sabedoria, enxergando que, em última instância, não há nada a ser feito; e o aspecto relativo, afirmando, no entanto, que temos muito trabalho a fazer. Mas é claro que não podemos começar a puxar todos esses inumeráveis seres para fora do pântano, se nós mesmos ainda estamos nos afogando. Para usar uma analogia, suponha que queiramos ser médicos. Primeiro de tudo, temos que passar muitos anos na faculdade de medicina, aprendendo a usar a medicina corretamente. Você poderia dizer: "Não, não, não. Não posso perder esse tempo, seria muito egoísmo. Tenho que ir ajudar essas pobres pessoas, elas estão doentes e precisam de mim!" Você poderia pegar uma sacola cheia de remédios, um bisturi, e correr para ajudar! Existe muita compaixão nisso, mas falta sabedoria, e assim pode ser que você dê o remédio errado para as pessoas e sabe-se lá o que faria com o bisturi! A intenção é boa, mas a questão é que essas ações podem fazer mais mal do que bem porque faltam os meios hábeis. Ao passo que, se a pessoa tiver paciência e for para a faculdade de medicina, estudar bastante e praticar com professores qualificados, encontrará um número infinito de pessoas lá fora para ajudar. Milarepa foi um grande iogue tibetano do século XI. Um de seus alunos disse: "Veja, todas essas pessoas estão sofrendo. É muito egoísmo simplesmente nos afastarmos para meditar. Deveríamos estar lá fora, ajudando as pessoas." Milarepa respondeu:

> *Enquanto o céu e o espaço existirem, haverá seres sencientes para ajudarmos.*

Contudo, a fim de ajudar, você deve primeiro ter condições de ajudar, e isso decorre da prática e do estudo. Do ponto de vista budista, como retornamos diversas vezes, todo o conhecimento e, especialmente, todo entendimento ou realização que obtivermos em uma vida serão transferidos para a vida seguinte. É por isso que a meditação e o estudo são muito fáceis para alguns, e difíceis para outros.

Bodhichitta deve ser a base de tudo o que fazemos. Nossa vida neste planeta não é apenas para o nosso próprio bem, para o nosso próprio conforto e prazer. Nossa vida não é nem mesmo apenas para o bem de nosso próprio progresso espiritual. Estamos aqui para aprender, praticar e nos colocarmos em posição de ajudar no aprendizado e na prática dos outros.

Essencialmente, somos todos budas. Somos completamente perfeitos. Temos apenas que aprender a reconhecer nossa verdadeira natureza, absolutamente imaculada, sábia e compassiva. Não estamos procurando tomar algo que está fora de nós. A renúncia é realmente apenas uma questão de soltar. Estamos nos abrindo para o que já temos — estamos nos abrindo para a plenitude que existe dentro de nós. Estamos tentando simplesmente despertar para nossa natureza original.

Perguntas

Pergunta: A senhora pode falar um pouco sobre os quatro tipos de esforços corretos para cultivarmos o nosso jardim? Nós arrancamos as emoções negativas, não permitimos que surjam novamente, cultivamos o bem. Qual é o quarto esforço correto?

Jetsunma Tenzin Palmo: O quarto esforço correto é encorajar as futuras boas plantas a brotar. Você arranca todas as ervas daninhas e impede que brotem no futuro. Da mesma forma, você cuida das plantas boas que estão lá e incentiva o surgimento de novas boas plantas. É muito importante que, quando começamos a reconhecer nossas falhas e tomar medidas para lidar com elas, também apreciemos a bondade em nós mesmos — as coisas boas, as coisas que estão indo bem, e *encorajar* isso, porque, se não o fizermos, a bondade não crescerá muito bem, assim como uma planta que não recebe luz solar e água.

Em todas as escolas do budismo, depois de lamentarmos e sentirmos remorso pelo mal que fizemos, devemos também nos regozijar e encorajar por todo o bem que temos feito, não para nos tornarmos orgulhosos, mas para restabelecer uma espécie de equilíbrio dentro de nós. Se apenas nos concentramos no que há de errado em nós, enfraquecemos a nossa autoestima, a nossa confiança e a nossa própria apreciação de que também temos boas qualidades. Se vivêssemos o tempo todo com alguém que apontasse incessantemente as nossas falhas, mas que nunca nos incentivasse a perceber as coisas positivas, essa seria uma companhia muito desagradável. Claro que um bom companheiro, de vez em quando, aponta as nossas falhas para que possamos corrigi-las. Mas também nos elogia, também nos encoraja a fazer melhor. No budismo, ver-se constantemente como um pobre pecador desamparado não é considerado uma virtude. Somos *bodisatvas*, estamos no caminho e temos o potencial para a iluminação resplandecente dentro de nós.

P: Jetsunma, tenho uma pergunta relacionada ao seu mosteiro. No documentário *Cave in the snow* foi mencionada a tradição *togdenma*. Poderia nos contar um pouco mais sobre isso?

JTP: Em nosso mosteiro em Tashi Jong, chamado Khampagar, há uma tradição que trouxeram do Tibete, dos chamados *togdens* (ou "os realizados"). São monges que fazem longos retiros, especialmente para praticar as Seis Yogas de Naropa. Eles são levados para fora do mosteiro e desaparecem. A imagem que eu uso é a de fazer pão. Primeiro, você faz a massa e a coloca em um forno quente. Você fecha a porta do forno e, então, deixa a massa lá dentro, até que esteja bem assada, porque se tirá-la antes do tempo, ela irá afundar e o gosto ficará horrível. Todavia, se deixar a massa no forno até que esteja completamente assada, quando retirar o pão, ele não perderá a forma, e será delicioso e nutritivo. Da mesma forma, esses iogues, quando são finalmente liberados, por assim dizer, e são vistos novamente, não apenas alcançaram verdadeiras realizações, como suas realizações estão estabilizadas.

Certa vez, meu lama, a encarnação anterior de Khamtrul Rinpoche, me disse que também havia mulheres dessa linhagem no Tibete, mas que devido a tudo o que aconteceu, a linhagem foi interrompida; ele sempre rezava para que eu pudesse restabelecer essa linhagem feminina tão preciosa. Então, fui para Amdo, no Tibete, encontrar o chefe da linhagem Drukpa, um lama muito idoso chamado Adeu Rinpoche, e lhe pedir para dar a transmissão a algumas de nossas monjas. Ele sabia disso e concordou em fazê-lo, embora tenha dito que levaria seis meses para dar a transmissão. Infelizmente, no ano seguinte, ele faleceu. Agora, estamos tentando receber a transmissão através do atual Khamtrul Rinpoche. Existem problemas, mas finalmente vai acontecer. Isso tem a ver com o fato de que as linhagens de mulheres e homens são ligeiramente diferentes. Porém, enquanto isso, temos cinco monjas em retiro de três anos e elas estão recebendo ensinamentos do nosso *togden* mais antigo. Pelo menos, começamos.

P: A segunda parte da minha pergunta se refere à ordenação *bhikshuni*. Acabo de ler em uma revista alemã que a Venerável Thubten Chodron começou a dar ordenação completa nos Estados Unidos, e gostaria de saber qual é a situação em seu mosteiro. Como a senhora lida com o assunto?

JTP: Com respeito à linhagem bhikshuni, no momento não está acontecendo na tradição tibetana. O principal problema é que existe muita oposição por parte dos monges. Assim, sem o consenso da ordem monástica, os lamas superiores não querem avançar. Devo explicar para aqueles que não sabem do que estamos falando: no Tibete, as monjas só podem receber a ordenação de noviça; não podem receber a ordenação completa. No entanto, muitas monjas já estudam há 15, 18, 20 anos. E não receberam qualquer tipo de reconhecimento ou graduação oficial. Algumas dessas monjas querem se tornar *geshes* e *khenmos*, e realmente esperam por isso. Sua Santidade o Dalai Lama disse: "Sim, está certo: vocês devem obter isso." Mas em uma recente reunião em Dharamsala, certos lamas, *geshes*, disseram o seguinte sobre as monjas: "Não, elas nunca poderão se tornar *geshes* porque não são completamente ordenadas; como não são completamente ordenadas, não podem se tornar *geshes*." Então, é isso. Como as monjas não são completamente ordenadas, não podem estudar o código monástico e prestar exame.

Desse modo, espero que, por causa dessa total rejeição, as monjas agora digam: "Queremos ser *geshes*. Estudamos há 18 anos, temos direito. E, se isso significa que temos que ter ordenação completa, então iremos buscá-la." Se elas pressionarem, pode ser que algo aconteça.

P: A senhora disse que a renúncia é difícil de ser alcançada, mas os monges já têm alguma renúncia quando tomam os seus votos. Isso parece um pouco contraditório para mim.

JTP: Todas essas louvadas qualidades são simplesmente maneiras de aspirarmos. Claro que a renúncia é difícil, mas podemos renunciar. Claro que *bodhichitta* é difícil, mas podemos desenvolvê-la. Se fosse impossível, os mestres espirituais não nos diriam para fazê-lo.

P: A senhora disse que era difícil para os leigos, como é para monges desenvolver a renúncia?

JTP: Claro que a renúncia é mais fácil se você for renunciado, e é por isso que o Buda deu origem à Sangha. Mas não significa que leigos como você também não possam praticar o contentamento, possuindo menos posses. Praticar a alegria de dar e de partilhar também é uma forma de renúncia. E a renúncia final é a renúncia da preocupação com nós mesmos, nossa mente autofixada. Nesse ponto, monges e monjas estão em situação tão complicada quanto os leigos, isso eu garanto.

P: A minha pergunta se refere ao seu ensinamento sobre a raiva. Experimentei uma situação difícil com o surgimento de raiva. Senti raiva, mas de alguma forma não consegui recuar o suficiente para soltar. A senhora tem alguma técnica, ou algum conselho para dar a respeito disso?

JTP: Claro que a raiva é algo que surge a todo momento na vida das pessoas e, por isso, há uma série de técnicas. Mas, como toda técnica, nem sempre essas técnicas funcionam de primeira. Você precisa praticar. O melhor método, aquele que Longchen Rabjam definitivamente aprovaria, é o de que, no momento em que a raiva surgir — no exato momento em que surgir —, se a reconhecermos, a raiva se transformará em uma energia de sabedoria muito poderosa. No entanto, isso é bem complicado, porque normalmente, no momento em que percebemos que estamos com raiva, ela já está bastante forte. Nós não a vimos no primeiro instante.

É claro que a maneira tradicional de trabalhar com a raiva é reconhecer que ela é também — e é realmente muito importante lembrar disso — uma oportunidade de desenvolver a paciência. Qualquer um que tem problemas com a raiva deve, definitivamente, ler o capítulo sobre paciência do *Bodhicharyavatara (O caminho do bodisatva)*, de Shantideva. Se não houver ninguém ou nenhuma situação que nos perturbe, nunca poderemos aprender a lidar habilmente com a raiva. Tolerância e paciência são qualidades muito importantes a se desenvolver. Portanto, em vez de se ressentir e ficar com raiva de alguém que nos incomoda, deveríamos sentir gratidão, pois é a nossa oportunidade de começar a colocar todas essas ideias em prática. As ideias do Darma são maravilhosas, mas, se ficarem apenas na cabeça, não ajudarão em nada. Então, temos realmente que procurar quais são as nossas fraquezas. Como eu sempre digo, é como ir a um ginásio. No ginásio, um treinador irá olhar para você e imediatamente apontará os seus pontos fracos. E são esses pontos que ele fará você trabalhar. Portanto, um ponto fraco específico, como por exemplo, sentirmos raiva facilmente, ou ciúme ou avareza, é a nossa oportunidade. É a nossa sorte. Podemos realmente fazer a diferença ao lidar com o problema e revertê-lo.

Por isso, nossos maiores desafios são as nossas maiores oportunidades. Além do mais, se você tiver alguém ou alguma coisa que está sempre apertando os botões, quando estiver sentado em meditação, calmo e sereno, pode dar um *replay* na situação. E assim, calmo, você poderá ver como a situação realmente era e, a seguir, poderá reescrever o script. Em que momento tudo começou a dar errado?

É preciso fazer isso de novo e de novo. Você verá um certo padrão e o que precisamos fazer é começar a retrabalhar o padrão. À medida que a consciência se torna mais forte, quando a raiva surge, você a reconhece — *eu estou com raiva*. E aceita isso. Em seguida, solta. Dá trabalho, mas pode acontecer.

Um dos mais belos *togdens* em nosso mosteiro, de quem todos gostavam — ele era completamente amoroso, seus olhos irradiavam amor —, havia sido um monge tão raivoso e desagradável que os outros monges finalmente disseram a ele: "Veja bem, ou você treina para ser um *togden*, ou terá que deixar o mosteiro." Então, ele realmente treinou sua mente, praticou muito *lojong*, treinamento da mente e trabalhou duro na compaixão. Por fim, tornou-se o mais amoroso dos seres.

Nós podemos mudar. É muito importante perceber que nosso maior defeito é a nossa maior oportunidade de transformação.

P: Existe uma espécie de destino ou de chamado para os seres humanos? A pessoa pratica o Darma e tem a sensação de estar destinada a fazer alguma coisa. A segunda parte da minha pergunta é sobre o poder do pensamento positivo. O poder do pensamento positivo é forte e é uma forma de apego?

JTP: A respeito da ideia de chamado, é claro que do ponto de vista budista seria o resultado de fortes impressões de vidas passadas. Por exemplo, se alguém foi um músico em muitas vidas, provavelmente, nesta vida teria uma vocação para a música; ou se alguém passou muitas vidas em um caminho espiritual, então nesta vida seria novamente atraído pelos ensinamentos espirituais desde pequeno.

Quanto ao pensamento positivo e negativo, hoje está provado que, certamente, se tivermos emoções muito negativas em nossa mente, esse pensamento afetará todas as células do nosso corpo. Por isso, é muito provável que, ainda que o pensamento negativo não nos faça adoecer, certamente não ajudará em nosso processo de cura. Da mesma forma, as emoções positivas e os pensamentos positivos têm efeito positivo sobre as células do nosso corpo, e poderiam ajudar em um processo de cura.

Somos muito interconectados internamente. Cada célula de nosso corpo tem uma inteligência, e nossos pensamentos e sentimentos têm repercussões muito fortes fora de nosso cérebro. É claro que, em um nível bem prático, mesmo que estejamos muito doentes, nutrir pensamentos positivos é muito mais agradável do que nutrir pensamentos negativos. Pensamentos positivos trazem felicidade e pensamentos negativos trazem sofrimento. Mesmo que o corpo esteja sofrendo, não há nenhuma razão para a mente sofrer. Enviar pensamentos positivos para todo o corpo e para todo o universo me parece bom senso. Não vejo por que seria um apego. Acho que o mundo precisa muito de pensamentos positivos, neste momento.

P: Eu conheço muitas mulheres com baixa autoestima. Por que isso acontece?

JTP: Eu diria que a natureza de buda não é nem masculina, nem feminina; a perfeição da sabedoria, Prajnaparamita, é feminina; e, com as oportunidades de educação que temos hoje, não há nada nesta vida que não possa ser alcançado em um corpo feminino. E mais: as mulheres são naturalmente receptivas à meditação. Muitos grandes mestres de meditação me disseram, sem que eu perguntasse, que as mulheres são melhores na meditação. São intelectualmente muito bem sintonizadas e, agora que temos oportunidade, não há nada que não possamos fazer em um corpo feminino. Então, vá em frente.

Homem ou mulher, temos inteligência. Temos compaixão trancada em nosso coração. A natureza de buda não tem gênero. O Darma é o mesmo, sejamos homens ou mulheres, e a única coisa que nos falta é a determinação para começar e ir adiante. Se trabalharmos nisso, não há nada que qualquer um de nós não possa alcançar. Mas temos que fazer e não apenas pensar. Temos que trabalhar isso. Se não trabalhamos, nada muda. Mas, se trabalhamos, tudo muda.

6
As seis perfeições

O caminho das seis perfeições, ou paramitas, é o caminho do bodisatva. O bodisatva é alguém que aspira a atingir a iluminação para benefício não só de si mesmo, mas também de outros. *Paramita* significa literalmente algo que vai além. *Param* significa "além"; e *ita* significa "viajar". Ir além. Não há um equivalente verdadeiro na língua inglesa, mas geralmente as paramitas são traduzidas como as seis perfeições: generosidade, conduta ética, paciência, esforço entusiástico, meditação e sabedoria. O caminho das seis perfeições é um caminho completo em muitos aspectos, pois incorpora qualidades necessárias para uma vida espiritual bem equilibrada, uma vida espiritual dirigida não apenas para o mundo interno, por meio da meditação e da sabedoria, mas dirigida também ao mundo externo, por meio da generosidade, da inofensividade, do desenvolvimento da paciência, e assim por diante.

Em um país budista tradicional, os principais praticantes são geralmente monges e monjas. Portanto, os ensinamentos do Darma são destinados a quem tem suas vidas mais ou menos dedicadas à prática do caminho espiritual. Monges geralmente têm mais tempo. Mesmo vivendo em mosteiros, onde há muitas coisas a fazer, ainda têm muito menos distrações do que aqueles que vivem em família. Os monges não têm uma vida familiar ou relações próximas, não precisam ter uma carreira bem-sucedida, não têm uma vida social, nem televisão e outros entretenimentos. A vida monástica é geralmente centrada em torno de um programa de estudo, retiros de meditação ou práticas de rituais.

No entanto, hoje em dia no Ocidente a situação está completamente invertida. A maioria do público que ouve o Darma é composta de pessoas leigas. Isso significa que provavelmente têm relacionamentos íntimos — pode ser que sejam casadas, tenham filhos ou pais pelos quais são responsáveis. Têm profissões e uma vida social. Quanto tempo sobra para o estudo, meditação e orações? Neste ponto, vemos que há uma profunda diferença entre a vida monástica e a vida leiga.

Se apresentarmos o budismo como um caminho de meditação e prática formais — ou seja, como o tempo que passamos em um templo ou centro de Dharma, os momentos em que estamos realmente sentados em meditação, fazendo nossos rituais ou o que seja —, podemos pensar que o resto do dia é uma perda de tempo, um obstáculo à nossa prática. Mas, como leigos, o tempo que somos capazes de dedicar à prática formal será muito curto para causar uma mudança radical de verdade se durante o resto do dia nossa mente estiver distraída. Não é o bastante passarmos apenas meia hora por dia tentando chegar a um acordo com a mente. Portanto, temos de reexaminar toda a situação. A fim de fazer uma transformação interior efetiva, uma mudança interna, temos que perceber que, se fizermos tudo o que fazemos — cada encontro que temos, cada respiração que tomamos — com consciência e compreensão genuínas, tudo isso constituirá a prática do Darma.

Longe de serem obstáculos à nossa prática, nossos relacionamentos e nossas carreiras, quando usados com habilidade, *são* a prática. Fundindo ou integrando nossa vida diária com o caminho espiritual, podemos perceber que os dois são uma mesma coisa se feitos com consciência e apreciação suficientes. Para explicar isso, uso as seis paramitas como um tipo de base estrutural, porque incluem todos os níveis de prática. Primeiro veremos a generosidade, e depois discutiremos ética, paciência e esforço entusiástico ou perseverança. Por fim, chegaremos à meditação e à sabedoria.

DANA PARAMITA, OU GENEROSIDADE

O Buda colocou *dana*, que significa "doar" ou "generosidade" em sânscrito, bem no início do caminho do bodisatva porque é algo que todos podemos fazer. Por mais deludidos que possamos estar, por mais raiva que tenhamos, por mais ciumentos ou gananciosos que possamos ser, ainda assim podemos doar. É uma qualidade muito básica. Não

As seis perfeições

precisamos atingir nenhuma elevação espiritual para aprender a doar. Doar significa abrir as mãos e o coração. É uma maneira muito bonita de responder aos outros.

Na Ásia, as pessoas entendem com clareza toda esta qualidade de praticar a doação e a generosidade de forma sincera. Baseia-se no entendimento de que, se quisermos prosperar e ser bem-sucedidos, não só agora, mas em nossas vidas futuras, temos que plantar as sementes. Não poderemos colher se não plantarmos sementes. As sementes da prosperidade são a generosidade e a doação. Portanto, se quisermos ter sucesso, temos que criar as causas para isso. Se temos dificuldade em obter dinheiro, se acabamos ficando sempre muito pobres, é porque não criamos as causas suficientes por meio da sinceridade e da generosidade no passado. O Buda disse que, se as pessoas entendessem o verdadeiro benefício futuro da doação, não guardariam uma única refeição apenas para si mesmos. Tentariam compartilhar todas as refeições. Mas, por não enxergarmos os resultados futuros, pensamos: "Se eu der isto aqui, vou ficar com o quê? O que sobrará para mim?". Esse tipo de mentalidade não apenas suprime os nossos impulsos generosos, como também cria as causas para não sermos prósperos futuramente.

Doar é uma alegria! É a mente fechada do "Este sou eu, isto é meu, e eu não vou dar para ninguém" que nos causa tanta dor e nos impede de realmente apreciarmos o que temos. Veja, não são as coisas que possuímos que são o problema; o problema é nos agarrarmos a elas, é o nosso apego.

São as coisas que nos possuem ou nós que possuímos as coisas? Somos capazes de segurar as coisas de leve, de tal forma que, ao vermos alguém em necessidade ou apenas por sentirmos apreço, sejamos capazes de doar? Na Índia, eu tinha um amigo que era um *swami hindu* e morava em um *ashram* bastante simples, não muito longe do nosso mosteiro. Na verdade, era um discípulo direto do grande sábio indiano Ramana Maharshi, do sul da Índia. Nosso amigo *swami* tinha diversos discípulos em toda a Índia e no exterior. Mas vivia de maneira simples. As pessoas sempre levavam-lhe coisas difíceis de se encontrar na Índia — e por isso muito apreciadas. Todavia, quando alguém lhe dava qualquer coisa, não importava o que fosse, seu primeiro pensamento era: "Quem seria uma boa pessoa para eu dar isto?".

Nada ficava preso entre seus dedos. Tudo o que chegava às suas mãos escorregava para as de outra pessoa. E ele era feliz porque a sua vida era um contínuo receber e passar adiante. Não havia acumulação. Não havia a necessidade de carregar suas posses com o medo de perdê-las, como um pesado fardo em suas costas. Mas isso não quer dizer que você deva ir para casa e se desfazer de todas as suas coisas. Na verdade a questão é abrir o coração, realmente ser capaz de ter satisfação em doar aos outros, e não apenas coisas materiais. As coisas materiais são um bom começo, mas também podemos doar nosso tempo e nossa solidariedade. Podemos estar ao lado das pessoas quando precisarem de nós. Podemos oferecer o nosso destemor.

Na linguagem budista, existem três tipos de doação. Em primeiro lugar, a doação de presentes materiais. Em segundo lugar, a doação do Darma. Isso significa estar ao lado das pessoas ouvindo-as, tentando ajudá-las de alguma maneira, até mesmo clareando um pouco suas mentes, oferecendo conselhos. E depois há também a doação do destemor, de ser um meio de proteção e ajudar os outros a descobrirem a sua própria coragem — esse é um presente que não tem preço.

Podemos começar a doar de forma simples, desenvolvendo a qualidade de estarmos consciente dos outros e de suas necessidades. Podemos doar alegria e prazer por meio da intenção de ajudar os outros. Não dar presentes apenas no Natal, em aniversários ou ao fazer uma visita, mas espontaneamente — vemos algo de que gostamos e damos de presente a alguém, talvez até mesmo para alguém de quem não gostamos. Dar algo para pessoas de quem não gostamos é uma bela maneira de nos relacionarmos com os outros. O Buda enfatizou a importância da generosidade — essa qualidade de alegria em dar aos outros, sem sustentar sempre o senso de "o que eu posso pegar para mim".

Tradicionalmente, existem três tipos diferentes de receptores de doações que nos são recomendados. Primeiro, pode-se doar para aqueles que de alguma maneira consideramos merecedores. Isso significa, na linguagem budista, os budas e bodisatvas. Significa a sangha monástica, seu professor espiritual ou qualquer professor considerado inspirador e superior em termos espirituais. Ofertamos em sinal de honra e respeito.

O segundo grupo de receptores pode incluir aqueles a quem doamos por gratidão, particularmente nossos pais. Também podem ser nossos professores e qualquer um que tenha nos ajudado de alguma forma. Somos gratos. As qualidades de homenagem, gratidão e respeito tornaram-se muito denegridas no mundo de hoje, essa é uma das razões pelas quais nossa sociedade está se desintegrando. Não incutimos mais essas qualidades do coração em nossos filhos.

Alguns filhos abusam e falam mal dos pais. Mas sem nossos pais não estaríamos aqui. O nascimento humano depende dos pais. Quando nascemos, eles nos olharam e não nos jogaram fora dizendo: "Eca, que verme cor-de-rosa horrível!". Nossos pais nos limparam, trocaram nossas fraldas, nos alimentaram e nos acalmaram quando choramos. Sem eles não estaríamos vivos hoje. Não importa quanto os achemos incorrigíveis. Eles são seres humanos e têm pontos positivos e falhas como todo mundo. Nossos pais sempre estiveram por perto e nos amaram quando éramos pequenos. Portanto, temos com eles uma imensa dívida de gratidão.

E então tivemos os nossos professores — não seríamos capazes de ler, de escrever ou de saber qualquer coisa se não fosse por essas pessoas que nos ensinaram, que nos mostraram como pensar, como aprender. Devemos ser muito gratos. Devemos ser sinceramente gratos por tudo que nos deram. Por que somos críticos? A sociedade é muito difícil, especialmente os jovens de hoje em dia. Tornamo-nos exigentes, críticos e egoístas. Há pouca gratidão.

Em terceiro lugar, podemos doar àqueles que estão em necessidade — os pobres e os doentes, ou qualquer um que tenha uma necessidade especial. É bacana oferecer o seu casaco para o seu melhor amigo, mas é mais significativo dá-lo a alguém que não tem um casaco e que está sentindo frio. Doar de forma apropriada para aqueles que realmente necessitam é fundamental. Às vezes as pessoas precisam apenas de atenção. Precisam de alguém que não as desconsidere e ouça a sua dor.

A qualidade de nossa vida, e a decisão de manter nosso coração fechado ou aberto, depende de nós. Portanto, o primeiro gesto de um coração aberto é a generosidade.

SHILA PARAMITA, OU ÉTICA

A segunda perfeição é *shila paramita,* ou ética. Em sânscrito, *shila* significa "ética", conduta moral. No Buddhadharma, a conduta moral baseia-se no princípio da inofensividade, de não ferir a si mesmo ou aos outros. Vistos dessa forma, os preceitos estabelecidos pelo Buda são bastante lógicos. Não são mandamentos. Ele não disse: "Não farás isso; não farás aquilo". O texto do primeiro preceito na verdade diz: "Eu me comprometo com o preceito de treinar a me abster de tirar vidas". É uma regra de treinamento baseada na conduta espontânea e natural de um ser iluminado, de um *arhat*. Um *arhat* liberado será naturalmente incapaz de tirar uma vida de forma intencional. Tentamos modelar nossa conduta com base na conduta natural de um ser liberado, porque, se quisermos construir a nossa casa, se quisermos construir o nosso templo espiritual, é bom não nos concentrarmos apenas no telhado dourado e nas paredes com afrescos. Temos que começar estabelecendo uma fundação forte e profunda. Qualquer construção com uma fundação fraca irá ruir e desmoronar rapidamente. Não importa o quão esplêndido seja o telhado dourado. Se quisermos construir uma boa casa, temos que cuidar da fundação, do encanamento e de todos aqueles itens essenciais não muito românticos. Se tivermos uma fundação boa e sólida, a casa será então construída com eficácia.

A fundação é a qualidade de comportamento ético básico expresso pela forma como vivemos neste mundo. Esses preceitos foram estabelecidos há 2.500 anos, e são eternos. Não foram relevantes apenas há dois milênios, no norte da Índia, nem deixaram de ser apropriados nos dias de hoje, na Austrália, no Brasil, na Itália, nos Estados Unidos ou em qualquer outro país. Pelo contrário, são fundamentos relevantes em qualquer época, em qualquer lugar e para pessoas de qualquer etnia. Como mencionado no início do capítulo sobre a renúncia, esses cinco preceitos éticos básicos são: não tirar vidas; não tomar o que não for dado; não mentir; não se envolver em má conduta sexual; e não usar álcool ou drogas que intoxiquem a mente. Vamos agora explorar esses preceitos em profundidade.

O primeiro preceito, e o mais fundamental para viver neste mundo de forma inofensiva, é o de não tirar vidas. Refere-se a todas as vidas, não apenas às humanas. Refere-se às vidas de animais e insetos, incluindo os que vivem no ar, na terra, debaixo da terra e nos oceanos e rios. Por quê? Porque, para cada ser, a sua própria vida é o que há de mais precioso. Nenhum ser quer a morte. Se houvesse uma formiguinha nesta mesa e eu batesse os dedos perto dela, ela se levantaria e sairia correndo na direção contrária. Por quê? Porque, à sua própria maneira, ela pensa: "Perigo! Algo pode me prejudicar; preciso me afastar disso."

Quando tomamos o voto de não prejudicar os outros, estamos dizendo para o mundo e para todos os seres: "Você não precisa ter medo de mim; na minha presença, está seguro." Essa apreciação básica por todos os outros seres deste planeta é fundamental. Ainda que não beneficiemos nenhum ser, pelo menos não os prejudicaremos. Claro que também tentamos trazer benefícios, mas aqui estamos lidando com a questão de não prejudicar, de não ferir. Nós, seres humanos, somos realmente um problema para o planeta. Imagine: um inseto chega perto de nós, e, se não gostamos dele, nós o esmagamos sem nem pensar que esse ser tem a sua própria vida, com suas alegrias e tristezas. Não sabemos nada sobre o tipo de mundo que ele está experimentando. Que direito temos de simplesmente pôr fim à sua vida?

Neste mundo imperfeito, não temos como manter este preceito de forma sempre perfeita porque, como o próprio Buda disse, o mundo está coberto por muita poeira. É um mundo empoeirado, e a poeira cai continuamente. Sempre existem concessões que precisamos fazer, mas temos de ser cuidadosos com nossas concessões e não justificá-las com facilidade. Devemos realmente tentar ao máximo nos tornarmos íntegros, agir com integridade. Podemos fazer isso na maior parte do tempo. Se nos esforçarmos, podemos aprender a não ver as situações unicamente pelo ângulo de nossa própria conveniência. Outras criaturas têm seus próprios pontos de vista. Não vou entrar em toda a questão dos direitos dos animais, mas os animais *têm* direitos. Os insetos têm direitos. Todos nós temos direitos e devemos pensar sobre isso. Devemos pensar em viver neste mundo sem pisotear em tudo o tempo todo. Podemos pisar com um pouco mais de gentileza. Na primeira vez que estive com meu lama, ele disse: "Quero que você tome apenas um preceito. Considere que você tem todos os outros, mas primeiro tome apenas um". Escolhi esse, não tirar a vida, e ele disse que era a coisa certa a fazer. Porque esse preceito é fundamental para todos os outros.

O segundo preceito ético diz respeito a não tomar o que não for dado. É um pouco mais específico do que não roubar — que é o seu significado, é claro. Na sangha monástica, isso é levado muito a sério. Por exemplo, certa vez uma freira católica me trouxe várias latas de queijo fundido de

Délhi. Isso foi em meados dos anos 1960, e naquele tempo queijo fundido era muito raro na Índia. Decidi oferecer o queijo a meu lama, Khamtrul Rinpoche, mas, como ele não estava lá, coloquei as latas em cima da sua mesa, bem em frente a onde ele sentava, para que pudesse ver que eram suas. Ele voltou, dias se passaram, e as latas de queijo ainda estavam todas lá, empilhadas como a Torre de Pisa. Por fim perguntei: "Rinpoche, por que o senhor não comeu o queijo? Não gosta?". E ele respondeu: "Bem, pensei que fossem para mim porque estavam colocados aqui, mas você não os ofereceu". Então peguei as latas de queijo, entreguei a ele e disse: "São seus". Mas essa é a questão. A integridade neste caso também está relacionada com a questão da inofensividade — as pessoas sabem que o que é delas está seguro conosco.

Livros — quem aqui já emprestou um livro dizendo adeus a ele? E o que dizer de vídeos, CDs e DVDs? Devolver algo que tomamos emprestado, e em condições tão boas como quando veio para as nossas mãos, é uma questão de integridade. Por quê? Porque, no nosso grau de realização, ainda nos identificamos com o que possuímos e não gostamos quando as pessoas simplesmente tomam o que é nosso.

Durante o período hippie, na década de 1960 e início de 1970, havia aqueles que pensavam que "a propriedade de todo mundo é minha propriedade". Não acreditavam em propriedade privada, mas o que aconteceu então? Talvez nos primeiros dias realmente existisse a sensação de um livre fluxo de posses. Porém, no final, tinham a atitude de "o que é seu é meu, e o que é meu é meu também." Não era uma atitude de coração aberto. Eles se estabeleciam na propriedade de outra pessoa e, quando os proprietários queriam expulsá-los, não diziam: "Bem, isso é muito justo, porque tudo pertence a todos". Diziam: "Não, agora isto é meu". Temos que ter cuidado com esta qualidade de fixação da mente. O preceito de não tomar o que não é dado respeita esses limites. Obviamente, não matar e não roubar são fundamentais para uma sociedade bem organizada.

O preceito ético seguinte, não se engajar em má conduta sexual, refere-se basicamente a qualquer tipo de atividade sexual que possa trazer danos para si ou para o outro. Esta é uma questão de especial relevância hoje em dia, porque muitas vezes, no que diz respeito ao sexo, as pessoas são extremamente irresponsáveis; o sexo tem sido usado com frequência apenas como um meio para a autogratificação, sem se pensar nas consequências tanto físicas quanto emocionais. Mas sexo não é como tomar um sorvete quando estamos loucos de vontade. É um diálogo. É um relacionamento, mesmo que seja por apenas uma noite. Todavia, lidamos com essa energia fundamental de maneira irresponsável.

Muitas vezes somos imaturos quando se trata de relacionamentos sexuais. Atuamos como adolescentes de quinze anos, mesmo quando temos cinquenta ou até mesmo setenta anos. Todos nós já vimos isso. Veja os políticos ou as grandes celebridades. Eles têm muito a perder, muitas coisas em jogo, mas ainda assim agem como crianças de colégio. É patético e reflete o verdadeiro estado de imaturidade interior, a falta de responsabilidade consigo mesmo, com a família e com a sociedade. Temos que nos perguntar: "Por que estou fazendo isso? É apenas porque — agora mesmo — eu quero essa gratificação?" Deveríamos nos perguntar sobre possíveis repercussões dessa ação para nós mesmos e para os outros. Poderia causar uma gravidez indesejada? Quantos abortos são causados pela sexualidade irresponsável? Não é verdade que isso deixou de ser um problema. Não está tudo resolvido por meio de contracepção, porque muitos abortos ainda são realizados. Isso sem contar o grande problema das doenças sexualmente transmissíveis.

Não se trata apenas do lado físico. Há também o aspecto emocional a ser considerado. Qualquer tipo de atividade sexual que cause danos de qualquer forma a alguém não é saudável. A atividade sexual deve ser uma expressão de carinho, de amor, e não apenas um canal para a luxúria, a ganância e a exploração. Recentemente fui visitar um presídio feminino e me disseram que pelo menos 80% das mulheres que estavam ali haviam sofrido abuso sexual quando criança, na maioria incestuosos. Portanto, esta não é uma questão irrelevante. Nossa irresponsabilidade com as questões sexuais destrói vidas. Essas mulheres foram mutiladas interiormente e depois entregaram-se a uma série de comportamentos bastante prejudiciais e autodestrutivos, devido ao ódio de si mesmas em razão do abuso que sofreram na infância. Muitas mulheres que conheci mundo afora, e não apenas na prisão, têm exatamente os mesmos problemas. Por isso, precisamos de muito cuidado para não utilizarmos a outra pessoa meramente para o nosso prazer e gratificação, mas fazer amor como expressão de carinho genuíno.

O preceito seguinte para contemplarmos é não mentir. E mentir não significa apenas dizer inverdades: na realidade inclui todas as falas não virtuosas. A fala hábil e sadia deve ser verdadeira, gentil e prestativa. Tem muita gente que se orgulha de ter uma fala honesta e afirma que diz o que vem à mente. Mas é surpreendente o quanto essa abordagem pode ser apenas um canal ou abertura para a expressão de negatividades — a raiva, a má vontade e o ciúme da mente. Temos que ter muito cuidado, porque o nosso discurso realmente influencia outros.

Temos um ditado que diz: "Paus e pedras podem quebrar meus ossos, mas as palavras nunca podem me prejudicar." Mas isso é idealista. Os tibetanos também têm um ditado: "Espadas podem ferir apenas a carne, mas palavras duras podem partir o coração de um homem em pedaços." Isso é verdadeiro.

Como seres humanos, temos o dom muito raro da comunicação através da fala, que tendemos a usar de modo excessivamente casual. Muitas vezes dizemos coisas em um momento de irritação; não queremos de fato dizer aquilo, mas simplesmente escapa. As pessoas guardam aquilo em seus corações e se lembram.

Não é só uma questão de não causar dano — é também de amadurecimento. O Buda chamou as pessoas não liberadas como nós de "crianças". Em inglês, isso às vezes é traduzido como "tolos". A palavra verdadeiramente significa "infantil" ou "imaturo", e isso é o que nós somos, independentemente da idade que possamos ter. Algumas crianças são mais sábias do que seus pais, embora nem sempre seja assim. Nosso grau de infantilidade é também a marca de irresponsabilidade, e temos que amadurecer e assumir a responsabilidade por nossa vida. Uma pessoa madura é alguém que está integrada e cujos pensamentos estão centrados não em si mesma, mas nos outros.

O quinto preceito ético diz respeito ao álcool. Por que este preceito foi incluído na lista? Presumivelmente, qualquer pessoa pensante sabe a resposta. Sob a influência do álcool, nossos impulsos negativos emergem. Quando as pessoas se embriagam, não saem por aí para se juntarem à Madre Teresa. É mais provável que voltem para casa e batam na esposa e nos filhos, ou que entrem em seus carros, dirijam sem responsabilidade, causando colisões e atropelamentos. O álcool não só destrói a mente, como também destrói nosso corpo. Eu sei que é difícil para muitos de vocês em sociedade desistirem completamente do álcool, ninguém pode pedir isso. Mas posso dizer que pelo menos tentem reduzir a ingestão da bebida e nunca cheguem ao ponto em que a mente seja seriamente afetada. Seria um benefício para vocês e para todos ao seu redor. Seria um benefício para a sociedade.

Não há nada mais chato do que alguém bêbado. O indivíduo pode pensar que é brilhante, mas uma pessoa sóbria só pensa: "Tirem-me daqui." Estar embriagado é patético. Não é inteligente e não é sofisticado, não importa o que a publicidade tente nos dizer. É claro que as empresas do álcool querem nos fazer pensar que beber é elegante e requintado, porque querem que compremos seu produto. Os viciados em álcool, cigarros ou drogas são escravos. Podemos ser escravizados pelo terror ou podemos ser escravizados pelo prazer — ainda assim é escravidão.

Coisas que nem pensaríamos em fazer com a mente sóbria comum muitas vezes se tornam viáveis e desejáveis quando estamos nesse outro estado de consciência, provocado por álcool ou drogas. As pessoas fazem coisas que nunca sonhariam se estivessem sóbrias. Se a embriaguez trouxesse qualidades positivas de verdade, poderia ser bom, mas isso não acontece. Muitos dos casos de violência e de abuso na sociedade ocorrem porque as pessoas estão bêbadas ou drogadas. A Organização Mundial de Saúde diz que mais de um terço da carga de doenças no mundo tem origem no consumo de álcool. Portanto, este não é um preceito secundário que podemos esquecer. Só posso pedir, por favor, aos que estão tentando ter uma vida baseada na espiritualidade, que levem isso a sério.

O caminho budista é uma forma de intensificar a clareza da mente e aumentar o controle interno para que não sejamos escravizados por nossos pensamentos e sentimentos, tornando-nos senhores de nosso mundo interior. O álcool vai na direção oposta. É contraproducente. Se não somos capazes de nos abstermos por completo, pelo menos devemos tentar cortar o consumo a níveis aceitáveis. Um copo de vinho no jantar, tudo bem. Talvez um copo de cerveja com um colega em um bar. Mas três, quatro ou cinco copos — não está tudo bem.

KSHANTI PARAMITA, OU PACIÊNCIA

Na Índia antiga, havia um tipo de austeridade conhecido em sânscrito como *tapasya*, e que podemos encontrar em muitas outras tradições espirituais. *Tapasya* frequentemente tomava a forma de um jejum muito severo. Por exemplo, o próprio Buda jejuou ao ponto de comer apenas um único grão de arroz por dia. Outras formas de austeridade incluíam ficar em pé com um braço levantado durante anos, nunca se sentar, ficar sobre um só pé, ou ficar em pé no verão indiano no centro de quatro fogueiras, com o sol acima como a quinta fonte de fogo. São coisas que as pessoas fazem até hoje. Mas o Buda disse para esquecermos tudo isso, exceto a maior das austeridades, *kshanti paramita*, que é a paciência. Este tipo de austeridade significa ter paciência e tolerância com pessoas difíceis, circunstâncias desafiadoras e condições adversas. Paciência expressa a mente aberta e espaçosa.

Considere que cada um de nós é apenas uma pessoa. Existe um "eu", enquanto que em todo este mundo existem bilhões de "não eus". Será que vamos passar toda a nossa vida tentando fazer com que todos sejam exatamente o que nós queremos para que possamos ficar em paz? Isto é impraticável. Como Shantideva nos lembra no *Bodhicharyavatara* (*Caminho do Bodisatva*), a terra está cheia de pedras e espinhos e, à medida em que andamos por aí, certamente iremos bater nossos dedos em pontas afiadas. Então, o que faremos? Vamos atapetar o mundo inteiro para que tudo sob os nossos pés seja macio? Não é possível, nem mesmo com todo o dinheiro do mundo. Mas não há necessidade de ir a tal extremo. Necessitamos somente de um pedaço de couro sob as solas dos nossos pés em forma de sandálias ou sapatos e então poderemos caminhar em qualquer lugar. Da mesma forma, não podemos criar um mundo em que todas as circunstâncias e todos os seres sejam e ajam de acordo com os nossos desejos. É exaustivo até mesmo pensar nisso! Porém, se munirmos nossa própria mente com paciência e tolerância, poderemos lidar com cada pessoa e cada situação.

A raiva é uma emoção muito interessante. Em qualquer lugar que eu vá, de leste a oeste e de norte a sul, em qualquer país do mundo, as pessoas me fazem duas perguntas principais. Uma é: "Como faço para encontrar um mestre espiritual?" As pessoas geralmente fazem essa pergunta porque precisam de orientação. Mas há algumas que perguntam porque têm a fantasia de que, se apenas conseguissem encontrar um mestre espiritual específico, de um jeito ou de outro todos os seus problemas seriam resolvidos. Não entendem que aí é que provavelmente seus problemas realmente começariam! E a segunda pergunta que fazem muitas e muitas vezes é:

"Como faço para lidar com a raiva?" Porque a raiva é uma sensação desagradável. Não gostamos de sentir raiva — ela nos deixa desconfortáveis. As pessoas não gostam de nós, não nos admiram quando estamos com raiva. Por isso queremos nos livrar dela. De certa forma, preferimos nos entregar a uma emoção da qual gostamos. Não queremos nos livrar do apego e da ganância, desde que a nossa a ganância seja, algumas vezes, satisfeita. Gostamos de desejar coisas contanto que, algumas vezes, obtenhamos os objetos do nosso desejo. O desejo é uma emoção muito mais difícil de transformar porque gostamos e não queremos verdadeiramente nos livrar dele. A raiva é universalmente entendida como negativa. O Buda disse que, embora a raiva seja carmicamente, pelo menos, oito vezes mais pesada do que o apego, é muito mais fácil de erradicar porque não nos agrada. Ficamos felizes em nos livrar dela.

Existem vários níveis para abordar o tema da paciência, mas primeiro devemos entender que podemos mudar nossa atitude. Por exemplo, em vez de ver alguém de quem não gostamos como um problema, podemos tentar ver que, na verdade, ele representa uma grande oportunidade para aprendermos. Precisamos de circunstâncias e pessoas difíceis em nossa vida para cultivarmos a paciência, e não podemos cultivar essa qualidade se não tivermos nada e nem ninguém nos desafiando. Se encontramos continuamente pessoas amáveis e amorosas, amigáveis e prestativas, isso é absolutamente maravilhoso, mas podemos nos tornar espiritualmente frouxos.

A paciência pode ser um problema para mim, porque geralmente as pessoas são muito agradáveis comigo. Podemos nos iludir com uma falsa sensação sobre a nossa própria bondade, porque é muito fácil ser agradável com pessoas amáveis. Porém, se entramos em um escritório do governo indiano e os funcionários são muito antipáticos, aí podemos ver. Ali está. A raiva não desapareceu. Então podemos decidir ser rudes, ou pensar: "Uau, muito obrigado." Esta é a chance — exatamente agora — de transformar a situação e não responder de maneira óbvia.

Podemos valorizar verdadeiramente o fato de podermos considerar pessoas difíceis e conflituosas como amigos espirituais — elas nos ajudam no caminho espiritual porque sem elas nunca poderíamos aprender a desenvolver a paciência, a tolerância e a bondade. É fácil ser amoroso com alguém adorável. O desafio é ser amoroso com alguém horrível.

Na cosmologia budista existem muitos níveis de seres. Mas o reino humano é considerado ideal, pois, supostamente, temos inteligência e também temos escolha. Temos um equilíbrio entre dor e prazer: dor suficiente para nos manter acordados e prazer suficiente para não nos desesperarmos totalmente. Temos que apreciar isso sem esperar que tudo seja sempre lindo. Assim, quando as coisas dão errado, quando conhecemos pessoas difíceis, em vez de cairmos em desespero, tentarmos fugir ou nos drogar para não ter que encarar os fatos, fazemos uso dessa situação. Fazemos uso por meio de nossa inteligência.

A paciência não é algo passivo — é muito ativa e inteligente. É importante, em todas as circunstâncias, termos esse tipo de abertura; assim, quando as coisas vão bem, podemos ficar felizes, e, quando não vão tão bem, ainda podemos ficar bem. Seremos capazes de lidar com isso. Por meio da paciência, aprendemos a ser tão estáveis como uma montanha. Não nos abalamos, seja como for o vento que estiver soprando contra nós. O primeiro livro que li sobre budismo chamava-se *Mind Unshaken: A Modern Approach to Buddhism* (Mente inabalável: uma abordagem moderna do budismo), de John Walters, e comecei a lê-lo só porque gostei do título. Fala sobre uma mente inabalada pelo prazer, inabalada pela dor — uma mente destemida. Geralmente vivemos a vida inteira tentando evitar a dor e atrair o prazer; temos medo de sentir mais dor do que prazer. Isso cria uma mente muito insegura e medrosa, porque sabemos que não poderemos ter um sem o outro. Mas podemos enfrentar todos os desafios dentro de uma mente espaçosa e, ainda assim, aterrada. Quando lidamos com habilidade tanto com o prazer quanto com a dor, onde fica o medo? Não há nem esperança, nem medo nesse tipo de mente. Aconteça o que acontecer, poderemos dar conta; poderemos lidar com quem quer que apareça.

Quero expressar isso com clareza porque não quero que pensem que cultivar a paciência significa ser fraco e passivo, incapaz de responder ou de se manter firme. Não é isso. Aquele que é paciente e não revida é muito mais forte do que aquele que agride. Infelizmente os filmes tendem a modelar uma cultura de machões, onde, se alguém nos irrita, surramos tal pessoa, damos um pontapé na sua cara ou a arrebentamos e essa é a solução. Mas é claro que isso não é solução para nada, como sabemos muito bem. Se algo nos perturba e irrita, talvez devêssemos realmente olhar para nossa própria mente. No filme *Guerra nas estrelas*, há uma cena em que Luke Skywalker fica irritado ao enfrentar o Imperador Negro. Ele começa a agredi-lo verbalmente, dizendo que estaria sempre contra ele e suas maldades, e assim por diante. E o Imperador Negro diz: "Sim, vá em frente. Fique com raiva. Odeie-me. Trabalhe para me destruir porque, enquanto você tiver raiva de mim, enquanto me odiar, estará do nosso lado." Veja que isso é muito profundo. É claro que depois os personagens voltam a lutar e atacar um ao outro. Mas o que o Imperador Negro disse é muito verdadeiro.

A paciência é um grande poder, não uma fraqueza. A habilidade de usar a raiva como uma ajuda no caminho é uma força incrível. Em vez de ficar com raiva, de perder o controle, é possível transformar a raiva. Há muitas maneiras. Um método é compreender que a pessoa que nos causa raiva é nosso maior benfeitor espiritual e, longe de ficarmos chateados com ela, deveríamos ser gratos. Uma outra forma ainda mais avançada é ser capaz de fazer uso da raiva, mas isto é bastante difícil e por isso não discutirei esse ponto aqui.

Perdemos muito em nossa vida se não somos capazes de lidar com o desconforto. Uma vez, um grupo de devotos foi visitar um grande lama, hoje já falecido, no Nepal. Ele morava na colina atrás da Estupa de Bodhnath. Os alunos chegaram ao mosteiro à noite, e no dia seguinte começariam a receber uma semana inteira de ensinamentos. Esses alunos eram muito afortunados, pois o lama era especialmente hábil em apontar a natureza inerente da mente.

No dia seguinte, quando o intérprete chegou ao mosteiro para fazer a tradução, o lama disse que eles tinham ido embora.

O tradutor disse: "Por que eles partiram? Para onde foram?"

O lama respondeu: "Bem, eles não gostaram dos banheiros." Suspirou e disse: "O Darma é bom, mas os banheiros não!".

O grupo foi embora. Os alunos perderam a oportunidade única de receber ensinamentos porque não tinham tolerância alguma. Eu estive lá e nem me lembro do banheiro, de modo que não podia ser tão ruim!

Precisamos lidar com nossa incapacidade de aguentar um pouco de desconforto, de aguentar as dificuldades de outras pessoas ao nosso redor. Quando estamos cultivando a prática de levar o Darma para a nossa vida cotidiana, onde seria melhor exercitar a prática da paciência do que com nossa família, nossos colegas e com as pessoas com quem lidamos todos os dias? Em geral é mais fácil ser paciente e compreensivo com estranhos, mas nosso desafio real vem das pessoas que estão perto de nós. Tenho certeza de que alguns de vocês se dão muito bem com suas famílias. Nunca discutem, tudo é felicidade e alegria, como se estivessem no reino dos seres celestiais. Isso é maravilhoso, mas para o resto de nós...

Um dos problemas nas famílias é que ficamos trancados em padrões pouco saudáveis dos quais somos incapazes de nos libertar. Por isso, é realmente importante desenvolvermos a habilidade de dar um passo para trás e observar a situação, vendo e ouvindo a nós mesmos. Mas, para vermos e ouvirmos com precisão, temos que levar em conta o tom de nossa voz. Mais tarde podemos pensar, "Oh, mas eu só disse isso, isso e isso." No entanto, as dificuldades podem não ter sido causadas pelo que dissemos, mas pela forma como dissemos. Precisamos estar conscientes do nosso tom de voz, da nossa forma de agir, da nossa linguagem corporal. E precisamos prestar atenção à forma como nos relacionamos com as crianças, pois isso pode afetar a forma como as crianças se relacionam consigo mesmas — tudo está interconectado. Esse é o nosso campo de prática. E onde precisamos nos transformar.

De nada adianta termos amor e bondade para o resto do mundo se não formos capazes de lidar com aqueles que estão mais próximos de nós. Temos que começar onde estamos. Por alguma razão, temos algumas relações cármicas — estamos interconectados, somos responsáveis uns pelos outros. Às vezes, há parceiros que são incompatíveis e que, obviamente, seria melhor que se separassem. Não estou dizendo que os casais têm que ficar juntos para todo o sempre só para praticar a paciência. Contudo, enquanto a pessoa estiver em qualquer tipo de relação, mesmo que vá se separar, esta é a oportunidade de aprender e se desenvolver, de cultivar e criar algo mais positivo, mesmo que a situação tenha se tornado muito negativa. Não precisamos necessariamente largar tudo e dizer: "Vamos tentar de novo em outro lugar", nem simplesmente deixar como está só porque estamos muito cansados e desgastados para pensar em como sair disso.

Todos temos a possibilidade de mudar. Não importa há quanto tempo algo venha acontecendo — no nosso modo de agir e de falar —, nós podemos mudar. Quando algo não está bem, quando algo é negativo, quando algo está fora de equilíbrio, esta é a nossa oportunidade de tentar restabelecer o equilíbrio. Afinal, se há estranhamento entre duas pessoas, é porque originalmente deve ter havido alguma consideração. Então, o que deu errado? Esta é a nossa área de prática. É onde podemos compreender o que acontece dentro de nós. Não precisamos colocar a culpa toda no outro, nem precisamos colocar a culpa toda em nós mesmos. Só precisamos enxergar a situação com clareza. Então, seremos capazes de decidir se algo pode ou não ser feito.

Cada situação que encontramos na vida é uma área para a nossa prática. É onde temos que trabalhar. Não é glamoroso. Não é romântico. Não é esotérico nem exótico. Mas é onde podemos de fato aprender durante esta vida. Estamos todos onde estamos agora devido a causas que nós mesmos criamos. E então o que faremos? Depende de nós.

VIRYA PARAMITA, OU ESFORÇO

Contemplar *virya paramita*, ou a perfeição do esforço, leva-nos à questão da energia entusiástica. Será que a ideia em si faz com que você se sinta esgotado? Nunca poderemos realizar coisa alguma se realmente não tentarmos, se não tivermos alguma perseverança. No caminho espiritual, as duas qualidades mais necessárias são paciência e perseverança. Por exemplo, muita gente que quer meditar de fato se senta, mas, depois de duas ou três sessões, diz: "Ah, eu não consigo meditar. Tenho pensamentos demais". E desiste. Coisas que valem a pena nunca foram alcançadas sem diligência, sem perseverança e esforço. Quando treinam para os Jogos Olímpicos, os atletas têm apenas um foco. Mudam a dieta, largam o cigarro e o álcool. Levantam cedo e vão para a cama cedo. Treinam durante todo o dia. Todo o resto é sacrificado. E para quê? Para ganhar uma medalha.

No budismo, a preguiça é descrita como sendo de três tipos. Em primeiro lugar, há a preguiça que diz: "Sim, eu gosto de ir ao centro de Darma, gosto de meditar, mas vai passar um filme muito bom na TV, sinto muito." Esse é o tipo de preguiça em que temos muito entusiasmo para algo que realmente queremos fazer, mas, quando se trata de meditação ou qualquer tipo de estudo sério do Darma, de repente nos pegamos dizendo: "Oh céus, estou tão cansado. Vou fazer minha prática mais tarde, quando tiver tempo." É o tipo de preguiça em que lembramos da noitada que tivemos na véspera e fim da história. Nós todos sofremos com esse tipo grosseiro de preguiça, que é fácil de reconhecer.

O segundo tipo de preguiça é aquela que vem quando somos incapazes de praticar porque nos sentimos indignos. A convicção de que todos podem praticar, meditar e obter realizações, menos eu. "Eu não posso porque sempre falho em tudo; tentei meditar, mas nunca consegui porque tenho muitos pensamentos" — isso é preguiça. A sensação de que não podemos fazer a prática por causa disso ou daquilo não é considerada humildade, mas preguiça grosseira. Estamos nos esquivando. Todos temos a natureza de buda, tudo que temos a fazer é descobri-la. Portanto, não é uma questão de ser superior, inferior ou indigno. Indigno de quê? Todos temos o potencial de alcançar a iluminação, todos temos este nascimento humano e um pouco de inteligência.

O terceiro tipo de preguiça refere-se a estar tão ocupado com atividades mundanas, até mesmo com atividades do Darma, que não temos tempo para o cultivo interior. Seja qual for a desculpa que damos a nós mesmos, não importa. Se estamos preenchendo completamente os nossos dias com afazeres, semana após semana, mês após mês, ano após ano, nunca temos tempo para nos interiorizarmos. Mesmo que estejamos como roedores correndo em uma esteira, ainda assim é preguiça. Estamos evitando a verdadeira tarefa. Nossa tarefa aqui é primeiro perceber a nossa natureza inata de buda, e qualquer coisa que nos tire disso é apenas fuga.

Por isso é tão importante usarmos os acontecimentos de nosso dia como forma de cultivar um coração aberto e uma mente clara. Externamente, algumas atividades podem parecer muito boas, como cuidar do funcionamento de centros de Darma e coisas assim, mas até isso pode ser uma desculpa para não enfrentarmos a verdadeira razão de estarmos aqui. Um verdadeiro aspirante espiritual é como um corredor de maratona, não um corredor de curta distância. É bem fácil ter entusiasmo no início. Podemos ver pessoas borbulhando de entusiasmo nos centros de Darma, elas se atiram em todas as práticas e em todas as atividades. Ficam radiantes, com os olhos brilhando e alegres. E podemos vê-las com dez anos de estrada ainda seguindo adiante. Com quinze anos ao longo do caminho, elas começam a abrandar um pouco. Vinte ou vinte e cinco anos depois, dizem: "Uau, eu costumava ser tão entusiasmada, mas agora, de alguma forma, perdi o interesse. Como poderia recuperar o entusiasmo?" Isso é bem difícil.

A qualidade da perseverança que está além do surto inicial de entusiasmo é de um valor inestimável. A capacidade de continuar mesmo quando não é mais tão excitante e nada de mais está acontecendo interiormente é uma qualidade muito importante. Em traduções antigas, às vezes usavam a palavra "virilidade" para a palavra sânscrita que estamos traduzindo como "esforço", *virya*. Em latim, a palavra homem é *vir*. O sânscrito e o latim estão conectados, e esses estudiosos empolados pensavam em "homem" como expressão de levar a tarefa adiante — ande logo com isso! O tipo de abordagem cristã muscular. Em seguida, traduziram *virya* como determinação, perseverança, esforço, mas, como a maioria das pessoas provavelmente se sentia cansada só de ler sobre isso, os tradutores posteriores começaram a usar a palavra entusiasmo, que parece um pouco mais animada. O significado não é apenas entusiasmo, mas tem também esse sentido de levar adiante, como um corredor de maratona. Os maratonistas reservam muito de sua força para que possam continuar correndo, não gastam toda a energia nos primeiros mil metros, pois sabem que ainda têm quilômetros e quilômetros para percorrer. Assim, gerenciam a energia com muito cuidado e vão em frente, aprendem a respirar de maneira correta e a manter um ritmo de modo que possam ir adiante.

A perfeição do esforço é essa qualidade de ser capaz de sustentar o ímpeto dia após dia, mês após mês, ano após ano. A boa notícia é que, ao contrário do corredor de maratona, uma vez que possamos realmente começar a ver que a vida diária é o nosso campo de prática, e que tudo o que fazemos e cada encontro que temos é uma oportunidade para o desenvolvimento das nossas qualidades internas — bondade amorosa, compreensão, paciência, generosidade, abertura do coração —, começamos a desenvolver a qualidade da atenção plena ou consciência, e o ímpeto cresce, de modo que somos levados adiante. Nossos dias se tornam mais e mais intensos e significativos. Quando isso realmente acontece, e sentimos que estamos no fluxo, por assim dizer, então estamos no caminho certo. Todo mundo tem dias melhores e outros não tão bons, mas, basicamente, se nossos dias são apenas rotineiros e sem brilho, é porque não compreendemos este ponto. Porque, se tomamos tudo o que fazemos como forma de cultivar o caminho passo a passo, momento a momento, como nosso dia poderia ser chato? Nossa compreensão do caminho acumula seu próprio ímpeto conforme praticamos, e nossas respostas se tornam mais e mais hábeis automaticamente. A perseverança, nesse sentido, não é uma espécie de fadiga ofegante. Não é algo árduo. É algo que se autorrenova, momento a momento. Quando estamos no caminho certo, não precisamos gerar energia; a energia é gerada por si mesma porque estamos em equilíbrio. Isto é muito importante.

DHYANA PARAMITA, OU MEDITAÇÃO

Vejamos agora *dhyana paramita*, ou a perfeição da meditação. Basicamente, a meditação é dividida em duas correntes: *shamatha*, ou permanência serena, que vamos discutir aqui, e *vipashyana*, ou insight, que é tradicionalmente explicada em relação à última das seis perfeições, a da sabedoria.

Externa e internamente, somos capazes de conhecer alguma coisa apenas por meio da mente. Vivenciamos tudo através da mente. Se a mente não estiver funcionando, estaremos mais ou menos mortos, ou como um zumbi. Tudo o que experienciamos e conhecemos nos chega através dos seis sentidos. Nossos seis sentidos são não apenas os cinco sentidos habituais, mas incluem a mente, o que significa que todas as coisas que pensamos são processadas pela mente. Todavia, quantos de nós têm alguma ideia do que é a mente? Quantos de nós têm a experiência da mente em si? Estamos sempre à procura de algo fora de nós, e, mesmo quando falamos a respeito da mente, falamos do ponto de vista intelectual. Ouvimos todos os tipos de teorias, ideias e tipos de psicologia, mas quase nunca nos perguntamos como é experimentar um pensamento como um pensamento, uma emoção como uma emoção. No entanto, tudo — nossas alegrias e tristezas, nossas esperanças e medos —, que sentimos e poderíamos possivelmente sentir só é possível através da mente.

Atenção plena

Antes de estudarmos a meditação em mais detalhes, é útil discutirmos a atenção plena, que, no contexto das perfeições, é tecnicamente um fator que contribui para o desenvolvimento de *shamatha*. No entanto, pode também ser entendida de forma mais geral como uma qualidade da consciência que podemos desenvolver na vida diária e que traz grande benefício. Assim, embora a atenção plena, nesse sentido, não seja estritamente parte das paramitas, gostaria de aprofundar nossa investigação sobre como podemos incorporar essa prática espiritual em nossa vida diária.

O que significa atenção plena? "Atenção plena", em sânscrito, é *smriti* e em tibetano, *drenpa*. Ambas têm o mesmo significado, que é "lembrar". Isso é muito próximo da ideia católica de relembrar, de recordar, ou de autorrecordação. É a qualidade de estar aqui e agora, que em geral é exatamente onde não estamos. Normalmente, nós nem sequer estamos conscientes de que estamos aqui ou de que estamos um pouco aqui e um pouco em outro lugar. É extraordinário o quanto ignoramos nossa mente. No budismo, a prática da atenção plena também está ligada a estados mentais positivos. Por exemplo, um ladrão de banco pode estar muito atento e consciente de suas ações, mas não se diria que ele possui atenção plena porque sua motivação não é virtuosa e se baseia em ganância e desejo.

Quando começamos a treinar a atenção plena, vemos o quanto nossa mente de fato está totalmente fora de controle. Uma das maneiras de perceber isso é tentar permanecer no aqui e agora. Se dizemos: "Tome consciência do corpo neste momento, apenas perceba", nesse momento conseguimos, podemos sentir — não julgamos, apenas percebemos. Porém, quando pensamos: "Isso é fácil! Olhe, estou consciente do meu corpo, estou plenamente atento, entendi tudo", já nos perdemos. Porque estamos apenas *pensando* em estar plenamente atentos, e não estamos mais plenamente atentos. Então é complicado.

A qualidade de estarmos atentos ao que fazemos no momento é muito importante, porque o momento presente é tudo o que temos. Todo o resto é passado, já foi. Nosso futuro ainda não chegou. A única coisa que está acontecendo é o momento presente, tão rápido que já quase o perdemos antes mesmo de ele chegar. Está fluindo, certo? Se não estivéssemos presentes apenas de vez em quando, não teria importância; mas o fato é que não estamos presentes na maior parte de nossa vida. Ficamos presentes por alguns segundos e saímos em seguida. Por isso nossa vida se torna aborrecida, rotineira e chata. Os franceses têm uma expressão para estar entediado — *je m'ennuie* — que significa literalmente, "eu entedio a mim mesmo". Exatamente. Não tem nada a ver com o que está acontecendo ao nosso redor. Nossa mente nos entedia.

Vejamos como podemos estar presentes. Porque, se pudermos aprender a desenvolver algum grau básico de atenção plena, daremos mais vida a tudo, a todas as coisas que fizermos durante o dia. Isto é muito importante, portanto, não durma!

Thich Nhat Hanh, mestre zen vietnamita, fala sobre duas maneiras de lavar os pratos. Uma maneira é lavar os pratos para obter pratos limpos, e a outra maneira é lavar os pratos para lavar os pratos. Normalmente, quando lavamos pratos, como em qualquer atividade que fazemos, queremos um resultado. Lavamos pratos para termos pratos limpos e depois seguimos para a próxima tarefa. A tarefa real, de lavar pratos em si, é irrelevante. Enquanto lavamos os pratos, estamos pensando no que foi dito no café da manhã, ou no programa de televisão que vimos na noite passada, ou pensamos "Bem, depois disso, vou tomar um pouco de café e a seguir tenho que ir ao supermercado — o que preciso comprar?" Pensamos em algo que faremos naquela noite, ficamos presos em algum mundo de fantasia ou o que seja. Só não estamos pensando naqueles pratos. Certo? E, quando terminamos de lavar os pratos, que agora estão limpos e empilhados, vamos tomar o nosso café com uma fatia de bolo de chocolate. Tomamos o café. Normalmente estamos bastante conscientes no primeiro gole; julgamos se gostamos ou não gostamos. Mas, já no segundo gole, não estamos mais conscientes. E, no terceiro gole, estamos totalmente inconscientes de que estamos tomando café porque estamos pensando no que temos que comprar no supermercado, isto é, antes de surgir uma memória de anos atrás — "e então ele me disse *isso* e eu respondi *aquilo*...". Quando comemos o bolo de chocolate ou qualquer outra coisa boa, decidimos se está gostoso na primeira mordida, na segunda mordida já perdemos o interesse, e na terceira mordida estamos mastigando e nem sequer sabemos. Toda a nossa vida é levada assim.

Um dos significados da palavra *buda* é "despertar". Ele é O Desperto. Ele despertou do sonho da ignorância. Mas o resto de nós ainda está sonhando. Sonhos bons ou pesadelos — é tudo um sonho. Somos sonâmbulos. Parecemos muito brilhantes, mas estamos dormindo. Onde está nossa mente? Às vezes realmente acho que seria interessante — horrível, mas interessante — se tivéssemos alto-falantes conectados à nossa mente, para que todos pudessem ouvir nossos pensamentos. Todo mundo iria aprender a meditar rapidamente, não iria?! Porque, quando olhamos para dentro e vemos o que está acontecendo em nossa mente, encontramos conversas sem fim, trivialidades sem fim, e não é nem mesmo divertido. Se observarmos, veremos como tudo é chato. Os mesmos pensamentos, opiniões e memórias velhos e rançosos são constantemente reciclados. Enquanto tagarelamos sozinhos, temos o rádio ligado ou a televisão berrando ao fundo. Não há silêncio. Atenção plena tem a ver com estar em silêncio. Diz respeito a ter uma mente completamente quieta e presente no que está acontecendo.

A outra maneira é lavar pratos para lavar pratos. Dessa maneira também obtemos pratos limpos. Porém, quando lavamos a louça deste jeito, estamos fazendo a coisa mais importante que poderíamos fazer nesse momento. Estamos lavando os pratos. É o que estamos fazendo. Este é o momento. Se não estivermos presentes, nós o perderemos. Se ficamos alertas, conscientes da água, das próprias mãos e dos pratos, podemos perceber e apenas estar presentes. Essa sensação de presença, de conhecimento, é o ponto vital. Porque, se realmente aprendermos a fazer isso, quando tivermos terminado não teremos apenas lavado os pratos — teremos lavado nossa mente. Nossa mente será agradável, limpa e brilhante, assim como a louça. É muito fácil. Mas o problema é que esquecemos. O verdadeiro significado de atenção plena é lembrar, e seu inimigo direto é o esquecimento.

A inércia de nossa mente é muito grande. Às vezes, quando ouvem ensinamentos sobre atenção plena, as pessoas pensam: "É, isso parece bom, deixa eu experimentar um pouquinho." Realmente tentam estar presentes com o que estão fazendo. Tentam ouvir a si mesmas quando falam e saber o que estão pensando, tentam estar presentes e saber como estão se movendo e como estão aqui, no momento, o máximo possível. Logo que começamos, pensamos basicamente em ficar presentes, e isso é muito difícil. Prosseguimos de onde estamos.

As pessoas tentam ficar presentes, e a seguir dizem: "Isto foi ótimo, realmente gostei. Tenho tentado praticar há dois ou três dias e é muito divertido estar atento. Meus amigos já estão dizendo que me tornei uma pessoa muito mais agradável e me sinto muito bem. Isto é ótimo."

E pensamos: "Ah, sim, vamos aguardar."

Dentro de seis semanas perguntamos como vai a atenção plena. "Atenção plena? Opa, esqueci!"

Esqueceu. Não porque não estivesse funcionando. Não porque fosse incrivelmente difícil. Na verdade, a atenção plena é razoavelmente fácil. Mas a inércia, a preguiça da mente e a relutância em estar no presente são muito profundas.

O Buda disse que a atenção plena era como o sal nos molhos curry. Em outras palavras, é o que dá sabor a tudo o que fazemos. Dá vida a tudo, porque é como se estivéssemos fazendo as coisas pela primeira vez. O mundo se torna vívido e claro. Normalmente, é como se olhássemos através de uma lente e tudo estivesse embaçado. Não conseguimos ver com clareza. Assim é com a mente. Mas, quando ajustamos a lente, tudo entra em foco e parece recém-lavado, como os pratos, e não como a velha mente rançosa com a qual normalmente vivemos. Esta é uma nova mente. A qualidade da atenção plena é muito importante no desenvolvimento das qualidades espirituais em nossa vida diária. E é algo que todos nós podemos cultivar dia e noite.

O Buda dividiu a atenção plena em quatro aspectos: atenção plena ao corpo, atenção plena às sensações, atenção plena à própria mente e, na interpretação do Mahayana, atenção plena aos darmas ou fenômenos externos. Ou seja, tudo o que é recebido por meio dos cinco sentidos — imagens, sons, sabores, toques e odores.

Vamos começar com a atenção plena ao corpo. O corpo é o mais tangível dos aspectos. Os tibetanos usualmente enfatizam a atenção plena à própria mente, mas isto é bastante difícil nesta fase inicial, visto que nossa mente flui de forma muito rápida e turbulenta, e é difícil acompanhá-la. Talvez seja melhor começarmos com algo bem mais estável e sólido, como o corpo. O Buda diz que começamos pensando: "Quando estou em pé, sei que estou em pé; quando estou sentado, sei que estou sentado; quando estou deitado, sei que estou deitado; quando estou caminhando, sei que estou caminhando".

Pense sobre isso. Quantas vezes ficamos em pé ou sentamos sem nem mesmo estarmos conscientes de que estamos em pé ou sentados porque nossa mente está correndo lá na frente? Normalmente nem sequer sabemos o que nosso corpo está fazendo. No entanto, isto é algo muito simples de trazer para o presente — basta sabermos que estamos sentados quando estamos sentados. Experienciar como o corpo se sente no momento: isto é consciência corporal. Ficar ciente da respiração. Inspirar e expirar com consciência é uma maneira de ficar instantaneamente centrado. Não podemos respirar no passado ou no futuro — só podemos respirar agora.

Existem infinitas oportunidades ao longo do dia para a prática da atenção plena ao corpo. Alguns anos atrás, em Nova Délhi, em cima da luz vermelha dos semáforos, escreveram em grandes letras brancas: RELAXE. Quando paramos no farol vermelho, relaxamos, inspiramos e expiramos, sentindo gratidão pelo sinal estar fechado, dando a oportunidade de nos centrarmos novamente. Se ligamos para alguém e temos que ouvir a gravação interminável da secretária eletrônica, ótimo — inspiramos e expiramos, nos centramos, e então estamos prontos para deixar uma mensagem após o sinal. Ao longo do dia, existem inúmeras oportunidades para voltarmos ao nosso centro, ao nosso ser consciente — escovando os dentes, comendo e bebendo, penteando o cabelo, fazendo a barba etc. Use esse momento, essa ação simples — e saiba o que está fazendo nesse momento. Não escove os dentes pensando em mil outras coisas. Apenas escove os dentes para escovar os dentes, e perceba. Tudo faz parte do treinamento para estar presente. Porque o presente é tudo o que temos.

Se aprendermos como usar o nosso dia para desenvolver a qualidade de atenção plena e consciência, quando nos sentarmos para meditar tais problemas não existirão. Em vez de a mente não ser nada mais que um obstáculo, nós a utilizamos para nos ajudar. Aqueles que são sérios quanto ao cultivo dessa prática devem ler livros sobre o assunto e, se possível, participar de cursos de meditação e perguntar a quem tem mais experiência na prática de atenção plena. Porque esta é uma qualidade muito importante, e não tem nada a ver com orientação espiritual. Todo mundo pode utilizá-la. Durante essa prática profunda, ninguém sequer sabe que estamos praticando! Podemos levá-la conosco a todos os lugares em qualquer circunstância, até mesmo para o banheiro. Não importa onde — cada ação, cada pensamento e cada palavra pode ser um objeto para nossa consciência, para nosso conhecimento.

Shamatha, ou permanência serena

Nossa mente costuma ser muito agitada pelo seis sentidos — imagens, sons, odores, sabores, tato e pelo sexto sentido da própria mente, com seus pensamentos, julgamentos, memórias, ideias e opiniões. Tudo isso revolve a nossa mente de maneira contínua. E, por causa disso, não vemos as coisas com clareza. Não retratamos o ambiente externo como realmente é. Apenas temos a nossa versão, a nossa interpretação do que está acontecendo, que é distorcida por todo esse tumulto que ocorre dentro de nós. Respondemos apenas à nossa versão, à nossa interpretação do que está acontecendo, e não aos fatos propriamente. Quando tentamos observar a própria mente, ela está tão revolta que não conseguimos enxergar nada além dos pensamentos e da tagarelice superficiais. Por meio da meditação de shamatha, a mente começa a se acalmar. Os sentidos externos se tornam menos reativos. E o sexto sentido interior, a própria mente, torna-se mais tranquila, calma e unifocada. Torna-se clara. E, quando está clara, a mente enxerga com muita precisão porque já não está mais interpretando. Ao mesmo tempo, temos condições de usar essa mente calma e unifocada para olhar para si mesma e enxergar por entre camadas cada vez mais sutis da psique. Portanto, atingir esse primeiro estado de calma e concentração é realmente importante. Certa vez, um lama me disse que se tivermos uma boa prática de shamatha, todo o Darma estará na palma de nossa mão.

Qualquer que seja a prática que façamos, se fizermos com uma mente distraída não funcionará. Há livros que dizem que, ainda que passemos uma centena de éons recitando mantras, se recitarmos com uma mente distraída não atingiremos o objetivo. Mas, se recitarmos alguns poucos mantras com a mente concentrada e fundida na prática, então os resultados virão com rapidez. Portanto, vale a pena treinar nossa mente, tanto quanto pudermos, para torná-la quieta, focada e calma. Este é o estágio número um. Nossa prática não termina aqui.

Quando o Buda deixou seu palácio para buscar respostas para as causas e problemas do sofrimento, primeiro estudou com dois iogues. Esses iogues ensinavam um tipo de prática de shamatha. Tradicionalmente existem muitos estágios: os materiais inferiores e os sem forma, ou imateriais, mais elevados. Nestes estágios sem forma, não existe o pensar como tal. Há a infinidade do espaço, a infinidade da consciência, nem percepção e nem não percepção, e absolutamente nada. É um estado muito refinado da mente, o estado absoluto do nada. Não há nem consciência nem não consciência. Nos tempos do Buda, isto era considerado a liberação. O Buda realizou este estado rapidamente, mas afirmou que não era a liberação, pois este estado ainda está dentro do reino de nascimento e morte. O praticante não foi além. E por isso deixou esses iogues e seguiu adiante.

Por que esse estado não é a liberação? Embora este tipo de meditação seja muito importante como preparação, desfrutar dele por muito tempo poderia ser contraproducente. Às vezes os praticantes entram em estados de bem-aventurança e acham que estão liberados, tudo é tão claro. Mas pode acontecer que esse estado de bem-aventurança atue como um escudo que esconde as emoções negativas. As delusões, a avareza, a luxúria, a raiva e a má vontade estão todas ainda ali de forma latente. Isso é perigoso porque nos delude a pensar que estamos muito mais avançados espiritualmente e que todas as nossas emoções negativas foram erradicadas. Podemos imaginar que não temos mais nenhuma emoção negativa porque estamos neste estado de bem-aventurança e clareza, onde todas as coisas são uma e tudo é muito maravilhoso. Olhamos e não conseguimos ver nada de negativo porque está encoberto, mas as contaminações estão todas ali, crescendo debaixo da superfície e, se surgir a oportunidade, irromperão, muitas vezes de forma incontrolável. Essas emoções negativas são intensificadas porque a mente ficou poderosa. Embora as delusões estejam encobertas, quando irrompem são muito mais perigosas do que jamais poderiam ser em uma mente comum não treinada. Existem exemplos perturbadores entre gurus contemporâneos, mas essas situações são geralmente ocultadas por seus discípulos. Podemos chegar a esse estado onde tudo parece absolutamente perfeito, mas, na verdade, o problema de raízes profundas não foi resolvido. Quando volta a surgir, é muito mais difícil de controlar.

Há também o problema de permanecermos no estado de calma e nos apegarmos a ele. Podemos nos apegar a qualquer coisa, e isso é, em última análise, um obstáculo. No entanto, como primeiro passo, é muito importante desenvolver a qualidade de acalmar e concentrar a mente. Existem muitas maneiras de fazer isso. Quando começamos a meditar, é importante que não consideremos a prática como uma espécie de teste de resistência.

Podemos pensar na mente como um cavalo selvagem, e existem basicamente duas maneiras de lidar com a questão de domá-lo. Podemos prendê-lo e espancá-lo até que se submeta, forçando-o a realizar a nossa vontade; por fim, o cavalo irá sucumbir e ficar dócil. O que teremos então será um animal surrado, triste e ressentido. Às vezes podemos ver cavalos assim na Índia. Eles puxam carroças, e podemos imaginar a maneira como são tratados. São infelizes, desanimados, tentam tudo o que podem para fugir de seus trabalhos, mas são submetidos de novo por espancamento. No entanto, há outra maneira. Podemos domar o cavalo de forma mais suave, lentamente, induzindo-o, e tentando aos poucos conquistar sua boa vontade. Acalmando o seu medo, fazemos com que saiba que nada de ruim vai acontecer. Pacientemente o conquistamos, e por fim ele começa a confiar em nós e se dispõe a fazer o que queremos.

Da mesma forma, existem duas abordagens para domar a mente. Uma delas é realmente à força, por meio de longas sessões sentados, sem nos movermos por um instante, coagindo-a a se concentrar. Pode funcionar. Pode ser que a mente nunca mais queira meditar novamente, ou que se sinta muito triunfante por ter sido capaz de se acomodar e se concentrar durante horas e horas a fio, e fique disposta a seguir em frente.

De maneira geral, a forma como meu mestre ensinou é mais hábil, por meio da conquista da cooperação da mente. Se estamos assistindo a um filme ou programa de televisão interessante, se estamos lendo um livro muito fascinante, ninguém precisa nos coagir a nos concentrarmos. Estamos absortos, fundidos com o que estamos fazendo, as horas passam e nem notamos. A mente está muito concentrada.

Todos temos a capacidade de nos mantermos concentrados e absortos em um único fluxo de eventos. Nosso desafio é trazer esse tipo de interesse e absorção para algo que inicialmente não é absolutamente fascinante, como observar a inspiração e a expiração minuto após minuto, hora após hora, dia após dia, ano após ano.

Portanto, caso não se tenha praticado muito antes, é uma boa ideia começar com sessões curtas. Isso porque, quando damos início à meditação, se começamos a ficar mais concentrados e calmos, está ótimo. Se paramos quando ainda estamos apreciando a prática e ainda poderíamos seguir um pouco mais, nossa mente se lembra de que a prática foi divertida, e ficamos dispostos a tentar novamente. Se forçamos, a mente se cansa e perdemos a concentração. Se continuarmos forçando, na próxima vez em que nos sentarmos a mente se lembrará de que se sentiu cansada e entediada e haverá um sentimento de aversão. Não estamos travando uma batalha. Não é uma questão de subjugar, de espancar a mente até que finalmente obedeça. É uma questão de estimulá-la a cooperar e compreender que existe felicidade genuína em estar calma, concentrada e clara. As dificuldades iniciais são as distrações internas que experienciamos, que não são realmente um problema se pudermos utilizá-las como parte do processo.

As pessoas imaginam que, quando se sentam para meditar, deveriam imediatamente ser capazes de acessar níveis profundos de silêncio, calma, e concentração; mas, quando se sentam e descobrem que parecem ter mais pensamentos do que seria normal, ficam desencorajadas. Todo mundo experimenta mais ou menos os mesmos problemas. Estou certa de que até mesmo o próprio Senhor Buda jamais se sentou e imediatamente deixou de ter pensamentos. Se tivesse sido assim, nunca poderia ter ensinado a meditação porque não teria conhecido os problemas. Mas, como deu muitos ensinamentos sobre as dificuldades de meditação, imagino que deve tê-las experimentado.

Todo mundo tem problemas, dificuldades, e os que finalmente atingem realizações são os que perseveraram. Mas, às vezes, quando sentimos que não vamos conseguir, manter as sessões por um tempo não muito longo pode ajudar. Nós praticamos, então descansamos e recomeçamos, praticamos, descansamos e recomeçamos. Aos poucos, a mente começa a se acostumar. É como fazer exercícios físicos. Se queremos fazer ioga ou ginástica aeróbica e começamos com uma sessão de duas horas, sem nunca ter feito exercício antes, ou temos um colapso durante a sessão, ou não conseguiremos nos mexer no dia seguinte. Claro que não conseguiremos nos mexer porque tudo estará doendo! Nós pensamos: "Ah yoga, nem fale disso". Não queremos tentar de novo. Porém, se fizermos uma sessão curta, alongando o quanto conseguimos, mas não demais, pensamos: "Isso não é tão ruim, vamos tentar de novo." Seguimos adiante, e as sessões se tornam mais e mais longas, e, sem que percebamos, de repente estaremos fazendo aqueles exercícios que os alunos de ioga mais avançados fazem e que pareciam impossíveis.

Por que seria diferente com a mente que nunca foi treinada? Claro que no início haverá problemas e resistência. Por isso precisamos ser habilidosos. Precisamos tranquilizar a mente. "Este é seu refúgio genuíno. É uma coisa maravilhosa! Se minha mente puder ficar só um pouco mais calma, um pouco mais quieta, centrada, focada e concentrada — Ah, é aí que mora a felicidade, este é o caminho!" Temos que continuar e continuar. Em algumas sessões a mente começa a cooperar, tudo é mais fácil, agradável e calmo. "Agora consegui", pensamos, mas na sessão seguinte os pensamentos estão por toda parte. Tudo bem. Não tem problema. Se a mente quer ser selvagem e distraída, deixe-a ser selvagem e distraída, mas lentamente traga-a de volta — esse é o caminho a seguir.

Claro que a mente tem pensamentos, a natureza da mente é essa. Pensemos na mente como o oceano, cuja superfície tem ondas. Sem problemas. Se pensarmos na mente como o céu, o céu tem nuvens. Não se preocupe com os pensamentos! Solte-os, sem dar a eles nenhuma energia. Além do fato de a mente ter pensamentos, encontramos basicamente dois problemas na nossa prática. O primeiro é chamado de sonolência ou afundamento. Significa que, quando sentamos, começamos a nos sentir sonolentos — um afundamento grosseiro e muito comum. Quando Milarepa, o grande iogue tibetano do século XI, começou a meditar, colocou uma lamparina de manteiga acesa sobre a cabeça. Obviamente também teve seus problemas. Uma amiga minha utilizava uma tigela pequena com água até a borda sobre a cabeça. São estratégias que nos impedem de cochilar! Precisamos ser criativos e não ceder à sonolência.

O afundamento sutil é mais perigoso porque é menos óbvio. Podemos entrar em um estado calmo e pacífico, mas com pouca consciência, e ficar assim durante horas. A mente meditativa genuína é relaxada e espaçosa, mas completamente alerta, brilhante e clara. Portanto, se estamos em um estado em que nos sentimos calmos e espaçosos, mas em que não há clareza vívida ou consciência alerta, estamos afundando. É perigoso, pois podemos permanecer nesse estado por muito tempo e acharmos que estamos em profunda meditação. Mas não. É apenas um estado sutil de afundamento, e depois, quando saímos da meditação, meio que vagamos ou flutuamos por aí — tudo é lindo e pacífico, a síndrome da nuvem de bem-aventurança. Estamos nos desviando gravemente porque deveríamos sair da prática nos sentindo bastante centrados e presentes, conscientes e despertos. Meditação é o processo de despertar, e não de nos colocarmos a dormir.

O outro problema principal, claro, é a nossa velha companheira, a distração. Se a mente está hiperativa e distraída, o antídoto é praticar em uma sala um pouco mais quente, usar roupas pesadas, comer mais, e de maneira geral ficar mais aterrado. Às vezes visualizamos um ponto escuro logo abaixo do umbigo para trazer a mente para baixo. Diz-se também que devemos pensar no sofrimentos do samsara, na impermanência e na morte inevitáveis, e que não temos tempo a perder, para que possamos nos sentar com um senso de urgência. Visto que já desperdiçamos muito tempo, não devemos continuar desperdiçando. É hora de meditarmos. Está na hora de sermos sérios e de colocarmos todo o nosso esforço nessa prática. Não devemos simplesmente dissipar nossas energias novamente seguindo muitos pensamentos, ficando agitados, querendo levantar e ir para outro lugar. Temos que ser enérgicos, firmes e claros sobre o que vamos fazer.

A tarefa importante que temos é apenas trazer a qualidade de saber e atenção à respiração. Inspirar, expirar — só isso, não para modificar a respiração ou comentar a respeito, não para pensar a respeito ou analisar, apenas para ter conhecimento da respiração e experiênciá-la a cada momento, tanto quanto possível. Tão logo começamos a comentar mentalmente, não estamos mais conectados com a respiração; estamos só pensando nela novamente. Todos os pensamentos que vêm à mente são tradicionalmente comparados a visitantes indesejados. Ficam à espera de serem convidados a se sentar, mas ninguém os convida. Certamente não oferecemos chá, nem perguntamos como vão as coisas. Ignoramos. Por fim, eles se sentem envergonhados e vão embora.

Nossa atenção se concentra apenas na inspiração e na expiração — é tudo o que devemos fazer. Se nossa mente se desviar e for novamente apanhada por pensamentos, apenas os soltamos e voltamos para a respiração. Se passamos todo o tempo com a respiração, nos perdendo e trazendo a mente de volta, nos perdendo novamente e trazendo a mente de volta, está ótimo, não tem problema. Pouco a pouco, a respiração começa a se destacar mais, tornando-se mais clara e vívida, enquanto todas as outras coisas passam para o segundo plano. Pensamentos e sons tornam-se ruídos distantes. Ao final, é claro que eles começarão a se acalmar por si, mas isso não acontecerá de imediato. As qualidades mais necessárias para a vida espiritual são paciência e perseverança.

PRAJNA PARAMITA, OU SABEDORIA

Demos uma olhada em shamatha, essa ideia de deixar a mente mais quieta e calma, mais concentrada. Também consideramos o fato de que shamatha ajuda a mente a enxergar o fundo do lago. Mas ela não remove o lodo, não remove todo o lixo e todas as ervas daninhas que estão no fundo.

Quando eu estava em Lahaul, fora da minha caverna, havia uma área plana que parecia um pátio. Era de terra endurecida e na superfície havia moitas de florzinhas bonitas. Quando chovia ou nevava, tudo ficava muito barrento, e decidi assentar algumas pedras grandes e planas. Isso significava que eu teria que arrancar as florzinhas. Decidi que a única maneira de me livrar daquelas flores delicadas era não apenas cortá-las, mas arrancar todas as raízes para que não crescessem novamente. Imaginei que puxaria e elas sairiam. Porém, quando comecei a rastrear as raízes das florzinhas, descobri que literalmente estendiam-se por todo o pátio. Estavam espalhadas e interconectadas em uma enorme rede subterrânea, embora apenas algumas pequenas moitas fossem visíveis na superfície. As ervas daninhas da nossa mente são assim. Além de tudo, parecem atraentes. "Ah, eu amo chocolate" ou "Eu adoro roupas novas". Tão inocente. Mas essas raízes de nosso desejo são profundas e grossas, espalham-se e estão na base de tudo. Esse é o problema. Essas raízes de negatividades, nossas ilusões, nossa má vontade e nossa ganância são tão profundamente arraigadas em nossa mente que permeiam tudo, e muitas vezes nem sequer as reconhecemos pelo que realmente são. Podemos questionar para que arrancá-las fora. Puxamos um pouco aqui, cortamos e aparamos um pouco ali, mas não enfrentamos esse sistema de raízes penetrantes.

A mim parece que a meditação vipashyana lida com a mente em duas frentes que, ao final, se unem na realização da natureza vazia da mente. Primeiro, lidamos com o fato de que nossa mente é permeada por impulsos negativos muito profundos, que criam muita dor e muitos problemas em nossa vida, para nós mesmos e para os outros ao nosso redor. Além disso, há toda a questão de quem afinal experimenta essa dor e esses problemas. Trataremos disso resumidamente, pois é um assunto vasto.

Por meio da prática de shamatha, nossa mente se acalma. E, à medida que a mente se aquieta, o fluxo de pensamentos passa por três estágios. Primeiro é como uma cachoeira, uma queda d'água estrondosa. Depois, torna-se como um rio turbulento, tornando-se gradualmente mais plácido conforme vai correndo. Eventualmente o rio deságua no oceano. Talvez em nossa prática de meditação da permanência serena, nossa mente tenha chegado ao ponto em que não é mais uma cachoeira, é como um rio correndo calmamente. Neste ponto não precisamos entrar no oceano de samadhi, ou absorção profunda. Isso não é tão importante. Precisamos apenas deixar a mente mais quieta; precisamos apenas adquirir a capacidade de nos concentrarmos em um único ponto, ter concentração unidirecionada. Essas duas condições são necessárias, mas não precisamos ficar em um estado sem quaisquer pensamentos.

Anteriormente, como estávamos desenvolvendo a concentração unifocada, ignorávamos os pensamentos. Não dávamos qualquer atenção a eles. Dávamos atenção ao ponto focal de nossa concentração, que era a respiração. Agora, no entanto, aplicamos a concentração aos próprios pensamentos. Pode-se dizer que isso é como alguém sentado na beira de um rio apenas observando-o fluir. Não tentamos represar o rio, ou alterar seu fluxo de forma alguma; estamos apenas sentados às margens de nosso rio mental, observando os pensamentos fluírem. Não tentamos interferir. Não fazemos nada a respeito. O importante é não ficarmos fascinados ou sermos capturados pelos pensamentos — "Oh, que ideia interessante. Hum, sim, certo" — e no minuto seguinte nossa mente é carregada rio abaixo. "Que pensamento terrível. Como pude pensar em algo assim? Afinal sou um estudante do Darma. Um estudante do Darma nunca pensaria assim", e novamente somos arrastados. Precisamos apenas observar os pensamentos fluindo. No entanto, há alguns "faça e não faça" simples na observação da mente.

Se observamos a mente muito tensos, mantendo todos os pensamentos juntos, prontos para atacar no momento em que esquecemos de alguma coisa ou se qualquer pensamento escapa — "todos os pensamentos, não devo perder nem um pensamento" —, acabamos com o que é chamado em tibetano de *lung*, que é o desequilíbrio da energia vital, ou o que é chamado de *qi* em chinês. O mestre Zen Suzuki Roshi disse que a maneira de controlar uma vaca é dar-lhe um pasto amplo. Quando tentamos desenvolver as qualidades da consciência, da atenção plena e da observação da mente, é muito importante dar à mente um pasto bem amplo e não a mantendo muito apertada. Essa tensão extrema não é o que desejamos. Em vez disso, queremos a sensação de permitir que nossos pensamentos venham e fluam, e, enquanto isso, tomamos conhecimento, observamos, vemos os pensamentos, e se perdermos alguns não faz mal.

Assim, esta é a etapa que vem depois de termos praticado com a respiração ou com algum objeto à nossa frente. Quando os pensamentos se acalmaram um pouco e não estão caóticos, e quando o foco, a concentração e a consciência se tornam um pouco mais fortes e bem definidos, aí sim, levamos a atenção da respiração para a própria mente. Segundo a psicologia budista, não podemos ter dois pensamentos ao mesmo tempo. Dois estados mentais não podem surgir em nossa consciência ao mesmo tempo. Os estados mentais são incrivelmente rápidos e, no entanto, sequenciais. Portanto, à medida que temos mais momentos de consciência, temos menos momentos de pensamento discursivo. Conforme nossa atenção se torna mais forte e constante, para de saltar para frente e para trás, entre momentos de consciência e momentos discursivos, e se torna apenas consciência. Os pensamentos começam a desacelerar, começa a haver menos pensamentos, até que enfim parece que os pensamentos pararam por completo. Não há mais movimento na mente. Ela está completamente calma, a consciência extremamente afiada. Quando chegamos a esse ponto, começamos a desenvolver o que é chamado de *insight*. Começamos a usar esta inteligência para observar a própria mente.

Como eu disse antes, vivemos a partir da mente, experienciamos qualquer coisa apenas por meio da mente. No entanto, não a conhecemos. Nunca olhamos para ela. Dizemos: "Eu acho", "eu me lembro", "na minha opinião", "meu julgamento é". Estamos cheios de julgamentos, intenções, ideias, pensamentos, fantasias, sonhos e memórias, mas o que é um pensamento? Qual a sua aparência? De onde vem? Onde permanece? Para onde vai? Qual é a sensação? Se parece com o quê? "Estou com raiva", "estou feliz", "estou triste" — que aparência tem uma emoção? De onde vem? É dessa forma que usamos a mente para olhar para ela mesma. Tentamos ver o que é um pensamento — qual a sua aparência. O que é? Podemos pensar a respeito de um pensamento, mas podemos realmente experienciá-lo?

Podemos continuar a investigar a mente. "Tudo bem, há momentos em que há pensamentos. E depois há momentos em que não há pensamentos." É igual ou é diferente? E que tal a consciência que observa os pensamentos — a consciência é igual aos pensamentos ou é diferente? E a consciência se parece com o quê? Podemos ver o observador? Podemos observá-lo?

E então, é claro, podemos nos fazer a pergunta das perguntas: "Quem é o observador?" Não vou dar a resposta a vocês! Nós dizemos: "Eu acho", "eu me lembro", "eu gosto", "eu não gosto", "eu estou feliz", "eu estou triste", "eu sou uma boa pessoa", "eu sou uma má pessoa", mas quem é esse "eu"? Nunca nos questionamos, nunca olhamos. Isso é essencial, porque estamos agarrados às nossas identificações, o que nos causa confusão e angústia.

Nós nos identificamos primeiramente com o corpo que temos neste momento: "Eu sou uma mulher", "eu sou um homem", "eu sou branca", "eu sou negra", "eu sou morena", "eu sou asiática", "eu sou europeia", "eu sou americana", "eu sou africana", "eu sou bonita", "eu sou feia", "eu sou alta", "eu sou magra", "eu sou gorda", "esta sou eu". Mas é claro que não somos os nossos corpos. Estamos conectados a eles, mas não somos nossos corpos. Quando morremos, deixamo-los para trás e a consciência segue. Todas as memórias, todas as identificações ligadas à nossa forma física são temporárias. Não são quem somos realmente. São um papel que desempenhamos neste momento particular.

Todos já tivemos um número infinito de vidas sob uma infinidade de formas diferentes, certamente como seres masculinos e femininos, em países diferentes, com diferentes aparências; e em cada uma dessas vezes pensamos: "Este sou eu, este é quem eu sou". Quando morremos, abandonamos esta forma particular e, ao assumir uma nova forma, pensamos: "Este sou eu, este é quem eu sou". Nos identificamos com nossos pensamentos, com nossas opiniões e com nossos julgamentos, e nos identificamos com nossas memórias, especialmente as tristes, especialmente as difíceis. Nos agarramos, e nossa identidade orbita em torno do sofrimento. Somos seres tão perversos, mas, quando olhamos para nossa mente, vemos que as memórias são apenas pensamentos — e isso é tudo. Os eventos que estamos recordando terminaram, aconteceram anos atrás. Não estão aqui, não existem. Tudo o que nos restou são os pensamentos, mas, quando olhamos para os pensamentos, vemos que eles, em si mesmos, são bastante transparentes. Um pensamento não é uma coisa. Então por que nos identificamos tanto com eles?

Em um dos sutras, Ananda, que era primo e atendente do Buda, disse a ele: "Como é possível todos esses outros budas terem lindos reinos puros de buda, onde tudo é perfeito e adorável, e você ter uma terra de buda tão horrível?"

E o Buda disse: "Meu reino de buda é completamente perfeito. É apenas sua mente impura que o vê como horrível".

Nossas percepções criam a realidade que percebemos. Mas é claro que isso não quer dizer que a totalidade de fenômenos externos é puramente ilusão. Os tibetanos dizem que é como uma ilusão porque projetamos e não estamos conscientes de que é uma projeção nossa. Uma vez que nossas percepções são impuras e distorcidas pelo ego, não vemos as coisas como são. Percebemos apenas a nossa própria versão, baseada na delusão.

Estamos olhando para a mente. Estamos olhando para o fluxo de pensamentos. Enquanto observamos os pensamentos e a consciência está bem firme, os pensamentos começam a desacelerar. É como um filme: se começa a ser passado mais devagar e mais lentamente, reconhecemos quadro por quadro em vez do filme projetado. Da mesma forma, se nossa consciência é clara e firme, os pensamentos começam a desacelerar e podem ser reconhecidos como unidades interligadas. E, quando nossa consciência estiver muito clara, pode acontecer do fluxo de pensamentos ser interrompido por uns instantes, havendo um intervalo entre o último pensamento e o seguinte. Quando existe esse intervalo, o observador se funde diretamente com aquilo que está subjacente ao pensamento, a natureza de clara luz da mente. Neste momento, surge a intuição direta e a realização da natureza da mente — não dual, não conceitual, não condicionada, além dos pensamentos. Não somos capazes de pensar sobre isso, mas podemos experienciar.

Nesse tipo de meditação, a ideia é conseguir o maior número possível de lampejos de visão não dual como esses e prolongá-los. À medida que a mente repousa naturalmente nessa consciência não nascida com mais frequência e por períodos mais longos, ao final o praticante irá permanecer nesse estado desperto o tempo todo. É um nível de consciência que não tem fronteiras. Não existe o eu e o outro. O céu não tem centro e o céu não tem circunferência, é ilimitado. O céu permeia tudo, não apenas o espaço acima de nós, mas todos os lugares. É o espaço. Sem o espaço, não poderíamos ter nada porque o espaço é tudo. Tudo consiste de espaço com prótons e nêutrons girando. Se não houvesse espaço, nada poderia existir.

Quando entramos nesta sala, vemos as pessoas, as cadeiras, o microfone na mesa, mas só podemos vê-los por causa do espaço. No entanto, não vemos o próprio espaço. Fora, dentro — é tudo espaço. Li em algum lugar que a massa sólida real do corpo humano ocupa um espaço que não é maior do que a cabeça de um alfinete. É tudo espaço, e toda essa amplidão se reflete na verdadeira natureza da mente. Quando falamos sobre o nosso verdadeiro eu, temos a ideia de alguém sentado dentro de nós — o maior, o melhor e o mais maravilhoso eu. Mas não é disso que estamos falando, de maneira alguma. Quando realizamos a verdadeira natureza do nosso ser, onde está o "eu", onde está o "outro"? Quanto ao espaço, não posso dizer que este é o meu pedaço de espaço e aquele é o seu. É apenas espaço. Onde está a fronteira? Na terra podemos colocar cercas, mas no espaço como fazemos? Onde começa? Onde termina? E a verdadeira natureza da mente é assim.

A verdadeira natureza da mente é sem começo e sem fim e não tem centro e nem circunferência. É uma interconexão sem fronteiras entre todos os seres. Não pode ser vista, não pode ser pensada conceitualmente. Mas certamente pode ser experienciada e realizada. É a mente de um buda. E esta qualidade vasta e ampla da mente está preenchida com todas as qualidades maravilhosas de sabedoria, compaixão e pureza. Não é um espaço vazio ou um vácuo. Comparar a natureza da mente com o céu é muito bom porque nos dá uma vasta sensação de infinito. Mas o espaço não é consciente, ao passo que a qualidade essencial deste espaço interno é a consciência, o conhecimento. Se não tivéssemos esta qualidade do conhecimento, não poderíamos existir. É a clara consciência por trás do funcionamento dos nossos sentidos que nos permite conhecer as coisas, que ilumina nosso pensamento e nossas emoções. Por trás do movimento da mente conceitual está o vasto conhecer silencioso. É tão simples. Mas não acreditamos. E de fato é triste que isso nos escape. Ignoramos a simplicidade que está à nossa frente.

Quando eu tinha uns dezessete ou dezoito anos, trabalhei em uma biblioteca. Na época, minha mente mudou por um tempo. Eu estava consciente de que, quando os sons entravam em meus ouvidos, eram apenas vibrações atingindo meus tímpanos; e estava muito consciente de que as coisas que eu via eram apenas coisas que estavam sendo vistas. Minha mente era como uma casa vazia com todas as portas e janelas abertas, os ventos sopravam através delas, e não havia ninguém em casa. Estava muito consciente de cada um dos sentidos, cada um operando em seu próprio campo, mas eles não eram eu ou meus. Agora isto pode parecer muito frio, mas, na verdade, quando olhava nos olhos das outras pessoas ao meu redor, podia ver que estavam extremamente envolvidas com o que ouviam, viam e pensavam, e que não havia qualquer espaço interno. Por conta disso, suas mentes eram muito turbulentas, assim como minha própria mente também costumava ser. Uma compaixão imensa brotou dentro de mim porque entendi nossa situação difícil de forma muito clara.

A compaixão genuína surge do insight. Normalmente, quando olhamos e quando experimentamos alguma coisa, acreditamos para valer no que estamos vendo e experimentando. Ficamos envolvidos. É como se não houvesse espaço interno. Porém, quando desenvolvemos a consciência pura, não ficamos mais submersos em nossos pensamentos. A consciência está sempre por trás dos pensamentos e dos sentimentos.

E assim nós praticamos. Praticamos a habilidade de dar um passo atrás para ver os pensamentos, memórias, sentimentos e emoções apenas como pensamentos, memórias e sentimentos, meramente como estados mentais, e não como algo sólido ou real. "Eu" e "meu" são apenas estados mentais. Eles vêm, permanecem por um tempo e vão. Isso é tudo o que realmente está acontecendo, mas, por não termos espaço em nossa mente, não conseguimos ver. A meditação nos permite ter espaço para ver que pensamentos e sentimentos não são algo sólido, opaco. São vazios em sua natureza, como uma bolha. Não podemos agarrá-los. Se olhamos para o pensamento em si, ele evapora. Em última análise, esta é a maneira mais hábil para lidarmos com as emoções, porque, quando qualquer emoção vem à tona, podemos olhá-la diretamente e, no momento em que a vemos, ela simplesmente desaparece. Tomemos uma emoção negativa como a raiva, por exemplo. No exato instante em que o pensamento de raiva surge dentro de nós, se o reconhecermos, a raiva se transforma espontaneamente em uma forma sutil de energia clara e aguda. Os venenos da mente, em suas raízes, são uma fonte de grande energia de sabedoria. O problema é que permitimos que se desenvolvam sem reconhecê-los, e surgem em formas muito distorcidas, como ganância, raiva e ciúme. Contudo, se conseguimos pegá-los no exato momento em que emergem na consciência, têm vibração e clareza. É uma forma extremamente clara de energia.

Nos ensinamentos mais elevados se diz que quanto maiores as nossas impurezas emocionais, maior a nossa sabedoria. Entretanto, até que possamos pegar o pensamento em sua forma incipiente, no momento em que nasce — a menos que possamos fazer isso e transformá-lo naquele instante —, será melhor tentar lidar com as emoções negativas de outras maneiras. Porém, uma vez que possamos fazer isso, uma vez que tenhamos essa consciência poderosa que vê as coisas de forma clara a cada momento, não há nada a temer, porque cada pensamento que aparece é transformado em energia de sabedoria.

Nos textos tibetanos se diz: "Olhe, onde está a mente? Está no estômago? Está no pé? No coração? No ombro?" Nesses textos, nunca se pergunta: "Está na cabeça?" Não é interessante? Talvez nunca tenha ocorrido a eles que fosse possível a mente estar na cabeça. Certa vez, lembro que meu lama, Khamtrul Rinpoche, disse que era muito curioso o fato de os ocidentais pensarem que a mente está na cabeça. Disse que o cérebro está na cabeça, mas o cérebro não é a mente. Não muito tempo atrás, eu estava lendo um livro escrito por um famoso neurocirurgião que disse: "Já sabemos muito sobre o cérebro, mas ainda não encontramos a mente." O cérebro é o computador, mas não é a energia que faz o computador funcionar. Quando os ocidentais, que dão muito valor à cabeça, meditam, acontece frequentemente de a meditação ficar localizada na cabeça. Às vezes, as pessoas têm dores de cabeça por causa disso.

Se alguém me dissesse: "Eu sei que esta manhã você entrou e roubou minha carteira. Você é uma ladra!" Eu diria: "Quem? Eu?", e apontaria para o meu peito. Eu não diria: "Quem? Eu?", apontando para a cabeça. Por que não? Nossos sentidos estão em nossas cabeças — nossos olhos, ouvidos, nariz, boca. Então por que não apontamos para a cabeça quando dizemos "eu"?

Quando começamos a meditar, existe o meditador, o sujeito, e existe o objeto de meditação. Alguém os descreveu como duas montanhas frente a frente, e é por isso que a meditação continua a ser uma questão de intelecto. Ainda faz parte dos nossos pensamentos. Mas, quando começa a se aprofundar, sujeito e objeto começam a se fundir. Eu não estou mais meditando, sou a meditação, e o foco vem para dentro do coração. Quando a meditação está no coração, não existe dualidade entre sujeito e objeto. Eles se fundem, nós nos tornamos a meditação. A meditação leva a nossa prática da cabeça para o coração.

Embora no início isso geralmente não aconteça, é importante tentarmos de alguma forma trazer a meditação para baixo, para o centro do coração. É por isso que muitas meditações tântricas estão centradas no chacra do coração. Especialmente os ocidentais e asiáticos educados de maneira ocidental, já estamos por demais em nossa cabeça. Quando meditamos, podemos fazer disso mais um exercício intelectual, o que realmente não nos transformará. Muitas vezes nossos pensamentos se acalmam durante o período de retiro, nos tornamos pacíficos e centrados. Mas, quando saímos para o mundo, tudo desanda de novo! Isso porque não nos tornamos um com a meditação. A transformação interna só pode acontecer quando o campo de ação é deslocado para o chacra do coração. Caso contrário, sempre existe uma separação. Quero enfatizar isto porque é um ponto importante. Algumas pessoas meditam por anos e anos, mas ainda estão na cabeça. Pouca coisa mudou, e elas se sentem desencorajadas.

A perfeição da sabedoria tem a ver com a qualidade de vacuidade. Os budistas falam muito sobre a vacuidade. Não sou filósofa, por isso não farei um discurso sobre o Madhyamika. Porém, quando os budistas dizem que tudo é vazio, estão falando basicamente de duas coisas: uma é que nada existe por si mesmo, nada existe em si e por si só. Tudo pode surgir apenas em relação com todo o resto. É bastante óbvio. Não podemos pensar sobre a escuridão a menos que pensemos sobre a luz. Não podemos ter a esquerda a menos que tenhamos a direita. Só podemos pensar em termos relativos. A filosofia ocidental também lida com isso. Existem estudiosos na tradição budista que analisam tudo em termos de seus componentes. Este relógio, por exemplo. Se eu disser: "O que é isto?". Vocês vão responder: "É um relógio". Então podemos questionar: "Qual parte é o relógio? A da frente? A de trás? A pulseira? O mecanismo interno?". Continuamos investigando para tentar encontrar a "relogiedade", o que faz do relógio um relógio, mas nunca poderemos encontrar o relógio em si. É apenas um rótulo que damos a uma combinação de muitas coisas. A coisa em si não existe. É vazia de existência intrínseca. Nunca conseguimos encontrar a coisa em si e por si. Tudo o que vemos e experienciamos é um rótulo convencional. As pessoas passam trinta anos estudando esta abordagem. Vocês têm sorte — conseguiram em apenas algumas frases!

O outro significado de vacuidade é o que abordamos anteriormente — essa qualidade de espaço de todas as coisas que permite que sejam preenchidas, mas aquilo que preenche é intrinsecamente vazio. E isso se aplica também à mente. Os filósofos e estudiosos passam muitos anos analisando a realidade externa. Os iogues analisam a realidade interna.

As seis perfeições

Durante minha primeira lição de meditação com meu velho professor iogue, ele apontou para uma mesinha e perguntou: "Aquela mesa é vazia?"

"Sim", eu disse. Tinha feito os meus estudos budistas.

"Você vê que ela é vazia?"

"Não", respondi.

"Sua mente", disse ele. "Sua mente é vazia?"

"Sim", disse, com um pouco mais de confiança.

"Você vê que ela é vazia?"

"Não."

"O que você acha que seria mais fácil, ver a mesa como vazia, ou ver sua mente como vazia?", perguntou o velho iogue.

"Ah, definitivamente, ver a mente como vazia", eu disse.

Ele riu e disse: "Certo, então você pode ficar conosco!".

Naturalmente eu tinha uma pergunta. "E se eu tivesse dito que ver a vacuidade da mesa seria mais fácil, o que o senhor teria feito?".

"Então eu teria dito que fosse para o Mosteiro de Sera", respondeu o iogue. O Mosteiro de Sera é um grande colégio monástico onde estudam e debatem temas como a vacuidade da mesa.

Todavia, na tradição iogue estudamos a vacuidade da mente porque, uma vez entendida a vacuidade da mente, entendemos tudo. Quando realizamos a natureza da mente, não apenas pensamos a respeito, mas vemos diretamente como ela funciona e como projeta a realidade externa.

Considere que qualquer físico diria que esta mesa é basicamente vazia. É espaço com uns prótons e nêutrons esvoaçando. Mas não vemos assim. Nossa experiência não é essa. Experienciamos a mesa como algo muito sólido. Ela pesa quando tento erguê-la. Embora essa seja a minha experiência, não é assim que um físico vê a matéria, não é? Portanto, o que estou experimentando é o que a minha mente projeta. Agora, se eu tivesse sentidos muito diferentes e um tipo diferente de mente, é provável que experienciasse a mesa de uma forma completamente distinta. Se fosse um daqueles insetos que fazem furos na madeira, minha percepção da mesa seria diferente, mas também seria real. Para o cupim, seria real.

Acreditamos no que nossos sentidos nos informam, mas também existem fenômenos que contradizem diretamente a nossa compreensão do mundo. Por exemplo, existem mestres iluminados que deixam impressões de suas mãos e pegadas em rochas. Podemos vê-las. O próprio Karmapa atual deixou marcas de suas mãos e pegadas em várias rochas perto de seu mosteiro no Tibete quando era um menino, antes de partir para a Índia. Como conseguiu fazer isso? Conseguiu porque sua mente, mais em sintonia com a realidade do que a nossa, viu que a pedra não é tão sólida como parece. Mas nós acreditamos em nossos sentidos, temos uma espécie de consenso e conspiração para ver as coisas conforme nossas percepções sensoriais nos apresentam. Está ótimo, porque é assim que funcionamos, e não há nada de errado com isso em um nível relativo. É assim que estamos equipados para lidar com a vida em um plano convencional. Mas o problema surge quando pensamos que isso é verdadeiro. O problema surge porque acreditamos que nossos pensamentos condicionados estão nos dizendo a verdade.

Acreditamos implicitamente em nossas identidades muito transitórias. O problema não é o ego — o problema é nossa identificação com o ego. A solução é saber que estamos apenas desempenhando um papel, como um ator. Para ser convincente, o ator precisa desempenhar o papel da forma mais persuasiva possível. O ator se identifica com o papel. Mas que problemão se o ator sai do palco e pensa que ainda é o personagem! O termo "personalidade" vem da palavra latina *persona*, que era a máscara que os atores usavam no palco para representar os diferentes personagens. O problema é que nunca tiramos as nossas máscaras, mesmo na privacidade do nosso quarto. Pensamos: "Este é quem realmente sou".

Nas meditações tântricas, o praticante vê a si mesmo como uma deidade. Ele se vê, por exemplo, como Chenrezig, o Bodisatva da Compaixão. Quando as pessoas fazem a meditação, especialmente os estrangeiros (e talvez até mesmo os tibetanos), sentam-se e procuram visualizar-se como Chenrezig: brancas, com quatro braços e irradiando luz. Mas o pensamento interior é: "Eu sou Mary Smith e agora estou fingindo ser Chenrezig". E pensamos que esta é a realidade. Achamos que essa é a verdade. Mas claro que a verdade é que somos realmente Chenrezig fingindo ser Mary Smith! Esta delusão básica — de nos identificarmos com as coisas erradas — está na raiz de todos os nossos problemas.

Quando nos tornamos iluminados, não nos tornamos uma espécie de bolha cósmica, perdida no espaço da consciência. Não é assim. Se você alguma vez já encontrou grandes mestres iluminados, pôde perceber que eles têm mais vitalidade, estão mais presentes e são mais cheios de vida do que as pessoas comuns. Eles sabem quem são e quem não são. Estão conscientes da forma atual que corporificam, mas sabem que é apenas a forma atual. Não é quem e o que são.

Por trás de tudo com o que nos identificamos está a consciência vasta e aberta que não é apenas o conhecimento, mas é em si a plenitude da sabedoria e compaixão. Sabedoria significa vermos as coisas como realmente são. Compreendemos as coisas com clareza, sem distorções. Quando falamos sobre sabedoria e vacuidade, não nos referimos a algo frio e distante. Esta consciência ampla e aberta contém tudo.

A mente do Buda é vazia e, por isso, pode estar repleta de todas as qualidades. Estamos plenos de todas as qualidades do Buda. Neste momento, elas estão apenas encobertas pelo esquecimento. A única maneira de descobri-las é olhar para dentro e começar a remover os falsos véus que cobrem o que sempre esteve presente, esperando para ser encontrado.

❧ Perguntas

Pergunta: Como podemos ajudar nossos filhos a acessar os benefícios da quietude?

Jetsunma Tenzin Palmo: Uma vez, quando eu estava indo de ônibus para Dharamsala, sentei-me ao lado de um rapaz que era educador de jardim da infância em Nova York, em uma escola influenciada por Krishnamurti. Ensinavam todas as crianças a sentar e se concentrar na respiração e na mente. Ele disse que era maravilhoso! As crianças adoravam, era muito natural para elas. Ensinavam o que fazer, e elas faziam tudo com facilidade porque a sua mente é muito aberta. A prática as ajudou muito a se tornarem centradas, a perceberem que *existe* um centro. Ensiná-las como acessar esse centro de quietude interna é incrivelmente importante.

Também conheci uma pessoa que tratava de crianças perturbadas, cujo comportamento era tão difícil que ninguém mais conseguia lidar com elas. Uma das muitas coisas que fizeram foi ensiná-las a se sentarem e começar a encontrar o seu próprio centro de calma. Acho que esse é um dos maiores presentes que podemos dar a uma criança. Claro que, especialmente com crianças muito pequenas, é preciso ter habilidade e não prolongar a prática por muito tempo, já que hoje em dia a sua capacidade de atenção é muito curta. Podemos fazer isso quase como uma brincadeira — nada realmente pesado — ajudando-as a aprender a se sentar e entrar em seu centro, mesmo que por alguns minutos. Se a família for religiosa, vocês podem se reunir quando as crianças acordarem e quando forem para a cama. Se tiverem um pequeno altar, podem acender incenso e velas juntos, fazer uma pequena oração e passar um tempo especial juntos para se centrarem antes de adormecer. Seria maravilhoso.

Antigamente as famílias sempre se reuniam à noite e faziam orações. É realmente muito triste termos perdido algumas destas tradições tão inteligentes. Se levamos a sério o bem-estar de nossos filhos, devemos começar a introduzir essas coisas de forma bem suave. Me parece que os momentos que a família compartilha são muito preciosos, especialmente coisas que ajudam as crianças a se tornarem centradas e calmas e se sentirem seguras. Talvez seja algo que falte a muitas famílias hoje em dia.

P: Gostaria de saber se a senhora poderia falar um pouco sobre meditação e sono, e a relação com o sonho. Às vezes, quando medito, entro em uma espécie de sono, no estado de afundamento, ou fico tão desperto que não consigo dormir.

JTP: Os tibetanos, que nunca gostam de perder nem um minuto, têm duas práticas principais para dormir. Uma é chamada meditação da clara luz e outra é chamada de ioga dos sonhos. No entanto, não vou dar ensinamentos sobre isso. A resposta sempre diz respeito a alcançar o equilíbrio, de modo que nossa consciência esteja presente e que possamos manter essa consciência no estado de sonho, mas não devemos estar tão conscientes a ponto de não conseguirmos dormir. Se estamos meditando, mas nos sentimos sonolentos e não conseguimos nos manter acordados, então estamos afundando no torpor. Temos a tendência de ficarmos ainda mais sonolentos, e isso não é bom porque estabelece um padrão na mente de que meditar é adormecer, ou de ficarmos despertos e não conseguimos mais dormir. Por isso, é melhor fazermos nossa prática principal de meditação algum tempo antes de ir dormir. Quando formos dormir, mantemos nossa consciência básica presente, mas de forma discreta, apenas relaxamos e praticamos soltando a mente, soltando todos os pensamentos, não nos segurando a nada a não ser na consciência. Essa é uma forma rápida de adormecer, mas ao mesmo tempo mantendo uma centelha de consciência durante todo o processo. Então, quando dormirmos, nossos sonhos também serão bastante claros e poderemos reconhecê-los como sonhos. Vamos despertar em um estado de clareza e consciência. Esta é uma das razões pelas quais os tibetanos gostam de ficar sentados e não de deitar para dormir durante os retiros, pois assim é muito mais fácil manter a consciência. Quando deitamos, nossa consciência tende a se dispersar e depois apagar-se por completo. É uma arte avançar até o ponto de ainda ter consciência, mas não tanta que não se consiga dormir. Pratique!

P: Às vezes me sinto muito mais acordado e vivo se medito à noite em vez de dormir. Posso fazer isso?

JTP: Claro, desde que no dia seguinte você não se sinta excessivamente cansado. Quando meditamos, nossa mente está relaxada mas alerta, e na verdade é um estado mental muito mais relaxante do que o estado de sonho da maioria das pessoas. Nossa mente é renovada em níveis profundos, mas é preciso ter certeza do que o nosso corpo está sentindo. Se sentimos nossa mente luminosa e espaçosa, mas nosso corpo cansado, devemos ser cautelosos. As pessoas em retiro geralmente percebem que seu tempo de sono fica cada vez mais curto. Embora meditem vinte e quatro horas por dia, durante dias a fio, acabam se sentindo mais vivas e acordadas. Durante o sono, muitas vezes somos sacudidos e revirados com sonhos intermináveis revolvendo na mente. Isto é muito mais desgastante. É maravilhoso meditar à noite, quando está tudo tranquilo e o mundo parece suspenso, contanto que o corpo e a mente não sejam depois afetados adversamente pela fadiga. Meditar à noite é uma experiência muito diferente de meditar de dia.

P: Gostaria de perguntar sobre dores de cabeça. Às vezes, durante a meditação sinto como se ficasse bem zonzo, sinto um pouco de dor, e, se mudo o foco, a dor vai para cima. Então, gostaria de saber se isso é algo a ser evitado ou algo para ser percebido como uma sensação.

JTP: Qual é o foco de sua meditação?

P: Apenas olhar para dentro e a respiração.

JTP: Há quanto tempo isso vem acontecendo?

P: Dois meses.

JTP: E acontece toda vez que você medita na respiração ou apenas às vezes?

P: Só às vezes.

JTP: A questão é que, quando meditamos, às vezes tentamos nos concentrar demais, e isso gera estresse para o cérebro. Portanto, é muito importante que, enquanto nos concentramos, nossa mente também permaneça relaxada. Não posso expressar o quanto é importante ter uma mente relaxada, não tensa. Acho que é a tensão que está causando suas dores de cabeça. Quando estiver sentado e focando o ar entrando e saindo, faça-o de uma forma muito espaçosa, suave, e ignore todo o resto que estiver acontecendo; tente não pensar a respeito. Apenas se concentre, trazendo a atenção gentilmente para a inspiração e para a expiração de uma forma bem relaxada. Ao mesmo tempo, concentre-se de forma bem clara. Não é o caso de se forçar a fazer algo. Não existe tensão.

O Buda disse que a meditação é como afinar as cordas de um violão. Se estiverem muito esticadas, podem arrebentar. Se estiverem muito frouxas, não obtemos nenhum som. Temos que aprender a afinar nosso instrumento para obter o som mais belo. Assim, quando meditamos, temos que trabalhar com a mente para obter o equilíbrio entre relaxamento aberto e consciência precisa. Se sentir que sua mente está tensa e tiver dor de cabeça, relaxe e traga gentilmente sua atenção de volta para a inspiração e a expiração. Talvez possa encurtar o tempo de prática. Por quanto tempo você tem praticado?

P: Cerca de uma hora.

AS SEIS PERFEIÇÕES

JTP: Talvez seja muito. Pratique por vinte minutos, relaxe por dez, e faça mais vinte minutos.

P: Acho que um pouco dessa tensão vem de me perguntar onde encaixar a meditação no meu dia — manter a disciplina de continuar a prática, mas de uma forma também relaxada e confortável.

JTP: Sim, não force muito. Durante o dia, se puder, traga sua atenção de volta para o momento presente. Esta não deve ser uma disciplina muito severa para a mente. A prática deve ser um motivo de alegria. Se considerarmos nossa vida cotidiana e nossa mente comum como um grande pedaço de massa, então a prática da consciência é como o fermento. Se misturamos o fermento com a massa, ele a deixa mais leve, de modo que podemos assá-la e comê-la. Não é como ter uma grande bolota de massa crua em nossa barriga. A massa se torna nutritiva devido ao fermento. Assim, a prática deve ser como fermento. Não deve ser como uma pilha de pedras tornando nossa vida ainda mais pesada.

P: Talvez eu deva treinar meu cavalo mais um pouco.

JTP: Sim, seja gentil com seu cavalo. Acaricie-o!

P: Tenho uma pergunta sobre a respiração: devemos respirar pelo nariz ou pela boca? Não entendo a diferença.

JTP: Os tibetanos costumam respirar pelo nariz. É uma coisa muito simples: inspirar e expirar. Aqui não enfocamos particularmente a respiração logo abaixo das narinas, é apenas o conhecimento genérico de que o ar está entrando e saindo. Mas, se ajudar a tornar a concentração mais clara, podemos localizá-la. Ou podemos nos concentrar em um ponto logo abaixo do umbigo. Podemos sentir a respiração entrando e saindo. Por outro lado, algumas pessoas têm problemas com a respiração. Elas ficam ansiosas. Têm ataques de ansiedade. Nesse caso, talvez seja melhor usar um objeto de meditação diferente.

P: Gostaria de fazer uma pergunta sobre o olhar, porque eu costumava meditar com os olhos fechados. Recentemente aprendi a meditar com os olhos abertos e percebi duas coisas: se começo a cair naquele estado letárgico, elevo o olhar. Só que não entendo muito bem a qualidade do olhar. Às vezes desfoco um pouco, como se fosse distraído pelo que está à minha frente.

JTP: A razão pela qual tibetanos, japoneses e chineses enfatizam os olhos abertos é a conexão entre o órgão da visão e as energias sutis do corpo. Se o olhar é inabalável, ajuda as energias sutis a entrarem no canal central, o que significa que a mente se torna rapidamente focada e calma.

Quando comecei a meditar, meu velho professor iogue me deu um pequeno seixo, e eu tinha que colocá-lo na minha frente e me concentrar nele. Eles sugerem um seixo porque não se deve ficar muito fascinado pelo objeto, não se pode ter muitas ideias a respeito dele. Se o objeto for um cristal, vamos sentar e ficar pensando sobre os cristais, e assim por diante. Um seixo é um seixo. E, como o seixo não reflete luz, não prejudica os olhos. Só fica ali. A ideia é primeiro aprender a concentrar o olhar e, em seguida, aprender a focar a mente. Manter a mente focada apenas no seixo é um grande feito, e portanto é um bom treinamento. Não olhamos fixamente para ele. Meio que desfocamos os olhos um pouco, mas mantemos o olhar naquele único ponto. No início é um esforço para os olhos, eles começam a lacrimejar, então os fechamos e abrimos de novo.

Quando meditamos com os olhos fechados, há uma escuridão sutil na mente. É possível que nos desconectemos demais do ambiente externo. Manter os olhos entreabertos, não completamente abertos, mas um pouco, nos mantém aterrados, e isto é muito importante na meditação budista. Inicialmente é mais difícil do que manter os olhos fechados, mas, no final, as recompensas são grandes. Assim, você deve continuar praticando. Arranje uma pedrinha e vá em frente!

7
Lojong e bodhichitta

Colocar os outros antes de si mesmo é uma atitude chamada de treinamento da mente no budismo Mahayana, ou *lojong* em tibetano. Quando aprendemos a gerar grande compaixão e temos clareza em nossa motivação a respeito dos outros e de nós mesmos, aprofundamos nossa prática espiritual. Lojong é um meio de nos abrirmos para a vida.

Pode-se dizer que os praticantes budistas abrangem aqueles que praticam o caminho para a liberação pessoal e aqueles que o praticam para a liberação universal. Mesmo na tradição Theravada, conforme registrado no cânone páli, o Buda elucidou os dois caminhos — o caminho da liberação individual atingida por um arhat, e o caminho do bodisatva que leva à iluminação completa. O próprio Buda relatou como em uma vida passada, quando ainda era um bodisatva, ele tomou a profunda decisão de renunciar ao nirvana imediato como arhat a fim de prosseguir por muitos éons mais e se tornar um Buda por compaixão pelo mundo.

Após o Buda entrar no Mahaparinirvana, foi convocado um conselho budista com 500 arhats. O cânone básico foi recitado, e os arhats concordaram sobre o que seria incluído. Porém, já naquele tempo, conforme registrado no cânone, ao final da recitação um grupo de monges chamado de Maha Sangha, ou a grande comunidade, disse: "Bem, está tudo muito bom, e vocês recitaram muito bem, mas não foi assim que ouvimos. Não foi isso que ouvimos o Buda dizer. Podem ir em frente com a versão de vocês, nós manteremos a nossa. Obrigado." E foram embora. O curioso é que na verdade não sabemos quem eram essas pessoas. O que elas ouviram? A sua versão parece ter se extinguido, a menos que tenha sido incorporada a tradições posteriores.

Depois do Mahaparinirvana do Buda, os monges partiram em todas as direções da Índia, e, em um período relativamente curto, foram desenvolvidas as chamadas 18 escolas. Essas escolas conservaram os sutras em diferentes linguagens. Deve-se entender que o Buda provavelmente não falava páli, que penso ser um dialeto do oeste da Índia. Os historiadores acham que o Buda falaria prácrito, mas, em todo caso, a maioria das diferentes linhagens conservou seus sutras em sânscrito, o idioma literário da época. Contudo, durante trezentos anos ninguém redigiu o cânone, que foi todo memorizado e transmitido oralmente.

Acontece que o grande imperador Ashoka seguia em especial os ensinamentos do cânone páli da escola Theravada; por isso, quando seu filho, que era monge e arhat, foi mandado para o Sri Lanka, essa escola foi transmitida lá. Por fim espalhou-se pela Tailândia, Birmânia, Camboja, pelo Laos e outros locais. Mais tarde, quando o budismo foi-se extinguindo na Índia, as únicas linhagens das 18 escolas que ainda restavam no mundo eram a Theravada e aquelas que chegaram ao leste da Ásia, como China e Tibete, e lá foram preservadas.

Em um nível profundo, o interesse principal do budismo é em como obter a liberação. Isso significa que, seja qual for o país budista para o qual se vá, verifica-se que, por trás do protocolo ético e social de ser budista naquele lugar, existe o entendimento de que nossa mente é deludida e precisa ser liberada. É como se estivéssemos afundando no pântano do samsara. O verdadeiro motivo para termos uma vida humana é nos salvarmos e irmos para a terra firme. Todavia, de um ponto de vista comum, é certo que, se saíssemos do pântano para a terra firme, nossa ação seguinte seria voltar para tirar todos os outros dali de dentro. A única finalidade de estar em terra firme é estar em posição de resgatar todos os demais. Essa é a principal divisão entre as chamadas escolas do Hinayana e as escolas do Mahayana — a *motivação* para a liberação. Queremos ser livres só para nós mesmos ficarmos livres? Ou queremos ser livres para ficar em posição de libertar os outros? Essa é realmente a grande diferença.

Ser budista não é uma questão de práticas, mantos específicos ou de como nos chamamos externamente. Podemos fazer práticas de Vipassana usando um manto Theravada, mas com motivação Mahayana, e estar no caminho do Mahayana. Podemos praticar os tantras mais elevados e, se nossa verdadeira motivação é liberar apenas a nós mesmos, então estamos no caminho do Hinayana. Hinayana não tem nada a ver com Theravada de maneira intrínseca: tem a ver com nossa motivação para praticar. Conheço muitos monges e monjas do Theravada que fizeram o voto de bodisatva, e até mesmo alguns monges e monjas católicos que também fizeram o voto. Eles não deixam de ser theravadin, não deixam de ser católicos. Não tem nada a ver com isso. A prática espiritual tem tudo a ver com nossa motivação interior.

Nascemos interminavelmente no samsara em milhões de épocas e em todos os reinos da existência. Nascemos não só como humanos, mas como animais, insetos, deuses, seres dos reinos infernais, fantasmas ou qualquer coisa que possamos imaginar. Todos nós passamos por isso repetidas vezes, e ao longo de todas essas incontáveis vidas estivemos interconectados com todos os seres.

Todos os seres foram nossa mãe em algum momento; portanto, temos uma conexão íntima e profunda com cada ser senciente. Mas esquecemos disso. Agora, quando encontramos os outros, parecem estranhos. Todavia, assim como desejamos cuidar de nossa mãe e liberá-la nesta vida, podemos estender nosso desejo para incluir todos os seres sencientes. Naturalmente, surge então a pergunta: qual é a melhor e mais duradoura forma de podermos ser de benefício para nossa mãe, não só nessa vida, mas ao longo de vidas sem fim? Claro que o melhor jeito de ajudar é providenciar para que nossa mãe atinja a liberação do ciclo infindável de nascimento e morte. Podemos providenciar para que ela fique a salvo e em terra firme. Mas como podemos liberar os outros quando nós mesmos ainda estamos presos no samsara? Para isso fazemos o voto de atingir a iluminação para o bem de todos os seres sencientes, nossas mães.

Toda a nossa atitude em relação à vida muda quando nos abrimos para o voto de bodisatva. Significa que nosso progresso espiritual se desenrola para o bem dos outros. Sim, nos beneficiamos, mas a intenção última é nos prepararmos para realmente podermos ser de benefício para os outros. Vamos supor que estamos doentes e concluímos que o melhor a fazer para nos curarmos é nos tornarmos médicos. Mas, enquanto aprendemos as habilidades necessárias, podemos perceber que existem muitos outros que também estão doentes. Naturalmente faz mais sentido estudar para se tornar médico não só para ser capaz de se curar a nós mesmos, mas para poder curar os outros também.

Os seres sencientes são infinitos em quantidade. Seres não significam apenas seres humanos, mas também animais, insetos e seres dos reinos dos espíritos. Existem tantos seres, e não é possível liberar todos em uma só vida. Nem mesmo o Buda conseguiu realizar isso. Contudo, temos infinitas vidas, e assim buscamos refúgio não até a vida atual acabar, mas até a iluminação ser alcançada e todos os seres sencientes serem liberados. É um período de tempo muito longo. Como bodisatvas no caminho, essa atitude permeia tudo que fazemos, toda meditação, todas as nossas preces e ocupações da vida cotidiana. A meta última é avançar espiritualmente e ter condições de beneficiar os outros de verdade. Um exemplo bem simples me vem à mente. Eu costumava fazer uma determinada prática espiritual; certa noite estava me sentindo cansada e decidi não me dar ao trabalho de fazê-la. Mas aí pensei: "Não, espere um pouco. Você não está fazendo isso para o seu bem. Você é uma representante, a substituta de todos os seres do mundo que não sabem como fazer essa prática. Você está fazendo em nome deles! Então que história é essa de não estar a fim esta noite, de estar um pouco cansada!". A situação mudou na mesma hora e a energia para prosseguir começou a fluir. Ter apreço pelos outros é uma motivação poderosa.

Um de nossos principais problemas é que nos colocamos em primeiro lugar. Mesmo pessoas que em geral são muito altruístas ainda verificam que existe uma noção de eu que elas de alguma forma protegem. Os *Oito versos do treinamento da mente* parecem radicais porque abordam como podemos considerar os outros mais preciosos do que nós mesmos. É por isso que vamos contemplá-los e averiguar seu significado. Eles revelam como podemos esgotar nossa resistência ao altruísmo. Sentir resistência até mesmo ao pensamento de voltar infinitamente ao samsara por compaixão é um sinal de forte autoapreço. Os oito versos oferecem métodos para ajudar a nos abrirmos à grande compaixão. Dedicar a vida a servir os outros é muito raro neste mundo. O voto de bodisatva leva esse comprometimento um passo adiante, transformando-o em um genuíno caminho espiritual que se estende não só por esta vida, mas por infinitas vidas.

Atisha Dipamkara, um grande sábio indiano, deixou Sumatra para estudar durante anos com o grande mestre Dharmamati a fim de entender toda a questão de bodhichitta, a mente de aspiração que busca a iluminação para o bem dos outros. Mais tarde, foi para o Tibete e introduziu a prática do treinamento da mente. Também deu início à tradição Kadampa. O texto que vamos explorar aqui, os *Oito versos do treinamento da mente*, foi escrito por Geshe Langri Tahngpa, que viveu no Tibete do final do século XI e início do século XII.

OITO VERSOS DO TREINAMENTO DA MENTE[1]

*Possa eu sempre estimar todos os seres
Com a resolução de atingir para eles
O bem mais elevado, mais precioso
Do que qualquer joia que realiza desejos.*

*Sempre que estiver na companhia de outros,
Possa eu me considerar inferior a todos
E do fundo do meu coração
Estimar os outros como supremos.*

*Em todas as minhas ações, possa eu vigiar minha mente,
E, tão logo surjam as emoções perturbadoras,
Possa eu energicamente detê-las no mesmo instante,
Uma vez que irão ferir tanto a mim quanto aos outros.*

*Quando vir pessoas de má índole,
Oprimidas pelas más ações e pela dor,
Possa eu estimá-las como algo raro,
Como se tivesse encontrado um tesouro.*

*Quando alguém por inveja me fizer mal,
Insultando-me e coisas assim,
Possa eu aceitar a derrota
E oferecer-lhe a vitória.*

*Mesmo que alguém a quem eu tenha ajudado
E em quem tenha depositado minhas esperanças,
Faça grande mal ao me causar dano,
Possa eu vê-lo como um excelente amigo espiritual.*

---

1 Traduzido para o inglês por Ruth Sonam em *Eight Verses for Training the Mind*, de Geshe Sonam Rinchen, traduzido e editado por Ruth Sonam (Ithaca, NY: Snow Lion Publications, 2001). Republicado sob permissão.

> Em resumo, direta ou indiretamente,
> Possa eu dar todo auxílio e alegria a minhas mães,
> E possa eu tomar todo seu dano e dor
> Para mim em segredo.
>
> Possa nada disso jamais ser maculado
> Por pensamentos das oito preocupações mundanas.
> Possa eu ver todas as coisas como ilusões
> E, sem apego, obter a liberdade da escravidão.

Treinar a mente para colocar os outros à nossa frente é um tópico que está na base de todo o budismo tibetano. Por exemplo, meu lama, o oitavo Khamtrul Rinpoche, era muito calado. Quando era um jovem monge no Tibete, quase nunca falava, e mesmo na Índia não dizia muita coisa. Quase nunca me deu ensinamentos. Aprendíamos por meio de seu exemplo, pelo modo como ele agia e não realmente pelo que dizia. Mas, quando concedia o voto de bodisatva, ele falava sobre bodhichitta e o treinamento Mahayana da mente. Falava e falava, ficava muito animado. As palavras jorravam às vezes por horas. Khamtrul Rinpoche tinha tanto entusiasmo pela ideia de dedicar a vida inteira ao serviço dos outros e à busca da iluminação para o bem alheio! Achava isso profundamente inspirador.

Temos iogues em nossa comunidade. São monges; contudo, antes de irem do Tibete para a Índia, moravam em cavernas. Eles fazem as práticas tântricas mais avançadas. Antes de morrer, Khamtrul Rinpoche convocou seus iogues e disse: "Agora vou dar a vocês meu ensinamento secreto supremo. É algo de meu coração que tenho que transmitir a vocês". Todos os iogues ficaram muito intrigados, imaginando qual seria o ensinamento. E acabou sendo o texto do lojong chamado *Treinamento da mente em sete pontos*, escrito no século XII por Chekawa Yeshe Dorje, inspirado a redigir esse texto pelos mesmos *Oito versos* que lemos agora. Desse modo, os ensinamentos do lojong não são dados apenas no início da prática. Também são dados no meio e no fim. Se conseguíssemos apenas praticar isso, seria o bastante. Não precisamos de mais nada. Essa é a essência em todas as tradições do Tibete.

Sua Santidade o Dalai Lama e todos os grandes mestres ensinam esses princípios básicos repetidamente, porque nossa mente de autoapreço é muito forte e muito sutil ao mesmo tempo. Esse ensinamento vai exaurindo-a. Quando não praticantes pensam em budismo tibetano, com frequência pensam em todos os rituais e deidades, em todo o glamour. Mas, quando penso de que se trata o budismo tibetano fundamentalmente, é sobre bodhichitta e lojong, que é colocar os outros à nossa frente. Por isso o budismo tibetano permaneceu tão puro. Não se degenerou. Na verdade, o tantra foi para a Tailândia, o Sri Lanka e outros países, mas depois de um tempo foi corrompido. Ele não se degenerou no Tibete porque desde o princípio tinha essa incrível ênfase na purificação da motivação.

Essa qualidade de bodhichitta é realmente a essência do caminho no budismo Mahayana. Escrevem-se livros louvando bodhichitta com belas palavras — como essa aspiração pela iluminação para o bem dos outros é de fato a joia que realiza desejos, a joia que não tem preço. Os tibetanos consideram bodhichitta a prática que transforma por completo toda a nossa vida espiritual e mundana. Despertar para bodhichitta é como transformar metal comum em ouro, por isso é algo precioso para além das palavras.

Os *Oito versos do treinamento da mente* desafiam o que se chama de aspecto de autoapreço da mente. Não se trata de termos que nos humilhar e nos odiar constantemente. Não significa que devemos pensar apenas nas coisas ruins que existem em nós, nem que nos sintamos culpados no momento em que pensamos sobre nossas boas qualidades, como se estivéssemos sendo orgulhosos. Desse jeito acabamos com a autoestima restrita e baixa.

Sua Santidade o Dalai Lama tem muito interesse pela ciência, e todo ano realiza uma conferência sobre mente-ciência reunindo cientistas importantes de vários setores para discutir as semelhanças e diferenças entre ciência e budismo. Certa vez Sua Santidade participou de um seminário com psiquiatras, neurologistas e especialistas ocidentais de várias correntes interessadas na mente. Talvez tenha feito algumas reflexões sobre o autoapreço, porque um dos cientistas perguntou: "Sua Santidade, como lidamos com a baixa autoestima e o ódio de si mesmo?".

Sua Santidade olhou sem entender nada e perguntou: "Hã, a que você se refere?"

O cientista respondeu: "Bem, sabe, quando você se sente indigno e não gosta de si mesmo, e se sente muito pesaroso e triste."

Sua Santidade olhou perplexo e perguntou ao tradutor: "Hummm, o que ele está querendo dizer?" O tradutor explicou, e Sua Santidade ficou pensativo. Disse: "Oh, acho muito incomum, muito incomum".

O cientista voltou-se para os ilustres colegas e perguntou: "Quem sofre de uma sensação de baixa autoestima ou de ódio de si mesmo?"

Todos ergueram a mão.

Sua Santidade realmente teve que pensar a respeito porque os tibetanos, pelo menos os tradicionais que viviam no velho Tibete, não sofriam disso. Hoje em dia, os jovens tibetanos modernos e refugiados têm problemas de identidade, mas os mais velhos nem tanto. Estes têm um grande senso de amor-próprio e autoestima, não importando o status. Não é orgulho. É uma sensação de confiança interior, de estar basicamente bem.

Os tibetanos que chegaram à Índia haviam perdido tudo. Os comunistas chineses haviam tomado seu país. Muitos tibetanos perderam membros da família e amigos que foram mortos ou aprisionados. Os comunistas destruíram mosteiros. Mataram monges e monjas, devastaram a cultura. Tentaram tirar aquilo que era o mais importante de tudo para os tibetanos, seu Darma. Os que tiveram condições fugiram para a Índia e o Nepal. Muitas vezes havia centenas em um grupo tentando escapar, e só dois ou três conseguiam sair. Os tibetanos levavam meses para cruzar o terreno difícil das montanhas cobertas de neve. E, se conseguiam, viam-se em uma cultura completamente diferente — a linguagem era diferente, a comida era diferente, e era muito quente. Eram refugiados doentes e arrasados, e não tinham nada.

Quando fui para a Índia pela primeira vez, em 1964, os tibetanos estavam lá há uns quatro anos. Eram paupérrimos, e muitos viviam em tendas feitas de sacas. Trabalhavam nas estradas, até mesmo os lamas. E estavam muito preocupados com o que estava acontecendo com aqueles que haviam deixado no Tibete. Todavia, impressionava a todos que conheciam aqueles refugiados tibetanos o quanto eram alegres! Tinham uma presença marcante. Eram muito cordiais e generosos. Não estavam com pena de si mesmos — eram bonitos e estavam radiosamente em paz consigo mesmo a despeito do trauma que haviam sofrido.

Trocar o eu pelos outros não nos deixa deprimidos, oprimidos e cheios de autodesprezo. Na verdade, nos proporciona uma tremenda sensação de coragem interna que podemos levar conosco mesmo nas situações mais desastrosas.

No *Bodhicharyavatara* (*O caminho do bodisatva*), Shantideva aponta as diferenças entre o orgulho comum e a autoconfiança. Orgulho é um klesha, uma emoção aflitiva, mas autoconfiança é essencial para o caminho espiritual. Ter apreço pelos outros acima de nós mesmos exige enorme quantidade de autoconfiança e destemor. *O caminho do bodisatva* e os *Oito versos do treinamento da mente* atingem nosso orgulho e o nó do autoapreço que parecem situar-se no cerne de nosso ser.

Possa eu sempre estimar todos os seres
Com a resolução de atingir para eles
O bem mais elevado, mais precioso
Do que qualquer joia que realiza desejos.

O primeiro verso significa exatamente o que diz: possa eu sempre querer bem a todos, com a resolução de conquistar para eles "o bem mais elevado", que é a liberação, claro. Todos os seres sem exceção querem ser felizes. Não querem sofrer. Como seres humanos, despendemos uma quantidade imensa de energia, tempo e dinheiro no que esperamos que nos faça felizes. Uma das tragédias de nossa sociedade de consumo moderna é que tenta nos vender um esquema para a felicidade que o Buda já proclamou ser o caminho para o sofrimento.

Nossa sociedade de consumo baseia-se firmemente nos três venenos da ganância, do ódio e da delusão, com ênfase na geração sempre crescente de ganância e desejo. Nossa sociedade fundamenta-se na autopropaganda, na venda e promoção do eu, e essa expressão dos três venenos apenas cria samsara. Nossa sociedade também glorifica a violência. Sempre fico horrorizada ao ver de relance os filmes que as pessoas assistem nos aviões e por aí. Os filmes são repletos de gente lutando e se esmurrando!

Esse verso nos oferece uma outra forma de olhar para a vida. Como diz Shantideva, quando buscamos apenas a nossa felicidade, só conseguimos mais frustração e sofrimento. Mas, quando buscamos a felicidade dos outros, descobrimos nossa própria felicidade. Em termos numéricos, como os seres sencientes são infinitos e eu sou só um, faz mais sentido preocupar-me com os que são muitos. Sua Santidade o Dalai Lama diz que seu primeiro pensamento ao acordar pela manhã é como pode usar o dia para levar felicidade aos outros.

Na mitologia indiana, as joias que realizam desejos pertencem aos deuses, e tais joias concedem qualquer coisa que se deseje. Todavia, o verso nos diz que a aspiração de dar alegria aos outros antes de a nós mesmos é mais preciosa do que tal joia. O motivo é que, mesmo que tivéssemos em mãos a joia que realiza desejos, ela só poderia realizar nossos desejos nesta vida. Mas levaremos conosco, ao longo de vidas sem fim, a aspiração pela felicidade e iluminação dos outros, e isso vai nos trazer muito carma bom e benefícios. Tal aspiração reflete uma transformação da mente, e a levaremos conosco até a iluminação ser alcançada.

Por isso o segundo verso diz:

> *Sempre que estiver na companhia de outros,*
> *Possa eu me considerar inferior a todos*
> *E do fundo do meu coração*
> *Estimar os outros como supremos.*

Posso entender muito bem por que certas mulheres ressentem-se desse verso e pensam que nós sempre nos vimos como inferiores. De modo que mais uma vez quero enfatizar o que eu disse no início. Esse verso não sugere que nos vejamos como inferiores e os outros como superiores, nem que devemos ser passivas, rastejantes e cheias de autodesprezo. Outrossim, é a atitude de deleite em levar felicidade aos outros que é destacada. Não é uma questão de subserviência, mas de ver através de nosso autointeresse inerente.

O Buda falou que a qualidade da bondade amorosa é como o amor da mãe pelo filho único. E a natureza programa a mãe para amar. Se a natureza não nos predispusesse a amar nosso bebezinho, poderíamos simplesmente jogá-lo fora porque é muita perturbação! Mas mesmo a maioria dos animais ama suas crias e as defende literalmente até a morte se necessário. Assim, já temos o instinto em nós, precisamos apenas promover e expandir nosso impulso natural até que a sensação de se derreter de amor se estenda a todos os seres. Ao longo de incontáveis vidas todos os seres foram nossos filhos, e fomos mãe deles. Cada um deles foi nossa mãe também. Oferecer compaixão a todos os seres transforma por completo o coração. É assim que podemos reconhecer que cada ser que chega à nossa presença quer a felicidade. Sejam cordiais, agressivos ou indiferentes, todos os seres querem apenas a felicidade.

Uma alegria franca e sincera surge quando proporcionamos felicidade aos outros. Embora as palavras do texto às vezes possam parecer sugerir um tipo de rebaixamento, não se trata disso. Uma imagem clássica é a das duas fatias de bolo. Uma fatia é grande, e a outra é pequena, e não consideramos sacrifício dar a fatia grande a alguém que amamos. Se pensamos em termos de sacrifício pessoal, dar torna-se algo pesado e acabamos com uma sensação de: "Oh, pobre de mim, estou sempre dando e dando, e os outros estão sempre pegando e pegando". Acabamos nos sentindo destituídos e áridos por dentro. Mas essa prática na verdade é o oposto de tal atitude. O oposto do sacrifício pessoal não é a promoção do ego. É, na verdade, relacionar-se com os outros com alegria e deleite genuíno pela felicidade deles.

No budismo, o orgulho é considerado uma coisa tripla. Um aspecto envolve o pensamento arrogante de que somos melhores que os outros. Podemos ter orgulho de nossa aparência, riqueza, talentos, família ou raça, e sentir que somos de algum modo superiores aos outros. Todos esses aspectos do orgulho são autorreferenciais. Algumas pessoas com distúrbios psicológicos sentem-se mal a respeito de si mesmas; sentem-se inferiores e se odeiam. Mas ainda assim estão absortas em si mesmas. Não conseguem pensar em nada fora delas. Só querem falar de seus problemas, seus sentimentos e das coisas horríveis que aconteceram a elas. Qualquer conversa sobre os outros levam-nas às lágrimas. Querem voltar aos assuntos delas durante todo o tempo em que se está com elas. O orgulho surge não só de pensar que somos maravilhosos, mas também de pensar que somos medonhos. Todos esses aspectos do orgulho são expressões do ego.

Esse senso de orgulho sugerido no texto como uma questão de se sentir superior, inferior ou igual aponta para a mente comparadora. Qualquer comparação que façamos expressa dualidade entre nós e os outros. Assim que conhecemos alguém, em geral começamos a comparar. Mesmo quando pensamos: "Sou tão bom quanto você", fizemos uma separação. Uma mente aberta e espaçosa não compara.

Porém, se estamos em uma situação em que estamos sempre doando e doando, pode muito bem acontecer que, depois de um tempo, fiquemos como uma garrafa vazia. De modo que também precisamos nos reabastecer. No budismo, isso habitualmente é feito por meio da prática de meditação, com a qual nos reabastecemos a fim de termos condições de nos doarmos.

A maioria das pessoas pensa nas freiras de Madre Teresa a andar pelas ruas de Calcutá acolhendo os mortos e moribundos, mas não entende que as freiras passam pelo menos metade do dia em oração. Elas absorvem assim como doam, e é desse modo que conseguem ir em frente. Acho impressionante as irmãs de Madre Teresa e suas voluntárias treinarem para ver Jesus em todos aqueles de que cuidam — Jesus disse que voltaria como os pobres e doentes, e por isso as freiras e voluntárias acreditam que não estão apenas servindo a um mendigo infeliz nas ruas, estão servindo a Jesus. Ter a oportunidade de cuidar de seu Senhor dá a elas uma tremenda sensação de privilégio; portanto, elas não têm aquela sensação de orgulho: "Sou tão boa por estar ajudando essa pobre pessoa". Estão cuidando de Jesus com uma sensação de honra e amor.

De modo semelhante, no budismo Mahayana se diz que todos os seres têm a natureza de buda. Isso significa que a essência de nosso ser, a verdadeira natureza de nossa mente, é a percepção primordial, que é vacuidade e clareza bem-aventuradas. Está além do tempo e do espaço, e transcende a ideia de sujeito e objeto. A percepção não nascida é comparada ao céu. Todos nós a possuímos, não apenas os seres humanos. Animais e mosquitos também têm a natureza de buda. Cada ser que encontramos é inerentemente um buda. Nossa tragédia é não percebermos e, em vez disso, nos identificarmos com nossa personalidade bem comum, dominada pelas aflições.

Estamos cercados de budas e bodisatvas! Não é maravilhoso? Se apenas víssemos as pessoas como realmente são, ficaríamos exultantes e honrados em servi-las. Não é um caminho para a opressão — é um caminho de alegria!

O terceiro verso diz:

> *Em todas as minhas ações, possa eu vigiar minha mente,*
> *E, tão logo surjam as emoções perturbadoras,*
> *Possa eu energicamente detê-las no mesmo instante,*
> *Uma vez que irão ferir tanto a mim quanto aos outros.*

LOJONG E BODHICHITTA

Tenho certeza de que vocês sabem que lidar com os chamados três ou cinco venenos é uma das principais preocupações do budismo. Ao longo dos tempos foram desenvolvidos vários caminhos para lidar com os venenos da ignorância, desejo e raiva, mais inveja e orgulho. Até nos tornarmos um arhat ou buda, todos temos alguma coisa dos três venenos e sofremos por causa deles em maior ou menor grau.

Esse texto revela a conduta dos bodisatvas perfeitamente realizados que se doam de forma altruísta, servindo aos outros antes de a si mesmos, completamente alegres e destemidos diante de tudo o que encontram. Bem, ao considerar tais temas, temos que ser muito honestos. Se somos afortunados o bastante para realmente ter essas qualidades, é maravilhoso. Mas não adianta fingir para nós mesmos que somos bodisatvas perfeitos. Se assumimos a pose de sermos perfeitamente amorosos e compassivos, sem irritação ou raiva, e totalmente repletos de bondade amorosa para com todos os outros seres, criamos mais problemas do que benefícios para nós mesmos.

Acontece com frequência — especialmente com novatos no Darma ou nesse tipo de doutrina —, ao ouvir falar das ações dos bodisatvas e ler sobre os problemas do autoapreço, achar que um praticante genuíno deve agir de tal forma e jamais pensar tal coisa. Nos forçamos a virar atores desempenhando um papel porque não queremos admitir nenhum elemento negativo. Reprimimos nossas emoções insalubres, criando o que é chamado de sombra na psicologia jungiana. Desenvolvemos uma sombra porque não encaramos as partes mais desonrosas de nossa psique — acreditamos estar autorizados a reconhecer apenas a luz. No fim isso gera uma crise. As pessoas têm distúrbios nervosos e outras coisas e ficam muito desiludidas com a prática espiritual, visto que tentaram com tanto afinco: "Sempre tentei ser uma boa pessoa, então por que estou tendo um colapso nervoso?" Em geral é porque não foram honestas consigo mesmas. Até mesmo lamas queixam-se disso porque as pessoas têm ideias de como lamas, gurus e monges devem se comportar. Espera--se que eles ajam de determinada maneira — sempre felizes, sorridentes e o que quer que se imagine sobre como um ser perfeito se comporta. Não permitimos que eles simplesmente sejam como são. Isso não significa que nossos professores devam ser indisciplinados e turbulentos, mas com frequência eles não podem se expressar como uma pessoa real. Isso pode causar uma sensação de aprisionamento. Se possuem algum insight sobre sua natureza, sabem que, embora não sejam maus, ainda são seres humanos. Existe uma famosa frase em *Hamlet*, de Shakespeare: "Acima de tudo, sê a ti próprio fiel". Quando somos fiéis a nós mesmos, somos naturalmente honestos com os outros.

A única forma de realmente saber o que se passa dentro de nós é olhar de maneira desapaixonada. Podemos mentir muito para nós mesmos, especialmente sobre nossas intenções e motivações. Em geral damos motivos muito bons para o que quer que façamos, e com frequência esses motivos não são reais. Nos ludibriamos a respeito de nossas verdadeiras intenções a fim de nos sentirmos bem conosco mesmos. Até mesmo Hitler, Mao Tsé Tung e Pol Pot sentiam-se ultrajados quando alguém questionava se o que estavam fazendo era para o benefício das massas. Eles justificavam tudo o que faziam. No que lhes dizia respeito, eram grandes heróis. Podemos justificar qualquer coisa, inclusive genocídio.

Observar nossos pensamentos sem julgar, olhar a qualidade de nossos pensamentos e sentimentos são coisas que podem realmente ajudar a nos tornarmos honestos conosco. Podemos ver o que aparece. À medida que progredimos em nossa prática espiritual, mais e mais tons sutis começam a surgir. Podemos ver que certas qualidades que havíamos considerado aceitáveis não são boas. Ou podemos descobrir, mergulhando abaixo da superfície, que certas qualidades que antes pareciam suspeitas na verdade são ótimas. De acordo com a psicologia budista, qualquer ação de corpo, fala e mente em que a intenção básica esteja manchada por qualquer veneno é negativa e vai resultar em carma insalubre. Não importa como justifiquemos essas ações para nós mesmos. Se nossa verdadeira motivação subjacente é baseada em nossa ignorância, desejo ou raiva, em nossa aversão, ciúme ou orgulho, o resultado será sempre nocivo. Mas se ficamos cientes — se sabemos o que realmente está acontecendo em nossa mente —, então somos capazes de reconhecer essas tendências positivas e negativas no momento em que surgem. Entretanto, na hora que ficamos conscientes de estar sentindo raiva, ganância ou ciúme, muitas vezes já fomos levados de roldão. Assim, quanto antes conseguirmos distinguir o que está surgindo em nossa mente, mais fácil fica para apenas aceitarmos e soltarmos. Nenhuma dessas qualidades negativas é arbitrária; são qualidades muito básicas, interconectadas, e sua existência provém dessa noção de eu, dessa noção de um ego autônomo existente por si, que é a nossa ignorância básica.

É óbvio que, uma vez que tenhamos esse senso de ego autônomo, separado, o desejo de gratificar o ego virá na sequência. Uma mente desejosa e gananciosa vai na direção de qualquer coisa que pareça prazerosa — pessoas, coisas, experiências, pensamentos. Mas às vezes nossos desejos são frustrados, e não temos condições de conseguir o que queremos. Ou as coisas nos parecem ameaçadoras e dolorosas, e isso cria aversão, raiva ou irritação por nosso desejo de prazer ter sido frustrado. O Buda disse que dukkha, a insatisfação, surge quando não conseguimos o que queremos ou recebemos o que não queremos. Quanto mais aguçado o insight sobre o que está realmente se passando na mente, mais percebemos que tudo que fazemos é polarizado entre atrair prazer e evitar dor. Mesmo quando alteramos nossa posição física estamos em busca de conforto e tentando evitar a dor. Somos tão condicionados quanto uma planta que se volta para a luz do sol e murcha com o frio, e fazemos isso o tempo todo. Em geral não temos consciência.

Todos nós temos kleshas, emoções aflitivas. O problema não é esse. Mas seria bom ficarmos cada vez mais conscientes dessas forças negativas em nossa mente. Podemos reconhecê-las e vê-las como são. É como desmascarar um malfeitor. Elas murcham por si. Muitas vezes nem precisamos realmente fazer alguma coisa. Por exemplo, se sentimos a irritação surgir, podemos dizer a nós mesmos: "Raiva". E, uma vez que tenhamos reconhecido a raiva, ela começará a se dissipar sozinha. Não se trata de termos que encarar a raiva com mais raiva — não sentimos raiva de nós mesmos por estarmos com raiva. Isso apenas cria um ciclo. Quando conseguimos reconhecer que um grande demônio de raiva não passa de um produto de nossa imaginação, ele simplesmente evapora-se.

Os venenos criam os problemas em nossa vida. Não são nossos amigos. Sobre esse ponto, os textos do Buda são muito rigorosos. Às vezes os venenos parecem inócuos, em especial a ganância, porque, quando nossa ganância é satisfeita não dá a sensação de ser um problema. Mantidas em nosso coração, essas máculas emocionais são o nosso inimigo. São infindáveis e infinitamente agitadoras. Nunca podem ser satisfeitas. Pessoas raivosas às vezes sentem-se muito cheias de razão; a raiva muitas vezes parece bem justiçada, de modo que parece que está tudo certo. Porém, sentir raiva na verdade é como ter um inimigo acomodado em nosso coração. No fim das contas, podemos tentar nos conciliar com nossos inimigos. Podemos assinar um tratado de paz e até nos tornarmos amigos. Entretanto, quando reconhecemos os venenos inimigos, podemos apelar ao Darma para nos ajudar no caminho espiritual. Por exemplo, o antídoto para a ganância é o contentamento, compartilhamento e generosidade. O antídoto da raiva é a paciência nas situações difíceis, bem como compaixão e amor. O antídoto para a inveja é alegria e felicidade com a boa sorte dos outros; e o antídoto do orgulho é explicado nesse texto, os *Oito versos do treinamento da mente* — colocar os outros à frente de nós mesmos, é claro.

O Darma é para ser praticado dia após dia. Não é reservado apenas para a sala de meditação. É para ser cultivado a cada momento. E por isso o quarto verso diz:

> *Quando vir pessoas de má índole,*
> *Oprimidas pelas más ações e pela dor,*
> *Possa eu estimá-las como algo raro,*
> *Como se tivesse encontrado um tesouro.*

Esse verso abre a questão do que fazemos quando encontramos gente difícil ou de má índole. Normalmente nossa reação é evitá-las, ou ficar irritado, até com raiva. Contudo, a fim de avançar de verdade no caminho espiritual, precisamos cultivar compaixão e bondade amorosa e desenvolver a aceitação paciente das dificuldades e obstáculos. Agora, se formos pessoas razoavelmente boas, as outras em geral serão agradáveis conosco em retribuição. Isso é muito bom. Mas é muito fácil ser cordial e amoroso com pessoas cordiais e amorosas. Não requer particularmente um esforço. Afinal, até mesmo lobos e tigres são cordiais e amorosos entre os seus. Só que não adianta se exercitar levantando uma pena. Se quisermos desenvolver músculos espirituais para valer e nos tornarmos um bodisatva — um guerreiro espiritual, conforme a tradução do tibetano —, precisamos de obstáculos a superar. Precisamos de pesos pesados. E é disso que trata esse texto — da gratidão que sentimos pelas dificuldades e obstáculos. É assim que aprendemos. Claro que não precisamos chamar as dificuldades, mas, quando chegam, sabemos o método para lidar com elas de forma habilidosa.

Atisha, o fundador do lojong, levou para o Tibete um monge bengali como seu atendente. Esse atendente era grosseiro, desagradável e nunca fazia o que lhe pediam. Perplexos, os discípulos de Atisha disseram: "Escute, por que você mantém essa pessoa terrível para lhe atender? Poderíamos servi-lo com muito mais devoção. Por favor, mande-o embora, e cuidaremos de você."

Atisha replicou: "Do que vocês estão falando? Ele é meu maior amigo espiritual. Sem ele, como irei colocar em prática todos os princípios do Darma? Vocês todos são tão devotados e amorosos, não servem para nada!"

E é por isso que o texto diz sobre pessoas de má índole: "Possa eu estimá-las como algo raro". É um meio muito hábil de lidar com pessoas e situações que achamos difíceis. Ficar aborrecido, criar mais raiva e aversão, apenas causa mais sofrimento para nós mesmos. Nossa raiva na verdade não fere os outros. Eles podem sentir-se tranquilos em sua complacência presunçosa. Eles ficam numa boa. Mas nós sofremos. Fazemos conosco aquilo que apenas nossos inimigos nos desejariam. Por que dar essa satisfação para eles? E a questão é essa: dependendo de nossa atitude, as situações são proveitosas ou não. Não é o que está acontecendo lá fora. É como lidamos com isso.

Durante a Segunda Guerra Mundial, havia uma jovem judia na Holanda chamada Etty Hillesum, com vinte e tantos anos. Artista e escritora, ela levava uma vida bastante boêmia. Não era realmente religiosa, era apenas uma pessoa comum. Naquele período do regime nazista os judeus tinham que usar uma estrela de Davi amarela para que todos os outros soubessem que eram judeus. Como não podiam mais usar o transporte público, os judeus não podiam trabalhar. Como não tinham direito a cartões de racionamento, não podiam comprar a maioria dos alimentos. Estavam desamparados e passando fome. Durante o dia, eram constantemente assediados por soldados nazistas muito agressivos, cheios de ódio e totalmente poderosos. A seguir veio a rotina de detenções em casa à noite, para serem enviados para os campos de extermínio. Foi uma época de imensa provação, terror e medo, e Etty viu tudo isso. Ela escreveu muitas cartas, e é por isso que temos conhecimento dela. Etty mais tarde morreu em um dos campos. Em suas cartas fazia observações sobre o que se passava e indagava: "O que podemos fazer? Qual a resposta para todo esse ódio, medo e violência?". Questionou-se sobre aquilo e percebeu que, no momento em que cedia ao ódio e ao medo, eles venciam. A única resposta era o amor. Quando reagia com amor, era vitoriosa.

No quinto verso, os *Oito versos do treinamento da mente* descortinam a questão da reatividade e da atitude defensiva. Quando alguém nos crítica, normalmente saltamos para nos defender e provar que o outro está errado. Por isso o verso diz:

> *Quando alguém por inveja me fizer mal,*
> *Insultando-me e coisas assim,*
> *Possa eu aceitar a derrota*
> *E oferecer-lhe a vitória.*

Não estamos tentando ser masoquistas, mas, a menos que seja algo realmente importante, que diferença faz? Estamos sempre dispostos a aceitar o crédito quando as pessoas dizem coisas boas sobre nós, mas por que não ficar igualmente satisfeito se dizem coisas ruins? Se as pessoas ficam felizes em espalhar coisas ruins a nosso respeito, o problema é delas.

Na verdade, elogio e acusação são apenas palavras. Se alguém nos elogia, devemos olhar e ver se o elogio é válido ou não. Se é verdade, está bem. Porém, se não é, estão elogiando apenas uma projeção deles. De modo semelhante, se alguém nos acusa e insulta, devemos ver se o que está dizendo é verdade. Se é verdade, as pessoas que nos criticam de fato estão nos ajudando ao apontar falhas das quais podemos não estar conscientes. De modo que devemos nos sentir gratos. E, se não é verdade, qual o problema? A única ocasião em que seria considerado aceitável nos defendermos seria no caso de a difamação ou o insulto criar problemas reais, em especial para outras pessoas envolvidas. Por exemplo, se estamos trabalhando como integrante de uma organização e alguém espalha boatos falsos a nosso respeito, criando obstáculos ou causando danos, seria justo esclarecermos as coisas.

Em geral não nos apressamos para corrigir os outros quando somos indevidamente elogiados além do que é realmente verdade. Mas somos rápidos em nossa guarda contra qualquer crítica! Vamos tratar de ficar felizes mesmo quando os outros falam mal de nós por causa da força de seu ciúme ou inveja. Vamos apenas relaxar.

O sexto verso destaca as oportunidades maravilhosas que podemos encontrar na vida para desenvolver nossa compaixão e paciência:

> *Mesmo que alguém a quem eu tenha ajudado*
> *E em quem tenha depositado minhas esperanças*
> *Faça grande mal ao me causar dano,*
> *Possa eu vê-lo como um excelente amigo espiritual.*

Quando ficamos desapontados com aqueles em que depositamos nossa confiança, em vez de nos sentirmos aborrecidos ou traídos, podemos aprender a ver através disso. É o teste definitivo. Em família e outros tipos de relacionamento, muitas vezes acontece que aqueles que certa vez eram muito chegados e amorosos acabam inimigos viscerais. É trágico, porque todo mundo sofre. Ninguém ganha. Mas pode-se pegar o conflito e transformá-lo. Pode-se vê-lo como um desafio espiritual supremo. Em vez de sucumbir à inimizade, raiva e amargura, pode-se abrir o coração para o entendimento e a compaixão, e oferecer amor em vez de ódio.

Ver isso com clareza, contudo, é difícil para os seres humanos do mundo inteiro. Pais voltam-se contra os filhos, filhos voltam-se contra os pais, irmãos acusam um ao outro, maridos e mulheres divorciam-se em acrimônia, parceiros de negócios brigam. Nessas situações ninguém vence. Esse verso nos oferece uma maneira de dar uma guinada em tais situações. Em vez de acabar zangado ou amargo pelo resto da vida, nosso coração tem a notável oportunidade de se abrir. A questão é que temos que usar nossa vida para algo que valha a pena. Se apenas prosseguirmos com o mesmo tipo de reatividade de um animal, teremos basicamente desperdiçado esta vida.

O sétimo verso refere-se à prática chamada de *tonglen* em tibetano. Tradicionalmente, é uma prática muito popular, e maioria dos praticantes, inclusive os grandes lamas, engajam-se nela. Tonglen é a prática em que tomamos a dor e sofrimento dos outros e doamos nossa bondade e felicidade.

> *Em resumo, direta ou indiretamente,*
> *Possa eu dar todo auxílio e alegria a minhas mães,*
> *E possa eu tomar todo seu dano e dor*
> *Para mim em segredo.*

Na prática de tonglen, *tong* significa doar e *len* significa receber; é uma prática de dar e receber. Existem duas aplicações principais para o tonglen: como meditação praticada para aqueles que estão doentes ou perturbados, e como meditação praticada pela pessoa que está doente ou perturbada. Mas a ideia básica é a mesma em ambas. Segundo o senso comum, o objetivo seria expelirmos todas as negatividades de nós mesmos e captarmos luz. Todo mundo consegue entender isso. Mas no tonglen é o contrário. Atraímos a escuridão e enviamos a luz. A forma mais fácil de explicar o tonglen é simplesmente compartilhar a prática.

Tonglen

Imagine à sua frente alguém de quem você goste, alguém que esteja sofrendo, seja física ou mentalmente. Se não é bom em visualização, pelo menos tenha a sensação de que a pessoa está aqui com você. Agora. Pode até olhar uma fotografia, caso possua. O ponto é ter a sensação da presença e imaginar o sofrimento dela.

Agora, com a inspiração, inale aquele sofrimento na forma de luz negra ou fumaça. É como se fôssemos um aspirador de pó, sugamos toda a dor da pessoa e todo o carma negativo que ela criou.

Absorva a luz escura junto com a inspiração. A luz escura desce até o centro de seu peito, onde existe um pontinho preto, como uma pérola negra, que representa o ponto muito sombrio de nossa mente de autoapreço. Normalmente, por mais sofrimento que vejamos nos outros e por mais compaixão e empatia que possamos sentir por eles, ainda mantemos algo no fundo da mente que diz: "Que bom que não é comigo!". A absorção da luz escura golpeia esse ponto. Contraria todos os nossos instintos habituais de autopreservação.

Quando a luz escura se dissolve na pérola negra de nosso autoapreço, imediatamente o ponto preto se transforma em um diamante brilhante que representa a verdadeira natureza da mente: percepção pura luminosa, clara, conhecedora. E vazia! Essa é nossa natureza de buda, que está sempre presente. Como um diamante, jamais pode ser maculada, não importa quanta sujeira e escuridão seja absorvida.

É importante que a luz escura que entra atinja esse pontinho preto de autoapreço no centro de nosso peito. Não prendemos a respiração; em vez disso, o ponto transforma-se instantaneamente em um diamante de clara luz pura que então se irradia na expiração.

Assim como um diamante nunca pode ser contaminado por mais sujeira ou lama que grude nele, a natureza pura da mente jamais pode ser contaminada, não importa quanta escuridão seja inalada. A natureza da mente é sempre totalmente pura.

Assim, a partir do diamante perfeito no centro de nosso peito, irradia-se uma clara luz tremendamente brilhante que representa toda a nossa sabedoria, compaixão, bom carma — tudo que é positivo e bom dentro de nós. A luz viaja com a expiração, banha a pessoa que imaginamos à nossa frente e se dissolve nela.

O processo de dar e receber vai na carona na respiração. A inspiração traz a escuridão, a expiração doa a luz. É um conceito muito simples.

O tonglen pode ser muito útil quando visitamos alguém no hospital, ou alguém que esteja perturbado, doente ou morrendo. Podemos apenas sentar ali, respirando, praticando a visualização em favor da pessoa, embora ela não esteja ciente. Quando estamos na presença de grande sofrimento, muitas vezes nos sentimos impotentes, e essa prática é algo que podemos fazer em silêncio, sem qualquer alarde ou motivo de preocupação. Se ficássemos de joelhos e rezássemos, ou passássemos incenso sobre nosso amigo ou parente enfermo, poderia ser embaraçoso para todos os envolvidos. Porém, com a prática de tonglen ninguém tem que saber que estamos fazendo o máximo que podemos para beneficiar a pessoa. Se estivermos realmente concentrados na pessoa, nossas ideias sobre longe e perto são relativas. Quando imaginamos com sinceridade que ela está presente, o tonglen funciona da mesma forma.

Na tradição tibetana, o tonglen é frequentemente praticado quando alguém está doente ou perturbado. Quando perguntados sobre quais meditações praticam quando estão enfermos ou até morrendo, muitos praticantes, inclusive grandes lamas, respondem que praticam tonglen. Por exemplo, vamos imaginar que temos câncer. Em nossa inspiração, inalamos todo o câncer do mundo na forma de luz escura, e, na expiração, enviamos, na forma de luz, toda saúde e felicidade de nossa natureza pura inexaurível e todo o bom carma que possamos ter criado para todos os seres que sofrem da doença. No tonglen, usamos o que está realmente acontecendo. Em vez de ficarmos apenas sentindo pena de nós mesmos, podemos usar nossas dificuldades como um meio de benefício genuíno — para os outros, por meio da compaixão e da intenção pura, e para nós mesmos, ao reduzirmos nossa atitude de autoapreço.

O último verso do texto leva-nos ainda mais fundo em nossa investigação pessoal.

> *Possa nada disso jamais ser maculado*
> *Por pensamentos das oito preocupações mundanas.*
> *Possa eu ver todas as coisas como ilusões*
> *E, sem apego, obter a liberdade da escravidão.*

"Possa nada disso", referindo-se a todos os versos que nos exortam a aprofundar o entendimento e prática do treinamento da mente, "jamais ser maculado por pensamentos das oito preocupações mundanas". As oito preocupações mundanas são ganho e perda, louvor e acusação, boa reputação e má reputação, prazer e dor. Em geral todos nós queremos ganhos e elogios, uma boa reputação e prazer; geralmente tentamos evitar o outro lado desses estados mentais. O oitavo verso nos intima: não devemos ser motivados a colocar os outros antes de nós apenas para obter algum benefício. Como sabemos, temos que verificar nossos pontos fortes e nossas fraquezas e ser muito honestos com nós mesmos.

Existem três níveis de envolvimento ao nos engajarmos na prática budista. Primeiro, ouvimos ou lemos sobre o assunto. A seguir, absorvemos intelectualmente e investigamos, enquanto tentamos entender exatamente do que se trata tudo aquilo. Por fim, colocamos nosso aprendizado em ação — tentamos nos tornar o que entendemos intelectualmente. Isso é muito importante. É no mínimo uma ingenuidade imaginar que no instante em que tentamos alguma coisa nos tornamos proficientes. Precisamos treinar a prática, como com qualquer outra habilidade.

Os *Oito versos do treinamento da mente* contrariam todos os nossos instintos normais de autopreservação. Assim, precisamos não só ouvir a respeito, mas nos acostumar com a ideia. Nossa cultura atual promove as noções de eu e de autoaperfeiçoamento, de como podemos manipular os outros para obter vantagem — ou talvez, eu deva dizer, como manipular nós mesmos para vantagem dos outros! Natural, portanto, que algumas dessas ideias precisem de tempo para fluir pela nossa consciência, e não é de surpreender que inicialmente haja resistência. Na verdade, a resistência pode ser um bom sinal, pois significa que se entendeu o que os versos sugerem. Se apenas pensamos: "Oh, muito bem", e deixamos o texto de lado, significa que não entendemos realmente o que é oferecido.

Toda a prática budista genuína diz respeito a ver através das delusões do ego e cultivar o caminho da sabedoria e da compaixão. Os *Oito versos do treinamento da mente* são um confronto direto com nossa mente de autoapreço a partir da perspectiva da vida cotidiana, não apenas da prática de meditação na almofada. Por esse motivo, o autor dos versos, Geshe Langri Thangpa, nos exorta a ter cuidado com nossa motivação e não tentar praticar esse caminho do bodisatva a fim de obter, por exemplo, uma boa reputação, para que todo mundo proclame que somos pessoas adoráveis e compassivas. O lado oposto desse estado é o medo: se não agimos como um bodisatva, tememos que as pessoas nos critiquem e nossa reputação diminua. De um jeito ou de outro, revela-se aí uma mentalidade mundana impura. Nossa motivação deve ser inspirada puramente por nossa profunda empatia e compaixão pelos outros, e por nosso desejo de aliviá-los do sofrimento. Porém, devo enfatizar aqui que o Buda chamou o Darma de caminho da alegria, e não devemos usar esse ensinamento de colocar os outros antes de nós mesmos como uma forma de nos reprimirmos e rebaixarmos, ou de sentir culpa a qualquer momento que sintamos prazer. Essa ainda é uma abordagem baseada no ego.

Lembrei de uma história. Minha avó era daquelas mulheres que, se você levava para sair e se oferecia para lhe comprar uma bela fatia de bolo, dizia: "Oh, não, não se incomode. Não preciso de nada especial. Fico bem feliz com aquele pedacinho ali que não parece muito bom. Está tudo bem. Não se preocupe comigo." Claro que você dava um grande pedaço extra de bolo só para que ela se sentisse melhor, mas esse tipo de autodepreciação não tem nada a ver com o que estamos falando aqui.

Um exemplo claro do que estamos tratando é alguém como Sua Santidade o Dalai Lama: quando você o vê em ação, vê que ele está sempre disponível para os outros. Ao se encontrar com ele, as pessoas sempre ficam impressionadas com o fato de que, naquele momento, são as únicas que existem para ele. Não importa quem sejam — o Dalai Lama está completamente presente. Existe uma foto adorável, publicada na capa de uma revista do Darma, mostrando um guarda de segurança parado com seu rifle. Passando pelo guarda, de costas para nós, Sua Santidade estende a mão, tocando o homem ao passar. Sua Santidade foi até ele, reconheceu sua presença. E o guarda sorri largamente.

Sua Santidade é sempre muito alegre. Porém, se você lhe contar uma coisa triste, ele vai chorar — o coração dele é completamente aberto. Ele não se importa com o fato do choro ser considerado algo feminino. Se é uma coisa triste, apenas chora, completamente junto com você. Mas cinco minutos depois ele está rindo. Existe muita alegria emanando dele, essa é a questão. Sua Santidade tem alegria porque não está preocupado consigo mesmo. Está totalmente preocupado com os outros e em fazer os outros felizes. E isso lhe dá uma tremenda energia e prazer. Não o deixa rabugento ou amargo.

Aos 25 anos de idade, Sua Santidade obteve a graduação de Geshe Lharampa, a mais elevada nos círculos escolásticos tibetanos. Ele é extremamente inteligente e culto. Também dedicou-se a uma série de práticas avançadas de meditação; todavia, quando o conhecemos, ele parece muito simples. Não fica se achando: "Sou um grande erudito; sou um grande sábio!" De fato, sempre diz: "Sou apenas um simples monge." Mesmo jornalistas empedernidos são muito afetados por sua presença, e com frequência saem desses encontros com lágrimas nos olhos. Não conseguem compreender como ele tem essa capacidade de tocar as pessoas. Claro que isso não é válido apenas para Sua Santidade o Dalai Lama, mas para muitos grandes lamas. Entretanto, visto que ele é o Dalai Lama, todos nós o conhecemos. No geral, ele é o budista que as pessoas comuns conhecem no mundo inteiro. E é muito afortunado para nós que Sua Santidade seja a imagem de um budista que a maioria das pessoas conhece. Sua Santidade recita esse texto, os *Oito versos do treinamento da mente*, todos os dias. Baseou sua vida nele.

Até aqui, exploramos o que se chama de bodhichitta relativa. Presume-se que exista um sujeito e um objeto, a base é o conceito de eu e outros: a pessoa coloca os outros em seu lugar. Mas isso implica dualidade. Por exemplo, quando as pessoas têm má índole, ainda assim as tomamos como amigos espirituais. Isso tudo é muito bom, mas presume-se que existam indivíduos que existem por si e que interagem uns com os outros. Entretanto, as duas últimas linhas do oitavo verso apontam na direção de bodhichitta última.

> *Possa eu ver todas as coisas como ilusões*
> *E, sem apego, obter a liberdade da escravidão.*

Vamos considerar o que se chama de três esferas ou pontos focais. É o entendimento de que sujeito, objeto e interação não existem por si. São vazios. Por exemplo, se oferecemos um presente para alguém, isso é bom se nossa motivação é querer deixar a pessoa feliz. Em nível relativo, é algo meritório e vai criar bom carma. E, se gostamos muito desse presente e realmente o queremos para nós, então doá-lo ajuda a reduzir o ego — desde que não fiquemos orgulhosos por estar sendo altruístas! Todavia ainda estamos conceitualmente presos de três maneiras. Estamos presos por pensar que somos nós que damos, estamos presos por pensar que temos um outro a quem damos, e estamos presos por pensar que damos. Nossa crença é de que tudo isso realmente existe e acontece. A visão de que eu como *sujeito* autoidentificado estou *dando* algo para um *outro* autoidentificado na verdade prende-nos ao samsara, embora a ação possa estar criando boas sementes. Isso não vai nos liberar. Mas um entendimento conceitual, um entendimento intelectual da ideia de que em última análise não existe ninguém para dar, ninguém para receber e nenhuma ação real pode começar a cortar as fortes causas que nos prendem à nossa mente samsárica. Cortar, ou seja, até a realização genuína despontar.

É muito importante ter sempre em mente que mesmo nossas boas ações não existem de modo inerente, pois do contrário até mesmo ações positivas podem ser causas que nos prendam ao samsara. A ideia das três esferas de pureza também se estende à dedicação das preces de mérito pela felicidade de todos os seres. Especialmente se oferecemos uma doação a alguém necessitado, ou a nosso professor ou centro de Darma, podemos dizer: "Ofereço em nome de tal e tal", ou: "Ofereço para a felicidade de todos os seres", todavia com o entendimento de que, em última análise, não existe ninguém oferecendo, ninguém recebendo e nada sendo oferecido. Apenas tenham isso em mente.

Portanto, é à luz disso que na tradição budista se diz que o mundo e nós mesmos somos como um sonho, um arco-íris, uma bolha, um relâmpago. É tudo transitório e inapreensível. Pode ser que pareça substancial, mas um arco-íris é criado por condições, pela chuva, pelo sol e muitas outras causas reunidas. Existe uma aparência de arco-íris, mas, quando tentamos encontrá-lo, não conseguimos. Do mesmo modo tudo parece muito real em um sonho. Se é um sonho amedrontador, acordamos com o coração batendo forte. Mas o sonho não possui qualquer realidade fora de nossa mente. Uma bolha parece muito real, entretanto, ao perfurá-la, vemos que é apenas ar e vazio.

E é assim que devemos ver nossa vida. As coisas não são *realmente* um sonho, não são uma ilusão, não são uma bolha, mas *parecem* um sonho, uma ilusão, uma bolha. As coisas não são como nos parecem em nossa delusão baseada no ego.

✿ Perguntas

Pergunta: O que a senhora quer dizer com dualidade?

Jetsunma Tenzin Palmo: Dualidade aqui significa a concepção de um sujeito que existe por si e de um objeto que existe por si. Normalmente temos a concepção de um *eu* que é acompanhada da ideia de que todos os demais são *não eu*. Essa é a nossa mente relativa condicionada. A realidade não tem o entendimento desse senso de divisão entre o eu e os outros. A percepção natural primordial, a natureza da mente de clara luz vazia, não reconhece a dualidade.

Todas as escolas de budismo reconhecem que dukkha é causado por nosso apego a um ego, essa é a raiz do problema. Enquanto nos vermos como sólidos, autoexistentes e separados do resto da criação ao nosso redor, vamos sofrer, pois estamos eternamente obtendo o que não queremos e não conseguindo o que queremos. Estamos em conflito com todos os outros pequenos glóbulos de seres autoexistentes que têm suas próprias ideias sobre o que *eles* querem. De modo que sempre haverá discórdia devido à dualidade básica.

P: Quando a senhora diz "é como uma ilusão, mas não é uma ilusão", está dizendo que a realidade é como a clara luz primordial?

JTP: Os textos enfatizam que o mundo é *como* uma ilusão, mas não estão dizendo que seja *realmente* uma ilusão, porque existem duas verdades, a relativa e a absoluta. Em nível relativo, uma coisa parece existir como a percebemos. É verdadeira apenas relativamente, mas todavia é verdadeira em seu próprio nível. Por exemplo, um objeto como essa mesa é composto apenas de prótons e nêutrons. Se eu fosse física, poderia dizer que na verdade tudo é basicamente apenas energia vazia. Porém, se eu jogasse essa mesa em você, causaria um ferimento. Em termos absolutos ela é vazia, mas em nível relativo parece sólida. Portanto, em um nível relativo existe alguma verdade nisso, mas em nível absoluto é uma ilusão apresentada pelo tipo de sentidos que possuímos. O ponto é que as coisas não são o que parecem ser. Mas não basta compreender isso apenas de modo intelectual. Na verdade devemos ter a realização direta para saber isso. Só a realização direta pode nos transformar.

P: Se tudo é vivenciado como uma ilusão, como então identificar-se com as necessidades dos outros?

JTP: Eu sei o que você quer dizer, mas não é assim que a coisa funciona. De fato, quanto mais realizamos nossa natureza vazia e ilusória, mais surge uma tremenda compaixão, porque percebemos o quanto esses seres sencientes ilusórios estão encalacrados em suas concepções ilusórias — o quanto sofrem por não conseguir ver com clareza.

Sabedoria e compaixão são conjugadas, e é por isso que são comparadas às duas asas de um pássaro: uma sustenta a outra. À medida que a compaixão cresce, também a sabedoria e o entendimento se desenvolvem. À medida que a sabedoria vê a situação com clareza crescente, surge a compaixão avassaladora. Todavia, é tudo uma ilusão vazia.

P: Pode nos falar sobre a importância de mulheres praticantes fortes no budismo tibetano?

JTP: Como na maioria das instituições religiosas, o budismo tibetano é manifestado em uma voz predominantemente masculina. Os livros foram escritos por homens, quase todas as linhagens de lamas são masculinas, todos os exemplos que nos oferecem são masculinos. Se dizem: "Oh, mas existem grandes praticantes do sexo feminino", e você pergunta: "Bem, quem?", respondem: "Bem, Yeshe Tsogyal, lá no século VIII, Machik Labdron no século XI, e Jommo Manmo no século XIII". É certo que, contando nos dedos, você preenche uma mão e acabam-se os nomes, ao passo que os praticantes homens são tantos quanto as estrelas no céu. Nos dias de hoje, isso não está bom. As mulheres também têm uma voz que é muito distinta, e, a fim de se alcançar o equilíbrio no Darma, essa voz precisa ser ouvida.

P: Como a senhora acha que o budismo tibetano afetou a mente ocidental?

JTP: É muito interessante que o budismo tibetano tenha se saído tão bem nos círculos de Darma do Ocidente. Isso mostra que o budismo tibetano tem algo a oferecer. Quando entrei no budismo tibetano, não só fiquei consternada por me enredar nele, como também senti que era esotérico demais, complicado demais, irrelevante demais para o Ocidente interessar-se para valer. Mas o budismo tibetano possui duas grandes qualidades. Teve grandes mestres que corporificaram o caminho totalmente, pelo menos até bem pouco tempo atrás. Você não tinha que saber sobre o que eles estavam falando, tinha apenas que estar na sua presença. Eles nos mostraram o que é ser um ser humano. Mostraram o nosso potencial. E isso arrebatou todo mundo. A segunda coisa é que o budismo tibetano pegou tudo que existia no mundo budista até o século XII. É um enorme supermercado do Darma. Na maioria das tradições espirituais, você tem esse ou aquele tipo de método, e, se lhe serve, maravilha. Mas, se lhe não serve, que pena, você tem que ir para um outro lugar. O budismo tibetano, porém, tem muita coisa, e de início pode ser assoberbante. Por onde começar? A riqueza de meios hábeis e as minúcias dentro de seus níveis e abordagens são extraordinárias. Você nunca consegue chegar a um ponto em que já saiba tudo. Mesmo lamas elevados perguntam sobre a minha tradição, pois não a conhecem. O chefe de uma determinada tradição talvez não conheça as outras porque é muita coisa.

O budismo tibetano contém meios hábeis para lidar com todos os tipos de personalidades e necessidades. Algumas pessoas são devotadas, outras são intelectualizadas. Algumas gostam de meditação pura, outras gostam de coisas bem complicadas. E têm aquelas que gostam de coisas bem simples. Tem de tudo ali. No budismo tibetano existem muitos métodos diferentes de tummo, a meditação do calor interior, desde o muito simples até o inacreditavelmente complicado, e com todos os estágios no meio. Todos funcionam. De modo que os comentários aconselham a encontrarmos o método que combina conosco e permanecermos com ele. Isso se aplica a todas as práticas: podemos executar visualizações extremamente complexas ou manter uma prática muito simples. Tudo é válido. Existem profundezas de entendimento psicológico extraordinárias dentro do budismo tibetano.

P: Algumas pessoas têm medo de ficar sozinhas. O retiro solitário parece muito desafiador. Mas talvez o entendimento da solitude exija apenas a disposição de ficar só. A senhora acha que a experiência do retiro solitário com a orientação de seu professor lhe abriu para o contato de coração pleno com os outros?

JTP: A maioria das pessoas têm problemas para ficar sozinhas porque não são amigas de si mesmas. Claro que em última análise estamos tentando ir além do ego. Estamos tentando ver através das invenções de nosso autoapreço. Porém, nesse meio-tempo, temos que ser amigos de nós mesmos e não o nosso pior inimigo, pois da nossa mente jamais podemos escapar. Muita gente se sente deprimida quando fica sozinha porque escuta apenas as narrativas negativas das novelas que a mente apresenta e das quais não pode escapar.

As pessoas pensam que, quando se está solitário ou afastado dos outros, você está fugindo, mas na verdade essa é a ocasião em que não dá para fugir, pois não existe contato externo. Você não consegue se distrair. Tem que encarar o que quer que venha à mente. Não pode escapar, não pode ligar a televisão ou telefonar para os amigos. Tem que encarar o que é. Por isso, faz muito sentido aprender como aceitar a si mesmo em vez de ser tão julgador e ríspido, o que só gera muito julgamento e crítica dos outros. Se nos sentimos bem com nós mesmos e nos tornamos amigos de nós mesmos, a mente vai cooperar e desejar ser uma boa praticante, em vez de se opor. Uma vez que estejamos mais à vontade com nós mesmos, mais em paz, podemos começar a questionar nossas suposições, ideias e memórias, e perceber o quanto inventamos nosso mundo interior e não falamos a verdade para nós mesmos.

Não sabemos como as coisas realmente são; apenas inventamos essas fantasias continuamente. Quando começamos a olhar para nós mesmos, a nos encarar para valer, isso também abre a oportunidade para sermos verdadeiramente honestos e ficarmos em paz com os outros. E então, quando estamos com os outros, não nos sentimos tão julgadores ou críticos, defensivos ou paranoicos. Quando nos aceitamos, podemos aceitar os outros também.

P: Poderia falar um pouquinho sobre a linhagem de *togdenma* e por que é importante fazê-la ressurgir?

JTP: Nossa tradição de Drukpa Kagyu é uma linhagem de prática, de modo que, ao longo dos tempos, não tivemos muitos grandes sábios, mas tivemos um número infinito de grandes praticantes. A joia do mosteiro de Khamtrul Rinpoche, Khampagar, em Tashi Jong, foram seus *togdens*, ou iogues. Embora sigam a tradição de Milarepa, são monges com ordenação plena. Usam dreadlocks e saias brancas. Quando viviam no Tibete, os togdens moravam em cavernas acima do mosteiro. O 16º Karmapa me disse que esses togdens eram muito raros até mesmo no Tibete, e que os togdens de Khampagar eram muitíssimo estimados. No Tibete também havia mulheres nessa linhagem, mas parece que nenhuma delas saiu de lá depois da invasão. Há muitos anos, o oitavo Khamtrul Rinpoche me falou sobre isso enquanto colocava um *kata*, um lenço de seda branca, em volta de meu pescoço — o que naqueles tempos raramente se fazia. "No Tibete", disse, "tivemos muitas togdenma. Mas agora a linhagem está interrompida, e sempre rezo para que você reinstitua essa linhagem feminina muito preciosa". E sempre senti que esse é meu verdadeiro compromisso. Um aspecto do compromisso subjacente de criar o mosteiro feminino foi que este atuasse como um sistema de suporte no treinamento de toda uma nova geração de moças para que se tornem iogues. Certamente esperamos que o nono Khamtrul Rinpoche, Shedrub Nyima, e as iogues de Tashi Jong apoiem isso, pois sabem que era o desejo do Khamtrul Rinpoche anterior. Eles disseram que vão ajudar.

De momento, temos cinco jovens monjas em retiro de três anos, e elas estão sendo ensinadas pelo iogue sênior, Togden Achoe. De momento todos os professores de meditação são homens, mas às vezes as monjas necessitam de uma abordagem diferente. Aparecem coisas que elas não podem discutir com professores homens. As energias femininas são diferentes, e as monjas ficam constrangidas em explicar para um homem o que estão experimentando, e não seria assim se estivessem se explicando para uma outra mulher. E as mulheres precisam ter exemplos. Porém, a menos que essas meninas e moças sejam treinadas de forma adequada, jamais terão condições de atingir aquele nível de realização estável que requer muita orientação, treinamento e vários anos de dedicação.

É isso que estamos tentando fazer. A criação de um pequeno grupo de moças muito dedicadas e realizadas é nosso presente para a linhagem e para o mundo.

LOJONG E BODHICHITTA

P: Para aqueles que não estão familiarizados com o divino feminino, como a senhora descreveria o poder de Tara? E qual a sua experiência pessoal com Tara?

JTP: É muito interessante que a ideia do divino feminino tenha estado sempre presente por todo o mundo, e, a despeito da insistência na divindade apenas masculina ao longo do último milênio, o feminino de algum modo sempre tenha conseguido se manifestar. Quer se pense em termos de Tara ou Guanyin, Ísis, ou Virgem Maria, existe a noção de *mãe*. Com nosso pai, podemos sentir que temos que ser bons e trabalhar duro para obter a sua aprovação, tentamos chegar até ele. Com nossa mãe, entretanto, mesmo que sejamos o bebezinho mais manhoso e feioso do mundo, somos amados; ela vem a nós assim como vamos a ela. Não temos que ficar tentando, porque para nossa mãe somos o ser mais precioso. Ela não se importa com quem ou o que somos. Simplesmente nos ama. E essa qualidade está muito presente em Tara. Existem muitas histórias de Tara. Às vezes são sobre patifes e sobre como ela os ajudou. Você não precisa ser maravilhoso a fim de ser ajudado porque ela é a mãe — está ali para remover obstáculos e abrir oportunidades para levarmos a vida de forma adequada. Tara está sempre perto.

Existem muitos relatos de pessoas que nunca tiveram contato com o budismo tibetano e todavia tiveram visões de uma dama verde usando joias maravilhosas. Às vezes eram praticantes católicos que pensavam estar vendo a Virgem Maria, embora mais tarde refletissem: "Opa, espera aí, ela era *verde*." Um lama, um grande devoto de Tara, estava ensinando quando um aluno disse: "Estou disposto a fazer todas as práticas de Tara" — claro que era um estudante ocidental — "e farei o que o lama disser, mas tenho uma pergunta. Tara é real? É de verdade? Existe mesmo?" O lama pensou a respeito e disse: "Ela sabe que não é real."

E é isso aí. Essa é a diferença entre Tara e nós: nós pensamos que somos reais.

8
Fé e devoção

Pelo fato de eu ser, por natureza, muito cética, não tenho certeza de ser a pessoa certa para falar sobre fé e devoção. Mas vamos fazer o nosso melhor para investigar essas questões. De fato, o próprio Senhor Buda colocou a fé na linha de frente dos cinco poderes necessários para se atingir o estado de buda. Ele descreveu a fé como um salto para a frente. Sob essa ótica, usou a analogia de um rio sobre o qual não há nenhuma ponte. Pessoas que estavam em um lado desse rio queriam atravessar para o outro lado, mas se continham. "Não, o rio é muito largo", diziam. "É muito profundo, corre muito rápido — não vamos conseguir." Hesitavam. Mas um homem que tinha mais coragem, disse: "Vamos conseguir. Eu acredito que é possível atravessar." E ele então cruzou o rio com esse sentimento de determinação e fé. E porque atravessou, outros foram incentivados a atravessar também. Em outras palavras, a fé é uma expressão de confiança. Não é uma espécie de cegueira ou a crença em algo por ingenuidade.

No budismo, a fé é uma segurança interna em algo que é digno de nossa confiança. Por exemplo, podemos ter fé no Darma, mas isso não significa que temos que engolir cegamente tudo o que lemos. Não precisamos acreditar em algo só porque está escrito nos livros sagrados ou porque foi dito por um lama. No Buddhadharma, esse tipo de fé ingênua, inquestionável e crédula não é necessariamente considerada uma virtude. A qualidade de questionarmos de forma inteligente, de realmente investigarmos e de vermos por nós mesmos se algo é digno de nossa fé ou não é muito incentivada.

E não somos encorajados a questionar apenas o Darma, mas também toda a atitude em relação aos mestres. Algumas vezes, eu procurava meu lama, Khamtrul Rinpoche, e mostrava a ele uma passagem que eu simplesmente não conseguia engolir. Ele ria e me dizia: "Ah, vamos lá! Você não tem que acreditar em tudo o que está escrito nos livros ou dito nos sutras — pode não ser verdade." Certa vez disse que muito do que estava escrito nos livros e nos sutras era resultado de acréscimos culturais particulares e superstições da época. Não era uma verdade eterna. Era apenas o que se acreditava naquela época, e o Buda não podia se ocupar de negar porque não eram pontos muito importantes. Por exemplo, alguns ocidentais se debatem desesperadamente com toda a descrição do Monte Sumeru e dos quatro continentes, tentando sustentar a fé completa e inquestionável nos ensinamentos de seus lamas.

Certa vez dei uma palestra sobre o sol, a terra e a lua para nossos monges mais jovens. Segurei uma maçã e uma laranja a fim de explicar que a Lua gira em torno da Terra, que ambas giram em torno do Sol, e assim por diante. Um velho monge que estava no fundo da sala disse: "Onde estão o Monte Sumeru e os quatro continentes? A Terra é plana e fica nas costas de uma tartaruga." Eu disse, "Bem, até onde podemos ver, o Monte Sumeru e os quatro continentes não existem. E a Terra não é plana, é redonda." O velho monge apenas balançou a cabeça e disse algo como: "Ah, sei." Se estivéssemos na Europa medieval, eu teria sido, no mínimo, queimada na fogueira. Mas em um mundo de aparências ilusórias, plana ou redonda — quem se importa? Não temos que engolir tudo o que é dito. Ser crédulo, na verdade, não é uma virtude. Temos que aplicar nossa inteligência a tudo.

No Buddhadharma há três aspectos. Primeiro, ouvimos ou estudamos o Darma. Ouvimos, lemos e depois pensamos a respeito. Realmente refletimos sobre o que lemos ou ouvimos; estudamos com cuidado. E, se houver alguma dúvida, fazemos perguntas. Quando as nossas dúvidas estiverem resolvidas, vamos embora e contemplamos o assunto até que nos tornemos aquele ensinamento. Não devemos dar uma dentada, arrancar e devorar um pedaço grande de Darma para depois ficarmos com a sensação de ter uma bola pesada em nosso estômago. Realmente precisamos mastigá-lo bem, até que possamos engoli-lo e sermos nutridos por ele.

Uma das coisas bonitas sobre o Buddhadharma é a sua verdade essencial. Assim que o ouvimos, pensamos: "Ah, sim, é verdade!" Nós reconhecemos a verdade de questões como a impermanência, a natureza insatisfatória da existência de forma geral e o fato de que nosso apego ao ego dá origem aos nossos problemas. O fato é que essas qualidades negativas da nossa mente, como a delusão, a ganância e o apego, a agressividade e a raiva, o orgulho, o ciúme e a inveja afligem a mente e criam uma grande dor. Isso não é uma crença. Não é uma questão de fé. É apenas uma questão de olhar para a situação e pensar: "Sim, é isso mesmo!" Quando nossa mente está infeliz, se de fato olhamos para ela, vemos que o problema são sempre essas emoções muito venenosas. Nossa depressão é causada principalmente pela agressão interior. Mesmo que a agressão esteja voltada para nós mesmos, como muitas vezes está, ela costuma se basear nessa raiz de ódio.

Quando estudamos os fundamentos do Buddhadharma, há algo dentro de nós que logo compreende: "Sim, é assim mesmo." Pode ser que isso se desdobre em um senso de confiança, porque pensamos: "Se esses ensinamentos básicos são tão claros e tão verdadeiros, então talvez haja ensinamentos mais avançados que minha mente deludida ainda não é capaz de compreender por completo neste momento." E então, se não entendemos alguma coisa, em vez de dizermos "Não, tudo isso está errado porque eu não entendo e não combina com as minhas concepções", podemos dizer: "Neste momento não compreendo. Isto não está de acordo com a forma como eu vejo as coisas. Por enquanto, vou colocar este assunto de lado e depois, quando tiver estudado, praticado e experimentado um pouco mais, vou retomar e olhar outra vez."

Portanto, não somos hereges se não temos fé cega e uma crença em dogmas. Não é assim. A cada passo do caminho, temos que saber onde estamos colocando os pés. Temos que entender os significados. Temos que questionar. Temos que, de fato, investigar e usar a nossa inteligência.

Na forma tradicional de estudar filosofia no Tibete, cada parte de um determinado texto é debatida. Você já deve ter visto aquelas cenas de pessoas de pé, engajadas nesses debates bastante ritualizados. Elas tomam cada seção e a dissecam, questionando o adversário, tentando desarmá-lo. Cada um tem que defender sua posição com citações dos sutras e dos mestres da tradição budista. E não só isso — devem envolver um ao outro por meio da lógica e da clara exposição de um determinado ponto. Em outras palavras, realmente temos que compreender o que acreditamos e o que não acreditamos, e a razão de acreditarmos ou não. Isso é muito importante. Deveríamos de fato investigar a veracidade de tudo o que lemos. E deveríamos também investigar a verdade de nossas vidas.

Podemos procurar exemplos disso. Se não acreditamos em algo, por que não acreditamos? Podemos discutir com alguém que estudou mais e é mais realizado do que nós e ver se pode nos explicar mais claramente. Se a pessoa não consegue esclarecer o assunto para nós, então o colocamos de lado por ora. Depois, de tempos em tempos, trazemos o tema de volta e examinamos mais profundamente, talvez possamos então dizer "Bem, agora faz mais sentido. Por que não havia ficado claro antes?" Desta forma, no budismo, a fé não é uma fé cega. Isso não é incentivado. O que é incentivado é o tipo de confiança que resulta de saber que os mestres iluminados são realmente iluminados, que de fato compreendem a natureza da realidade e que podem fazer com que a coisa toda fique muito clara para nós. E o que temos a fazer é confiar que, quando estudarmos, analisarmos e investigarmos, tudo ficará muito claro.

À medida que praticamos e integramos o Darma em nossa vida cotidiana, de repente nos pegamos dizendo: "Sim, bem, foi isso que ele quis dizer quando falou tal coisa." De súbito tudo ganha vida e se torna real. Passa da cabeça para o coração e se confirma. "Certo. Foi isso que ela quis dizer. Sim."

A devoção é muito mais complicada. Visitando lugares em todo o mundo, tanto no Ocidente quanto no Oriente, uma das principais perguntas é: "Como faço para encontrar o mestre perfeito?" Tenho um amigo na Itália que está convencido de que em algum lugar existe um mestre perfeito esperando por ele e que em algum momento, de alguma forma, irá encontrá-lo. Esse mestre vai dizer a palavra certa ou apenas olhar em seus olhos e afirmar "É você", ou algo assim, e então ele irá se iluminar! Se não for capaz de lhe conceder a iluminação instantânea, obviamente não é o mestre perfeito. E assim, meu amigo italiano não faz nada. Não pratica. Ele sente que praticar e tentar fazer qualquer esforço por si mesmo é contraproducente! Basta esperar até que o carma esteja correto e o mestre apareça, e pronto. Embora este seja um caso extremo, você ficaria surpreso com quantas pessoas acreditam nisso secretamente.

Muita gente tem essa fantasia de topar com um iogue ou lama sentado no topo de uma montanha, que erguerá os olhos e dirá: "Ah, estava à sua

FÉ E DEVOÇÃO

espera. Porque demorou tanto?" As pessoas pensam que, se conseguissem encontrar o mestre perfeito, o mais adequado para elas, todos os seus problemas seriam resolvidos. Às vezes eu digo para as pessoas: "Olha, quando você encontra o seu mestre, aí é que os problemas começam!" Na verdade, mesmo que o próprio Buda estivesse sentado diante de nós neste momento, o que poderia fazer com a nossa mente selvagem e descontrolada?

O budismo tibetano enfatiza muito o lama. Há especial ênfase no que é chamado de *lama tsawai* ou guru raiz. Devemos entender, em primeiro lugar, que os professores ou lamas de quem recebemos ordenações, iniciações, ensinamentos, ou com quem temos qualquer contato não são de modo algum nosso guru raiz.

Existem muitos níveis de mestres. Há mestres que nos conferem os preceitos. São os nossos preceptores. Existem lamas que nos concedem iniciações, esses são nossos mestres iniciáticos. Existem lamas que nos ensinam a filosofia e o lado intelectual do Darma, são os nossos professores. Há muitos tipos de lamas. Existem lamas que nos dão conselhos e ajuda, e são nossos amigos espirituais, nossos *kalyanamitra*. É bastante raro encontrar o lama que é nosso guru raiz ou do coração. Segundo a tradição, pelo menos nas escolas Kagyu e Nyingma, o guru raiz é o lama que nos aponta a verdadeira natureza da mente. Aquele que nos aponta a consciência nua essencial que está por trás do ir e vir conceitual dos pensamentos e que nos revela a nossa natureza de buda inata. Esse é o guru raiz.

Sou muito afortunada por ter encontrado o meu próprio lama, Khamtrul Rinpoche, quando tinha 21 anos de idade. Embora ele tenha falecido em 1980, com 48 anos de idade, renasceu rapidamente e está agora na casa dos vinte anos. É o chefe espiritual do mosteiro que fundamos. Em todos esses anos, sempre foi o meu lama e está sempre no meu coração. Dessa forma, pode-se dizer que eu tenho devoção. E nisso sou constante, mas é porque, para mim, Rinpoche é o que se chama de *tserab gyi lama*, que significa lama por todas as nossas vidas. Em cada vida, quando nos encontrarmos com o nosso professor de novo, há um reconhecimento imediato de ambos os lados. Isso é muito favorável, porque então não há necessidade de duvidar; há uma aceitação imediata. O importante é que precisamos confiar no lama. Confiar que ele nos entende melhor do que nos entendemos. Como poderia nos guiar se não nos conhecesse e não nos enxergasse mais claramente do que nós mesmos?

Também é possível encontrarmos mestres com os quais não temos esse senso de aceitação e reconhecimento imediato, e gostarmos deles. Temos a sensação de que "é uma boa pessoa". Às vezes conhecemos lamas e pensamos: "Não sei no que ele acredita, mas, seja o que for, estou com ele." Há essa sensação de confiança instantânea.

Mas não sabemos, e aí é que fica complicado. Em nossa cultura somos muito levados pelo carisma. É uma cultura de adoração a estrelas de cinema, estrelas do rock e desportistas. Mesmo os nossos presidentes por vezes acabam sendo os que têm mais glamour, e podemos ficar presos a esse carisma como se fosse uma qualidade interior genuína. Às vezes os professores mais carismáticos não são os que têm a realização interior mais genuína. Alguns dos seres mais realizados parecem desprovidos de carisma, totalmente despretensiosos, e aparentemente comuns.

Sua Santidade o Dalai Lama diz que, de acordo com os textos tântricos, devemos examinar o lama por pelo menos três anos e no máximo 12 anos. Devemos examiná-lo, ou como Sua Santidade diz, devemos "espionar" o lama. Porque não se trata apenas de como ele se mostra quando está no trono, dando ensinamentos e iniciações, mas também de como é nos bastidores. Como trata seus assistentes; como trata as pessoas que não são de particular importância para ele? Não como trata seus grandes patrocinadores, mas como trata as pessoas comuns? Vejam; observem. Não se deixem enganar pelo glamour; não se impressionem com a reputação; não sejam seduzidos pelo fato de ele ter milhares de alunos e grandes organizações. Vejam; procurem saber. Perguntem não apenas aos seus discípulos, mas também a outras pessoas. Investiguem, porque depois de tomarmos um lama como nosso guru de coração, colocaremos nossa vida em suas mãos. E, como se costuma dizer, se ele não for um verdadeiro guru, mestre e discípulo saltarão para o abismo de mãos dadas.

Em uma conferência de mestres, um professor ocidental muito famoso perguntou a Sua Santidade o Dalai Lama: "Como lidamos com a questão de sentarmos em um assento elevado e darmos ensinamentos e depois agirmos como uma pessoa comum em nossa vida cotidiana? Como preenchemos essa lacuna entre a persona espiritual que oferecemos às pessoas e quem somos nos bastidores?" Sua Santidade pareceu confuso e disse: "O quê?". O professor fez a pergunta de forma diferente, e Sua Santidade olhou para o tradutor, novamente perplexo, perguntando: "O quê?" O professor ocidental tentou de novo, reformulando a pergunta, e Sua Santidade então disse: "Se existe alguma diferença entre quem você é sentado em seu trono e quem é nos bastidores, então você não deve se sentar no trono." Ele explicou que isso não significa que não possamos relaxar, mas, essencialmente, que deve haver uma continuidade. Se nos bastidores mudamos e nos tornamos uma pessoa diferente da que apresentamos como professores, então não devemos ser professores.

Temos de olhar nossos professores com cuidado. Eles são os mesmos, são compassivos em todas as circunstâncias? É muito importante. São sempre gentis, até mesmo com pessoas que não têm nenhuma importância? Eles ficam com raiva? Qual é a sua reputação? São éticos? Se o professor é do sexo masculino, como é sua relação com discípulos do sexo feminino? Há discípulos do sexo masculino? Aqueles que estudaram com esses professores por muitos anos são pessoas melhores? Como são as pessoas ao redor do professor? Conheci um lama bastante controverso que vivia nos Estados Unidos e era um bom amigo de meu lama, Khamtrul Rinpoche. Perguntei a Khamtrul Rinpoche sobre ele, porque o lama tinha bastante notoriedade. Rinpoche disse: "Bem, a essa altura é muito difícil saber. Temos que esperar vinte anos e depois olhar os alunos. Não dois anos, mas vinte anos. Dê-lhes tempo para amadurecer, e então olhe."

Nesse ínterim, como eu disse, existem muitos níveis de professores. Somos gratos a todos, não apenas aos lamas, mas a qualquer um que nos ensine alguma coisa. Ainda que deixem um pouco a desejar em alguns aspectos, lembramos e sentimos gratidão por aquilo que aprendemos com eles. Embora sejamos muito gratos a cada mestre de quem recebemos ensinamentos, a todos os professores de quem recebemos iniciações, e os tenhamos em nossa árvore de refúgio, eles ainda assim não precisam ser o nosso lama de coração.

Durante a infância de Sua Santidade o Dalai Lama, dois regentes do Tibete foram seus professores. Eram bastante especiais, mas com falhas em certos aspectos. Um deles tinha uma amante e filhos, embora devesse ser monge. Além disso, os regentes estavam tentando matar um ao outro, e um deles conseguiu. Isso é muito pesado. E eles eram professores do Dalai Lama. Todavia, Sua Santidade disse: "Eu sei que fizeram essas coisas, mas ainda os mantenho em minha árvore de refúgio, pois lembro de sua bondade para comigo. Lembro dos ensinamentos que me deram, e lembro de como me ajudaram. Mesmo assim, não fecho os olhos, nem tolero todas as coisas que fizeram de errado." Mais uma vez, aqui não há fé cega. Se algo está errado, não temos que fechar os olhos ou tentar varrer as coisas para debaixo do tapete. Continuo citando Sua Santidade para que não pensem que sou a única a dizer isso!

Sua Santidade também disse que, se houver algum problema quanto ao professor, se os alunos tiverem dúvidas, devem expressá-las ao professor. Pode haver, por exemplo, má conduta sexual, ou algum tipo de manipulação, ou dúvidas sobre a situação financeira. Talvez o professor esteja fazendo mau uso das oferendas, sustentando sua família ou se sustentando. O aluno deve confrontar o professor educadamente, mas com firmeza e dizer: "Olha, por que isso está acontecendo? Não entendo por que você está fazendo isso. Talvez não seja assim que as coisas devam ser feitas." E então a resposta cabe ao professor. Ou o professor diz: "Sim, sinto muito, isso é uma fraqueza minha. Peço desculpas. Vou tentar melhorar as coisas a partir de agora." Ou diz: "Ah, não, esta é uma prática tântrica elevada, você não entende. Está além de seu nível de realização." Nesse caso, Sua Santidade diz, "Vá embora." Sua Santidade também diz, embora eu não tenha certeza de concordar com isso: "Faça com que todos saibam; não mantenha em segredo."

Os tibetanos, como a maioria dos asiáticos, tendem a varrer as coisas para debaixo do tapete e depois trocar o tapete, como se a sujeira não estivesse mais lá. Como se tudo o que tivéssemos a fazer fosse fechar os olhos e a boca com relação aos problemas e ir embora. Talvez essa seja uma dificuldade das organizações religiosas em todos os lugares, não apenas na Ásia. Sua Santidade é muito incomum por ser tão sincero, mas ele se preocupa muito com o risco que a reputação do budismo esteja correndo por causa da conduta de alguns lamas. Sua Santidade também se preocupa porque muitas vezes não fica sabendo das coisas. As pessoas não gostam de contar para ele. Às vezes, quando visita centros de meditação, ele aparece sorrindo com esses lamas porque não sabe que são controversos. Ninguém conta para ele.

Participei de uma conferência em que ele disse: "Olha, se vocês souberem de alguma coisa sobre qualquer lama que não esteja correta, por favor me digam. Digam-me agora. Ou, se não quiserem se levantar e falar sobre isso, mandem uma carta. Prometo que o assunto ficará apenas

FÉ E DEVOÇÃO

entre o meu secretário e eu, vamos tratar disso, mas eu preciso saber." Ele falou isso porque há abusos; tem gente que encobre e finge que tudo faz parte das práticas tântricas.

Uma vez perguntei a meu lama, Khamtrul Rinpoche: "Visto que o yoga sexual é o caminho rápido, por que vocês são todos monges?". Ele respondeu: "Sim, é verdade, é uma maneira rápida e especial, mas você tem que ser praticamente um Buda para praticá-la. É extremamente difícil, extremamente duvidosa, e pouquíssimos são capazes de praticá-la". Outro lama Kagyu também me disse que achava que hoje em dia não havia mais ninguém que realmente fosse capaz de praticar o tantra sexual.

Estou dizendo isso a vocês apenas porque acho que não devemos ser ingênuos. Fé e devoção não significam credulidade. Precisamos de um lama a quem nos conectemos de verdade, sentindo que é um ser digno de nos inspirar. Este ser corporifica o Darma em todas as suas ações — na forma de agir, de falar, de pensar. Nós observamos; olhamos; vemos. Se existir uma integridade perfeita, confiamos. Nos conectamos com o coração e, depois disso, aceitamos o que quer que ele faça. Por isso temos que ser tão cuidadosos.

A devoção ao guru significa que em um certo ponto nos tornamos completamente abertos. O papel do verdadeiro guru é nos mostrar a natureza de nossa mente. A natureza de nossa mente é a nossa natureza de buda inata, que é a mesma que a mente do guru. Veja que não nos aproximamos do guru pelo seu corpo, ou sua personalidade, nem mesmo pelo que ele aprendeu. Tomamos refúgio na sua mente dharmakaya e no fato de incorporar dharmakaya — que ele mesmo realizou e é capaz de revelar para nós e nos guiar.

A primeira coisa que o guru nos revela é a nossa verdadeira natureza, nossa consciência nua, que está por trás do vai e vem dos pensamentos, a nossa natureza de buda. A fim de fazer isso, o próprio guru deve ter essa realização e a capacidade de transmiti-la. O aluno, por sua vez, deve estar aberto. A conexão tem sido descrita como um corredor com duas portas. O guru abre uma porta, mas o aluno tem de abrir a outra porta, para que haja espaço através do qual o vento possa soprar. Assim, ainda que o guru seja o maior guru do mundo, se da nossa parte estivermos fechados, nada será transmitido. Para que o aluno se abra, tem que haver total confiança e devoção. Por isso a devoção é tão enfatizada.

A devoção pode iluminar até mesmo um gesto muito simples. Conheci uma monja inglesa mais velha que veio ao mosteiro de meu lama em Tashi Jong na época das danças anuais dos lamas. Isso foi no tempo do Khamtrul Rinpoche anterior. Ela estava ali sentada vendo-o dançar, e, é óbvio, sua mente estava muito aberta. Quando ele se virou, encarou-a, e, ao fazer isso, foi como se toda a mente conceitual da monja tivesse se desmanchado. Ela realizou por conta própria a natureza da mente. E ele nem era seu lama; ela estava ali apenas para assistir as danças! Mas como naquele momento a sua mente estava aberta, e obviamente ela estava se sentindo muito relaxada, espaçosa e aberta enquanto o observava, o lama foi capaz de transmitir algo mesmo enquanto dançava.

Mas isso é apenas o começo. Uma vez que tenhamos visto a natureza de nossa mente, como disse o meu lama, então poderemos começar a meditar. Não é o fim, é o começo. Precisamos que o professor, o guru, nos guie, porque cada um de nós é único, vindo de um lugar diferente, e cada um de nós tem necessidades muito diferentes. Quando eu era mais jovem, na comunidade de meu lama em Tashi Jong viviam três monjas ocidentais. Uma era dos Estados Unidos, outra da Holanda, e a outra era eu mesma. Muitas vezes recebemos iniciações e transmissões orais juntas. Escolhíamos certas práticas e pedíamos iniciações em conjunto com a transmissão oral do texto. Os lamas esperavam e davam as iniciações a nós três ao mesmo tempo. Mas o ensinamento sobre o texto era dado a cada uma de nós separadamente, mesmo que fosse dado pela mesma pessoa. Nunca recebemos ensinamentos juntas. Cada uma recebia um ensinamento um pouco diferente. Para dar um exemplo: havia um ensinamento em que tínhamos que visualizar uma mandala de 120 deidades diferentes: um conjunto externo, um conjunto por todo o corpo, e um conjunto no coração. Por fim tínhamos cerca de 600 deidades diferentes para visualizar, e cada uma delas tinha três cabeças e seis braços, além de uma consorte, e as cores não combinavam. Minhas irmãs receberam a instrução de visualizar apenas de forma aproximada, apenas para senti-las. Então, quando fui receber o ensinamento, perguntei: "Visualizar vagamente, de forma aproximada?". Mas o lama disse: "Não, não, visualize-as com bastante precisão; visualize realmente cada deidade com bastante clareza. Se conseguir de fato sustentar toda essa coisa, sua mente se elevará rapidamente e se tornará muito vasta." Cada uma de nós foi instruída de forma bastante distinta, com ênfases distintas, porque

FÉ E DEVOÇÃO

éramos muito diferentes umas das outras e tínhamos necessidades diferentes. Um verdadeiro professor entende isso.

No início, todas recebemos o mesmo tipo de ensinamento sobre as mesmas coisas. Fizemos *ngöndro*, fizemos outras práticas que todo mundo faz. Mas depois disso perguntei a Khamtrul Rinpoche: "O que devo fazer?" E ele disse: "Bem, o que acha de tal e tal prática?" E eu respondi: "Sim, está bem! Fantástico! Vamos fazer isso." Então voltei para as minhas irmãs de Darma, e elas disseram: "Oh, tomara que ele não nos diga para fazer isso!" Então eu disse: "Bem, se essa é a sua reação, é claro que ele não dirá." E não disse. O que uma pessoa precisa não é o que a outra precisa, e o que a tradição tibetana tem de glorioso é que há muitas opções. O verdadeiro guru irá guiá-lo. Irá encontrar as práticas que você precisa para tornar seu corpo e sua mente saudáveis. É uma relação de pessoa para pessoa.

Enquanto isso, nós praticamos, praticamos e praticamos. Há tantos professores maravilhosos, tantos livros. Temos muita sorte — recebemos educação e podemos ler. A maioria dos tibetanos, mesmo aqueles que são educados, nunca senta e lê um livro. Eles esperam até que alguém lhes dê ensinamentos sobre um determinado livro antes de lê-lo. Se alguém percorre o texto frase por frase e explica, eles leem. Se dermos um livro para um tibetano, até mesmo para um tibetano educado, e perguntarmos: "Você pode me explicar?", ele vai olhar para o livro e dizer: "Ah, não, desculpe, eu nunca recebi os ensinamentos sobre isso." E se insistirmos: "Não, não, apenas estas palavras", ele dirá: "Não, não posso. Nunca me ensinaram isso."

Mas podemos pegar e ler praticamente qualquer livro porque fomos educados para isso. Que sorte! Podemos ter muitos professores, e muitos professores vêm e nos dão ensinamentos. Isto é uma sorte extraordinária. Podemos praticar. Há práticas que qualquer um pode fazer. Mas primeiro temos que limpar nossa mente. É como se fôssemos vasos cheios até a borda com água suja. Agora, se o Buda mais perfeito chegasse trazendo néctar, como poderia despejá-lo em um vaso que já estivesse cheio de água suja? Primeiro temos que esvaziar o vaso e limpá-lo para que esteja pronto para receber o néctar. Caso contrário, tudo o que for vertido no vaso ficará contaminado. Enquanto nossa mente estiver repleta dos venenos das emoções negativas e do lixo e da sucata das opiniões, memórias e julgamentos desgastados, onde haverá espaço?

Se você já foi para o Tibete, sabe o tanto que há de espaço vazio. Ao sair de Lhasa, o vazio é perceptível. Você pode andar dias e dias sem ver quase nenhuma árvore, nenhum prédio e nem uma única pessoa. Vazio. Por isso, quando os tibetanos preparam suas ornamentações ou quando pintam suas *thangkas*, repare — eles não deixam nenhum espaço! Não há espaço porque fora há muito espaço. Da mesma forma, a mente dos tibetanos era tradicionalmente bastante vazia. Sem televisão, sem revistas, sem romances, sem filmes — nada, apenas um monte de espaço vazio. E então eles preenchiam aquele vasto espaço com visualizações extremamente complexas e com uma filosofia extremamente complexa, porque não havia muito espaço.

Mas nossa mente ocidental está na maioria das vezes abarrotada, principalmente com lixo. Então, onde podemos colocar as preciosas sementes de Darma? Como podemos plantá-las em uma lata de lixo? Temos que preparar o jardim da nossa mente — jogar fora um pouco do lixo, cavar, retirar as ervas daninhas, jogar fora as pedras, e deixar a terra pronta. Temos que trabalhar de verdade na preparação do solo. Assim, quando alguém chega trazendo as sementes perfeitas da árvore bodhi e as plantas, a árvore cresce — contanto que ofereçamos água, fertilizante e demos a elas a luz do sol das bênçãos. Só assim podemos absorver os ensinamentos e utilizá-los. Caso contrário, nem mesmo os grandes mestres poderão causar muito efeito.

Cada um de nós precisa olhar para a sua própria mente e ver claramente o que está lá e o que precisa ser feito, para que possa se preparar para receber, praticar e se tornar um com o Darma perfeito. É um desafio, não é fácil. Mas os lamas estão aqui. Eles são muito compassivos e têm vindo continuamente para o Ocidente. Eles semeiam as sementes do Darma em todos os lugares, na esperança de que algumas venham a florescer. Mas, para fazer valer a pena, temos que preparar o solo. Temos que ser vasos adequados. Ninguém pode fazer isso por nós. Nem mesmo o guru mais perfeito pode trilhar o caminho por nós. Cada um tem que percorrê-lo por si mesmo.

❧ Perguntas

Pergunta: Tenho certeza de que, como mulher monástica, a senhora muitas vezes ouve perguntas sobre gênero. A senhora acha que o gênero do professor é importante?

Jetsunma Tenzin Palmo: Obviamente o fato do professor ser homem ou mulher tem algum papel. Mas o importante é o sentimento de confiança e de compromisso com o professor, seja qual for o gênero. E sinto também que muitos lamas mais realizados na tradição tibetana conseguem de alguma forma transcender o gênero: são mães e pais. Então não acho que devamos dar muita importância a esse tema. Acho que é mais uma questão de ligação cármica com o professor, e não do mestre ser homem ou mulher.

P: Que qualidades a senhora acha mais importantes de serem procuradas antes de escolhermos um professor? Além disso, quanto da responsabilidade cabe ao mestre ao aceitar um aluno?

JTP: Do ponto de vista do aluno, certamente a questão mais importante é a confiança. Se estiver escolhendo alguém como guia, antes de tudo precisa acreditar que ele sabe para onde está indo porque já esteve lá. Então esse é o primeiro ponto — ele corporifica as qualidades pessoais que nós mesmos estamos nos esforçando para adquirir. Em segundo lugar, é preciso realmente confiar que o mestre conhece o aluno melhor do que este a si mesmo e, portanto, sabe o que é melhor para o aluno. Em terceiro lugar, tem de haver algum tipo de ligação cármica interna, alguma sensação de reconhecimento de que aquele é o mestre. Porque pode ser que você encontre professores muito, muito bons, e pense: "Sim, são maravilhosos", mas não sinta nenhuma conexão especial com eles. E pode ser que encontre alguém que não seja um professor tão sensacional, mas ainda assim sinta essa conexão de coração. Portanto, é uma questão individual, muito pessoal. Não há apenas um professor no mundo para todos.

P: Então também é bom que o processo de escolha do professor leve algum tempo?

JTP: Bem, eu gostaria de dizer que sim, mas escolhi meu lama antes mesmo de conhecê-lo; portanto, realmente não sou um bom exemplo.

Todavia, de forma geral, as pessoas são encorajadas a primeiro testar o lama, tentar realmente enxergar, se possível, como o Dalai Lama sugere, como eles são quando não estão sentados no trono, como tratam as pessoas comuns, como tratam seus assistentes, como tratam as pessoas que não são de particular importância para eles. Será que realmente encarnam as qualidades sobre as quais falam? Na medida do possível, devemos tentar examinar isso. E acho que o mestre também deve analisar o aluno, porque muitas pessoas que vêm para o Darma deveriam primeiramente se beneficiar mais de psicoterapia. As razões de procurarem um professor não são, por vezes, as mais elevadas; elas são muito instáveis e, portanto, suas necessidades não podem realmente ser satisfeitas pela relação aluno/professor tradicional. Isso pode até mesmo agravar seus problemas. Em geral, os mestres não são muito exigentes. Eles são mais inclinados à quantidade do que à qualidade.

P: Suponha que alguém tenha escolhido um mestre e depois veja que ele se comporta mal ou de forma aparentemente inapropriada. Que conselho a senhora dá a alunos que estão interpretando a situação dessa forma? É mesmo aceitável deixar um mestre depois de ter assumido um compromisso com ele?

JTP: Pessoalmente, acho que nunca devemos renunciar completamente à nossa própria integridade. Considero um grande erro pensar que, depois de ter escolhido o mestre, caso encerrado, e tudo o que ele fizer você terá que ver com percepção pura. É claro que se pode apontar para Naropa e Tilopa, Marpa e Milarepa, mas mesmo assim, acho que é bastante perigoso.

A questão é que os alunos são os filhos e o mestre é o pai. Um bom pai ajuda o filho a amadurecer de forma apropriada para que não seja eternamente uma criança. No caso de um pai abusivo, não é pelo simples fato de ser o pai que a criança deva ser deixada sob seus cuidados. Se um professor realmente age de forma inadequada ou solicita um comportamento inadequado por parte do aluno, então o aluno tem o direito, também como ser humano, de dizer: "Não, sinto muito, não aceito isso", ou: "Certo, explique por que você está fazendo isso". Se o professor não explicar, ou se a explicação não parecer verdadeira, acho perfeitamente apropriado dizer com todo o respeito: "Bem, lamento, vou buscar outro". Porque, francamente, muitos professores, embora possam ser muito carismáticos e até ter alguma experiência e realização genuína, também podem ter uma grande sombra que não estão enfrentando e que sua cultura não incentiva a enfrentar. Para lidar com essa sombra, temos que usar nosso bom senso. Se o relacionamento criar angústia e trauma, no mínimo não será muito útil em termos espirituais. Assim, sem criar alarde ou dificuldade, pode-se simplesmente dizer: "Agradeço por todos os seus ensinamentos", e partir.

Acho que os próprios tibetanos não resolveram essa questão. Nós vemos o professor como o Buda, em primeiro lugar, para não nos apegarmos à personalidade e à aparência do professor. Não tomamos refúgio na sua personalidade; tomamos refúgio na sua natureza de buda, que ele já realizou e nós não, e na sua capacidade de transmitir essa realização. Por conseguinte, os mestres são vistos de forma idealizada. Ao mesmo tempo, porém, precisamos compreender que estamos fazendo isso por devoção e que eles também são seres humanos. Se ocasionalmente agirem de forma inadequada — por exemplo, perderem a paciência com algo sem nenhuma razão e ficarem com raiva — pode-se dizer: "Bem, eles também são seres humanos e não importa, eles têm trazido muito benefício por meio dos ensinamentos e têm muitas qualidades", e deixar isso de lado. Contudo, se estiverem agindo constantemente de forma questionável — sendo muito gananciosos, ou querendo ter relações sexuais com seus alunos, ou acumulando muito dinheiro para sua própria família ou para a construção de grandes palácios para si mesmos, enquanto os monges estão passando fome — acho perfeitamente válido questionar sua conduta. As pessoas não agem assim nem mesmo no mundo comum.

P: A relação professor/aluno é fundamental no budismo tibetano. Na realidade, no Ocidente, poucos têm a sorte de ter um relacionamento tradicional guru/aluno. Por isso, muitas vezes acontece de o praticante, depois de alguns anos, ter menos entusiasmo e interesse. Qual seria o seu conselho para esse tipo de situação?

JTP: O importante é compreender que mesmo em uma relação tradicional guru/aluno não é realmente tão necessário estar sempre por perto do guru. Uma vez que a conexão tenha se estabelecido, mesmo que você não encontre o guru com muita frequência e que o guru esteja muito longe, ainda é possível manter a conexão interior de coração. Por exemplo, na tradição tibetana existem diversas orações lindas para se invocar o guru de longe. Especialmente se são colocadas em uma melodia e você consegue cantar de coração, elas criam a conexão com o guru porque é uma conexão mente a mente. Algumas vezes, ainda que o lama esteja sentado à sua frente, pode ser que sinta que existem milhares de quilômetros entre vocês; da mesma forma, você pode estar a milhares de quilômetros de distância e sentir que o guru está bem perto, sentado em seu coração. Não é a distância. Esse não é o verdadeiro guru. Portanto, para desenvolver uma devoção pelo guru, você não precisa de proximidade. Ao mesmo tempo, é preciso perceber que o guru absoluto é a própria natureza de buda, é a natureza da mente, e é preciso cultivar a capacidade de se centrar dentro da própria consciência inata para não depender tanto de uma relação externa. Porque, quando está na natureza da mente, você é realmente um com o guru. É por isso que, quando fazemos guru ioga, absorvemos o guru dentro de nós — para realizar que a nossa mente e a mente do guru se tornaram uma única mente. Essa é uma realização muito importante. O guru absoluto é a nossa própria sabedoria inata, e, se conseguirmos acessá-la e cultivá-la, o entusiasmo pelo Darma borbulhará sem parar. Isso não depende de injeções externas de inspiração aplicadas por uma pessoa real.

P: Talvez nosso mal-entendido seja de que ter um guru significa que devemos ter um único mestre e uma devoção muito forte a essa pessoa especial?

JTP: Mas os próprios lamas têm, frequentemente, muitos gurus. Pouquíssimos lamas têm apenas um. Até mesmo Atisha teve muitos e muitos mestres. Sua Santidade o Dalai Lama teve, no mínimo, 25 professores principais a quem considera gurus raiz. Se você perguntar, a maioria dos lamas diz: "Ah, sim, existe esse e aquele e aquele e aquele". Eles não são necessariamente dedicados a apenas um. Além disso, se a pessoa estiver aberta e considerar todos como uma expressão do guru raiz, os ensinamentos virão de muitas fontes.

9
Como praticar o bom coração

Muitos anos atrás, Sua Santidade o Dalai Lama foi ao remoto Vale de Lahaul, na Índia, onde eu estava vivendo. Ele ficou conosco por cerca de uma semana, dando palestras e iniciações do Darma. Depois de uma de suas palestras, que durou várias horas, me voltei para uma das mulheres lahauli e perguntei: "Você compreendeu o que ele estava falando?" Ela disse: "Não peguei muita coisa. Mas entendi que ter um bom coração é excelente." E é basicamente isso, não é? Todavia, vamos explorar melhor o que queremos dizer com um bom coração.

No Ocidente, temos muitas coisas materiais. Entretanto, para muitos de nós ainda há um profundo sentimento de carência, um vazio interior, que não somos capazes de preencher. Embora nos esforcemos para preencher esse vazio com televisores, carros ou casas, o problema não é o quanto temos ou não temos. É acreditarmos que bens materiais de fato nos trarão uma satisfação profunda. Essa, na verdade, é uma vantagem para o Ocidente: se conseguimos superar nossa sensação de deslumbramento com bens materiais, podemos começar a ver que existe algo além deles. Temos uma riqueza incalculável dentro de nós, e é disso que trata o caminho espiritual.

Há uma necessidade, na verdade uma urgência, de que nos tornemos espiritualmente maduros, de expandirmos o nosso potencial humano, de confiarmos nele — temos que estar juntos e apoiar uns aos outros. Não é hora de sermos paranoicos e provincianos, temerosos e insulares; não é hora de fechar nossas fronteiras por dentro e por fora. O temor expressa imaturidade. Uma pessoa verdadeiramente adulta é destemida. Como foi dito anteriormente, *bodisatva* significa um ser que busca a iluminação por compaixão pelo mundo; em tibetano, significa literalmente herói espiritual. E temos mesmo que ser muito corajosos para enfrentar o que está acontecendo ao nosso redor. Temos que apoiar e respeitar a integridade uns dos outros como seres humanos, e temos que usar nossas vidas de uma forma que seja realmente significativa. Em vez de vagarmos por aí como mendigos espirituais, como normalmente fazemos, temos que aprender a retornar para a riqueza espiritual que está dentro de nós.

Quando morava no Nepal, eu passava todas as manhãs por uma mendiga idosa, nos degraus gastos da Estupa de Swayambhunath, no meu caminho para visitar um lama. Era indigente e esquálida. Nunca vi ninguém cuidando dela, nem mesmo se aproximando, e ainda assim ela parecia muito alegre por dentro. Sempre me cumprimentava sorrindo. Certa manhã, ela estava especialmente radiante, e pensei: "Ela vai morrer." E, de fato, no dia seguinte ela se foi. Podemos muito bem nos perguntar que razão tinha ela para ser tão feliz? Por que tinha essa alegria interior vibrante?

Durante a Revolução Cultural no Tibete, muitos lamas foram enviados para prisões e campos de trabalhos forçados por dez, vinte anos ou mais. Eram abusados, torturados e interrogados continuamente. Se sobrevivessem, seria justo que saíssem completamente traumatizados, doentes e amargos. Sem dúvida, alguns tibetanos que passaram por essa experiência saíram traumatizados. Mas podemos encontrar lamas que passaram por experiências terríveis e, longe de se sentirem oprimidos, são alegres e transbordam felicidade interior. Conheci um grande mestre da linhagem Drukpa Kagyu, S. E. Adeu Rinpoche, já falecido, e comentei: "Seus vinte anos de prisão devem ter sido muito difíceis."

"Ah, não, não. Foi como um retiro!", disse, rindo. "Você sabe, eles ainda nos davam comida!"

Outro lama me disse: "Sou muito grato pela oportunidade. De fato aprendi o que é a compaixão. Antes, compaixão era apenas uma palavra debatida nas escolas filosóficas. Porém, quando você se depara com alguém que só quer lhe prejudicar, aí surge a questão de saber se você irá cair no ressentimento e no medo, ou se irá superar e sentir amor e compaixão extraordinários por seu algoz".

Quaisquer que sejam as circunstâncias externas, ao final, a felicidade ou a infelicidade dependem da mente. Quem nos acompanha dia e noite é nossa mente. Será que você realmente iria querer viajar com alguém que reclamasse sem parar, que dissesse o quanto você é inútil e irremediável, alguém que ficasse lhe lembrando de todas as coisas horríveis que você já fez? No entanto, é assim que muitos vivem — com esse crítico incansável, difícil de agradar e que está sempre nos arrastando por aí, a nossa mente. Ela ignora por completo os nossos pontos positivos, e é uma companheira muito sombria de verdade. Não se admira que a depressão seja tão prevalente no Ocidente!

Temos que nos tornar amigos de nós mesmos e nos encorajar. Temos que nos lembrar de nossa bondade e também considerar o que pode ser preciso melhorar. Temos que nos lembrar, em especial, de nossa natureza essencial. Ela está encoberta, mas a sabedoria e a compaixão estão sempre presentes. No Ocidente, muitas vezes nos sabotamos porque não acreditamos em nós mesmos. Na primeira vez que encontrei Sua Santidade o 16º Karmapa, no ano de 1965 em Calcutá, ele me disse depois de dez minutos: "Seu problema é que você não tem confiança. Não acredita em si mesma. Se não acreditar em si mesma, quem vai acreditar?" E é verdade.

Desde tempos sem princípio, sempre fomos absolutamente puros e perfeitos. De acordo com a visão budista, nossa mente original é como o céu. Não tem um centro e não tem limite. A mente é infinitamente vasta. Não é composta de "eu" e "meu". É o que nos interconecta com todos os seres — é a nossa verdadeira natureza. Infelizmente, ela se tornou obscurecida por nuvens, e nós nos identificamos com essas nuvens em vez de nos identificarmos com o eterno céu azul profundo. E, por nos identificarmos com as nuvens, temos ideias muito limitadas sobre quem realmente somos. Se entendêssemos que desde o início sempre fomos perfeitos, mas que de alguma forma a confusão surgiu e encobriu a nossa verdadeira natureza, não haveria nenhuma questão sobre a nossa capacidade. O potencial para a iluminação está sempre presente, para cada um de nós, se pudermos reconhecê-lo.

Uma vez que reconheçamos isso, as palavras sobre ter um bom coração podem realmente fazer sentido. Porque então estaremos expressando nossa natureza essencial por meio da bondade, compaixão e compreensão. Não é uma questão de tentarmos desenvolver algo que ainda não temos. Vendo isso pela lente de uma outra metáfora, podemos sentir que a abertura à nossa natureza essencial é como voltar a uma fonte de água pura. Dentro de nós, temos a fonte da sabedoria e do amor eternos. Ela está sempre presente; contudo, foi bloqueada, e nos sentimos internamente secos, tão secos como o deserto. Por nos agarrarmos a todas essas identificações terrivelmente falsas, não reconhecemos a fonte pura e insondável que existe mais abaixo.

O ponto é que, quando está plena de generosidade e de pensamentos de bondade, compaixão e contentamento, nossa mente se sente bem. Quando está cheia de raiva, irritação, autopiedade, ganância e apego, a mente se sente doente. E, se realmente investigarmos o assunto, veremos que temos escolha: podemos decidir em grande medida o tipo de pensamento e sentimento que ocupará nossa mente. Quando os pensamentos negativos surgem, podemos reconhecê-los, aceitá-los e soltá-los. Podemos optar por não segui-los; caso contrário, seria como colocar mais gasolina na fogueira. E, quando os bons pensamentos vêm à mente — pensamentos de bondade, carinho, generosidade e contentamento, e uma sensação de não segurar mais as coisas com tanta força —, podemos aceitá-los e incentivá-los mais e mais. Podemos fazer isso. Somos o guardião do tesouro precioso que é nossa própria mente.

Quando o Buda falou sobre a prática da bondade amorosa, disse que havia duas maneiras de fazê-la. Poderíamos enviar pensamentos de amor em todas as direções — norte, sul, leste, oeste, para cima e para baixo, para todos os lugares. Irradiaríamos bondade amorosa a todos os seres do mundo, em todas as direções. Ou, disse o Buda, poderíamos começar nossa prática com as pessoas de quem gostamos — nossa família, parceiro, filhos, amigos — e, com o passar do tempo, poderíamos estender a prática para pessoas que nos são indiferentes e a seguir para as pessoas de quem não gostamos. Finalmente, estenderíamos nossa prática de bondade amorosa ainda mais, incluindo todos os seres, em todos os lugares. Contudo, antes de fazer tudo isso, o Buda disse que devemos começar a prática irradiando bondade amorosa para nós mesmos. Começamos pensando: "Que eu possa estar bem e ser feliz. Possa eu estar em paz e tranquilo."

Se não tivermos essa sensação de bondade primeiro por nós mesmos, como seremos bondosos com os outros? Estamos nos abrindo ao amor e à compaixão por todos os seres sencientes — humanos, animais, insetos, peixes, pássaros — seres tanto visíveis quanto invisíveis, seres nos reinos superiores e nos reinos inferiores, seres em todo o universo. Todos os seres sencientes são objeto de nosso amor e compaixão. Então, como poderíamos preterir este ser que está bem aqui, que está se abrindo para esse amor sem fim? Praticar assim seria como irradiar luz enquanto ficamos no escuro. E isso não está certo. Devemos primeiramente oferecer nossa bondade amorosa a esses seres que também necessitam dela: nós mesmos. Essa é uma parte muito importante do significado de desenvolver um bom coração.

Quando estava com meu lama, Khamtrul Rinpoche, pensava que ele era como uma montanha. Ele era um homem grande. Mas era como uma montanha porque era inabalável, e eu pensava: "Mesmo que o céu desabasse, Rinpoche poderia lidar com isso." Dava a impressão de ser absolutamente capaz de lidar com qualquer situação, nada poderia perturbá-lo. Havia uma tremenda sensação de poder sereno. Uma outra aluna me disse uma vez: "Por que quando Rinpoche bebe uma xícara de café isso tem tanto significado e quando nós bebemos não significa nada?" E era verdade!

Certa vez, sonhei que estava em um teatro, nos bastidores. No palco havia um trono muito alto e nele estava sentado Sua Santidade o 16º Karmapa. Todos os holofotes brilhavam sobre ele. O público estava lá, e, diante de seus olhos, o Karmapa se transformava em todas as várias deidades pacíficas e iradas. Eu me lembro de pensar: "Bem, isso é maravilhoso, mas um pouco ostensivo". E então me virei e vi que meu lama, Khamtrul Rinpoche, também estava de pé nos bastidores, observando Sua Santidade. Ao olhar para Khamtrul Rinpoche, vi que dentro dele estavam todas as deidades, enquanto externamente ele parecia apenas um lama. Ele me lançou um olhar que dizia: "Entenda!". Percebi então que a atividade de Sua Santidade o Karmapa era exibir todas aquelas maravilhas. Mas também percebi que a atividade de Khamtrul Rinpoche era manter tudo oculto. E ambos eram realmente o mesmo. Cada um estava manifestando sua atividade de Buda de uma maneira diferente. Assim, alguns lamas são mais diretos. Outros se mantêm mais secretos. Mas é a qualidade de sua realização interior que conta.

Um coração genuinamente bom se baseia na compreensão da situação como ela realmente é. Não é uma questão de sentimentalismo. Um bom coração também não é apenas uma questão de andar por aí em uma espécie de euforia de amor fajuto, negando o sofrimento e dizendo que tudo é felicidade e alegria. Não é assim. Um coração genuinamente bom é um coração aberto e iluminado pela compreensão. Ele ouve as tristezas do mundo. Nossa sociedade está errada em pensar que a felicidade depende de satisfazermos nossas próprias necessidades e desejos. É por isso que nossa sociedade é tão infeliz. Somos indivíduos obcecados por tentar obter a própria felicidade. Nosso senso de interconexão com os outros está cortado, estamos isolados da realidade. Porque na realidade estamos todos interconectados.

Vamos começar de onde estamos. E vamos começar com o que somos. Não adianta querer ser outra pessoa, não é bom fantasiar sobre como seria se fôssemos assim ou assado. Temos que começar do aqui e do agora, na situação em que estamos. Temos que lidar com nossa família, com os amigos e com todos que encontramos. Esse é o desafio. Às vezes evitamos as circunstâncias atuais e achamos que seguramente encontraremos a situação perfeita em algum outro lugar. Mas isso nunca vai acontecer. Nunca haverá um momento e um lugar ideais, porque levamos conosco a mesma mente a todos os lugares. O problema não está lá fora, em geral o problema está dentro de nós. E por isso precisamos cultivar a transformação interior. Uma vez que tenhamos desenvolvido a mudança interna, podemos lidar com o que quer que aconteça.

O Buda falou sobre a verdade do sofrimento e da causa do sofrimento. A causa do sofrimento é a fixação. Seguramos as coisas com muita força porque não sabemos como segurar de leve. Mas tudo é impermanente. Tudo está fluindo. Nada é estático ou sólido. Não podemos nos prender a nada. Segurar as coisas nos causa muito medo e dor. Não é uma expressão de amor. O amor abre o coração. Um coração amoroso diz muito simplesmente: "Que você fique bem e seja feliz". Esse coração não diz: "Que você me faça bem e me faça feliz". O termo "céu" implica que, no final, todos os nossos problemas serão resolvidos para sempre. Porém, no ideal Mahayana, nossa motivação é nos aperfeiçoarmos para podermos servir aos outros por toda a eternidade. Sob essa ótica, podemos imaginar: se não houvesse grandes mestres no mundo, o que os seres fariam? Não haveria esperança.

Uma vez sonhei que estava fugindo de um estado totalitário muito assustador. Quando estava prestes a atravessar a fronteira para um país seguro e bonito, pensei: "Como é que eu estou conseguindo escapar? Eu mesma realmente não fiz nada para merecer isso — então o que é que está me permitindo escapar assim?". Quando olhei para o posto aduaneiro na fronteira, vi um homem em pé, olhando para mim, e pensei: "É ele! O que ele está fazendo aqui? Ele nem sequer pertence a esse país horrível. Pertence àquele país livre e belo. Ele não precisa viver aqui. Mas, se não vivesse nesse país, pessoas como eu nunca poderiam sair! É por causa dele que estou livre". Acordei chorando e lembrei que o homem no sonho era o meu lama, Khamtrul Rinpoche. Ele vestia roupas comuns, mas certamente era ele. Fui arrebatada pelo sonho, pela compreensão da incrível bondade e compaixão de Rinpoche e do que ele teve que sofrer sem precisar passar por isso. Ele sofreu unicamente por compaixão por seres como eu, que não conseguiriam nada sem ele. Um grande bodisatva é assim. Ele não precisa estar neste mundo — poderia estar festejando em alguma Terra Pura de Buda maravilhosa, mas ainda assim vem para cá. Os bodisatvas voltam para nos ajudar por compaixão pura e incondicional. E é a isso que nos abrimos dentro de nós mesmos.

A aspiração do bodisatva nos leva à iluminação, à plenitude da sabedoria e compaixão, para que possamos ser de benefício eterno para os outros. É a mais profunda aspiração. Não aspiramos nos tornar um bodisatva para alcançarmos a bem-aventurança do paraíso, do céu, ou de qualquer tipo de terra pura, mas sim para voltar, de novo e de novo, sob qualquer forma que seja de benefício para os outros — onde quer que seja necessário. Bodhichitta é a geração da grande compaixão, totalmente abrangente. Ela se estende a todos os seres em todos os lugares. Tal compaixão não é capaz de descansar nem por um só momento na ociosidade do êxtase e do prazer — está sempre presente para o benefício dos outros. Bodhichitta expressa a interconexão de todos os seres. E estamos todos interconectados.

Nossa investigação da compaixão pode parecer um pouco pesada, mas, se olharmos para Chenrezig, o Bodisatva da Compaixão, veremos que ele está sorrindo. Todos os bodisatvas estão sorrindo. Nenhum deles está chorando ou sofrendo. Quando encontramos grandes lamas e mestres de outras tradições, podemos notar não apenas a sua tranquilidade interior, mas também o seu brilho! Quando estamos na presença deles, nos sentimos felizes e em paz. Embora a tarefa de libertar todos os seres possa parecer difícil, por meio de nossa prática espiritual aprendemos a ver a situação como realmente é. À medida que nos abrimos para a sabedoria e para a compaixão dentro de nós, e conforme nos abrimos para a nossa natureza inerentemente vazia e espaçosa, descobrimos que tudo se ilumina. Ao percebermos que, em um nível muito profundo, tudo é apenas um sonho do qual podemos despertar, podemos sorrir de verdade.

Agradecimentos

Declaro uma profunda dívida de gratidão com Camille Hykes, que abnegadamente se ofereceu para analisar a montanha das minhas transcrições e gravações — muitas vezes aborrecidamente repetitivas — e transformar essas divagações em uma sequência de capítulos coerentes. Sem Camille este livro não estaria em suas mãos neste momento. Meu apreço ilimitado por todo o tempo e esforço que ela despendeu nessa tarefa formidável.

Todos os ensinamentos do livro foram gravados e transcritos por equipes de dedicados voluntários em muitos países. Sou muito grata por sua disposição de empreender esta tarefa demorada.

Gostaria de agradecer com fervor a Evan Zazula e Deborah Garrett, codiretores do Fundo de Doações do Mosteiro Dongyu Gatsal Ling. Este livro não teria acontecido sem seu apoio e encorajamento.

Meu mais sincero reconhecimento a Monica Joyce, nossa diretora do Projeto Mosteiro, e a minha assistente Heather Conte por lerem com cuidado as transcrições editadas, fazendo sugestões e alterações valiosas.

Finalmente, meus sinceros agradecimentos a Susan Kyser, da Snow Lion Publications, que avaliou nosso manuscrito com grande sensibilidade e olhar habilidoso, sugerindo muitas e excelentes alterações para polir o texto e deixá-lo pronto para publicação.

O projeto do Mosteiro Dongyu Gatsal Ling

O Mosteiro Dongyu Gatsal Ling foi fundado em Himachal Pradesh, no noroeste da Índia, em 1999, a pedido de Sua Eminência Khamtrul Rinpoche, lama chefe do Mosteiro Khampagar, com o objetivo de oferecer um ambiente onde as jovens mulheres do Tibete e das regiões de fronteira do Himalaia pudessem se reunir para estudar e praticar de acordo com a tradição Drukpa Kagyu do budismo tibetano.

As jovens têm oportunidade de desenvolver seu potencial intelectual e espiritual através de uma formação equilibrada de estudo, meditação e práticas. Hoje o programa inclui estudo filosófico e debates, rituais, leitura e escrita do idioma tibetano e do idioma inglês, e hatha ioga. As monjas também se reúnem para cerimônias e meditação diárias.

O objetivo especial do Dongyu Gatsal Ling é restabelecer uma preciosa linhagem de prática de ioga especialmente enfatizada na linhagem Drukpa Kagyu. Embora ainda existam alguns monges dessa tradição iogue atualmente residindo no Mosteiro Khampagar, a linhagem feminina parece ter sido aniquilada durante a Revolução Cultural.

Como se trata de uma tradição oral, transmitida de mestre para discípulo, é essencial que essa prática rara e preciosa seja transmitida enquanto ainda existam mestres vivos. Os iogues do Mosteiro Khampagar concordaram em treinar as monjas que demonstrem as qualidades e potencialidades necessárias, uma vez que tenham concluído seus estudos e práticas preliminares de meditação.

Se você deseja apoiar o Dongyu Gatsal Ling, por favor, entre em contato conosco pelo e-mail informado no site http://www.tenzinpalmo.com, ou escreva para Dongyu Gatsal Ling, PO Padhiarkhar, via Taragarh, District Kangra, H.P. 176081, Índia.

O selo eu**reciclo** faz a compensação ambiental das embalagens usadas pela Editora Lúcida Letra.

Que muitos seres sejam beneficiados.

Para maiores informações sobre lançamentos do selo Lúcida Letra, cadastre-se em www.lucidaletra.com.br

Impresso em março de 2021, na Gráfica Vozes, utilizando-se a fonte EstaPro sobre papel Avena 80g/m²